WELT
REZEPTE
HANDBUCH

WELT REZEPTE HANDBUCH

Band 3

Rezepte: Ingeborg Pils, Stefan Pallmer
Rezepte aus Hawaii, Indonesien, Japan, Kanada, Karibik, Mexiko, Thailand, USA, Vietnam: Silvia Winnewisser
Texte: Ingeborg Pils, Stefan Pallmer, Jutta Jacobs
Studiofotografie & Foodstyling: TLC Fotostudio GmbH
Korrektorat: Beate Spehr
Layout: K.Design, Wiesbaden, Yvonne Schmitz/Büro Berta Berlin
Coverdesign: Simone Sticker
Projektkoordination: Swetlana Dadaschewa
Herstellung: Sabine Vogt
Gesamtherstellung: h.f.ullmann publishing, Königswinter

Printed in China

ISBN: 978-3-8331-5676-2

10 9 8 7 6 5 4 3 2 1
X IX VIII VII V IV III II I

Um sich über Neuerscheinungen von h.f.ullmann zu informieren, fordern Sie bitte unseren Newsletter unter **www.ullmann-publishing.com** an.
h.f.ullmann, Im Mühlenbruch 1, 53639 Königswinter, Deutschland
newsletter@ullmann-publishing.com; Fax: +49(0)2223-2780-708

Danksagung

Auch wenn wir seit vielen Jahren in der Welt unterwegs sind und dabei neugierig in fast jeden Kochtopf geschaut haben – dieses Buch wäre nicht möglich gewesen ohne die Hilfe und Unterstützung unserer Freunde auf allen Kontinenten. Sie haben uns kulinarisch an die Hand genommen und einmal um den Erdball geführt. Sie haben uns streng gehütete Familienrezepte und geheime Lieblingsspeisen verraten und unseren Geschmack sensibel gemacht für Aromen, die so ganz anders sind als die vertrauten Genüsse der Kindheit.

Wir danken Iris, die ihren Familienclan auf drei Kontinenten kulinarisch mobilisiert hat, Marion, Christian und Ingrid, die uns die lateinamerikanische Küche näher gebracht haben, Monique, deren Eltern die harmonische Verbindung von Kamerun und Tschechien nicht nur in der Küche gelungen ist, Bärbel, Roger und Andrew, die uns bewiesen haben, dass die angelsächsische Küche weitaus besser ist als ihr Ruf. Wir bedanken uns bei Nuala für ihre irischen Kochtipps, bei Sue (Australien), John (Südafrika) und bei Achmed, ohne dessen Wissen uns die ägyptischen Gewürzgeheimnisse ein Rätsel geblieben wären. Maria-Chiara und Mauro begleiteten uns durch Italien, Nicole und Hans durch die Schweiz, Hansi durch Österreich. Und ein extra großes Dankeschön gilt unserem indischen Freund Jolly, einem der besten Musiker und klügsten Menschen, die wir kennen.

Herzlichen Dank auch an Cecilia (Schweden), Colette und Benoit (Frankreich), Felizia (Costa Rica), Georgios (Griechenland), Hyrie (Türkei), Jana (Tschechien), Karen (Israel), Louise (Fidschi), Sabraw (Kroatien) und Mischa (Russland). Wir haben Eure Küche lieben gelernt.

Unser besonderer Dank gilt meiner Schwester Monika, ohne deren Unterstützung vieles nicht so problemlos geklappt hätte. Sie hat uns morgens mit Kaffee geweckt und abends unsere Texte gelesen. Wir wünschen uns, dass wir noch oft mit euch am Herd stehen und anschließend bei Tisch über die schönste Nebensache der Welt diskutieren, das Essen und Trinken, das gemeinsam genossen erst richtig Spaß macht.

Inhalt Band 3

Asien | Ozeanien | Nordamerika | Lateinamerika | Karibik

Eine kräftige Hühnersuppe wird in fast allen Ländern dieser Welt gekocht. Die Zubereitungsart ist im Großen und Ganzen die gleiche, doch die Zutaten sind sehr unterschiedlich. In Indonesien wird die Suppe sauer-scharf gewürzt.

INDONESIEN

Indonesische Hühnersuppe mit Bambussprossen und Tofu

Zutaten für 4 Personen:

250 g Hähnchenbrustfilet
3/4 l Hühnerbrühe
1 grüne Paprikaschote
250 g Tofu
400 g Bambussprossen (aus dem Glas)
2 Tomaten
1 Stängel Zitronengras
2 EL Öl
75 g Glasnudeln
1 EL süße Sahne
2 EL Essig
2 EL Sojasauce
Salz
frisch gemahlener Pfeffer
1 Msp. Sambal Oelek
2 EL Zucker

Zubereitung: ca. 45 Minuten

1. Das Hähnchenbrustfilet waschen. In der Hühnerbrühe zum Kochen bringen und ca. 20 Minuten garen. Dann aus der Suppe nehmen und in mundgerechte Würfel schneiden.

2. Die Paprikaschote putzen, entkernen und in Streifen schneiden. Den Tofu würfeln. Die Bambussprossen abtropfen lassen und in dünne Scheiben schneiden. Die Tomaten häuten, vierteln, entkernen und würfeln. Das Zitronengras schälen und in kleine Stücke schneiden.

3. Das Öl in einem Topf erhitzen. Die Paprikastreifen, das Zitronengras und die Tomaten darin leicht andünsten.

4. Die Glasnudeln in warmem Wasser einweichen und 10 Minuten quellen lassen. Dann abgießen und in Stücke schneiden.

5. Sahne, Essig und Sojasauce in die Brühe geben und aufkochen. Den Tofu, die Bambussprossen, das Fleisch und die Glasnudeln zufügen und in der Brühe wieder erhitzen. Mit Salz, Pfeffer, Sambal Oelek und Zucker abschmecken.

Kecap Manis ist eine süßlich-milde, dickflüssige, dunkle Sojasauce, die es nur in der indonesischen Küche gibt. Sie ist unverzichtbarer Bestandteil der traditionellen Gerichte auf Bali, Java, Sumatra und anderen Inseln des Archipels.

INDONESIEN

Mie-Suppe mit Hackfleischklößchen und Koriander

Zutaten für 4 Personen:

4 Schalotten
2 Knoblauchzehen
2 Möhren
1 kleines Stück Ingwer
1 rote Chilischote
2 EL Pflanzenöl
1,5 l Hühnerbrühe
250 g Rinderhackfleisch
1 Eiweiß
1 EL Tapiokamehl
1 TL gemahlener Koriander
Salz
frisch gemahlener Pfeffer
100 g dünne Nudeln
1 EL Kecap Manis (süße indonesische Sojasauce)

Zubereitung: ca. 50 Minuten

1. Die Schalotten und den Knoblauch schälen und fein hacken. Die geschälten Möhren in Stifte schneiden. Den Ingwer schälen und fein reiben. Die Chilischote längs halbieren, entkernen und fein hacken.

2. Das Öl in einem Topf erhitzen und die Schalotten darin andünsten. Knoblauch, Möhren, Ingwer und Chili zugeben und 2 Minuten mitdünsten. 1 Esslöffel der Mischung abnehmen. Die Hühnerbrühe angießen, zum Kochen bringen und 10 Minuten köcheln lassen.

3. Das Hackfleisch mit Eiweiß, Tapioka, der abgenommenen Knoblauch-Schalotten-Mischung und dem Koriander vermengen. Mit Salz und Pfeffer würzen. Aus dem Teig kleine Bällchen formen und in der kochenden Suppe etwa 20 Minuten garen. 10 Minuten vor Ende der Garzeit die Nudeln zugeben.

4. Die Suppe mit Kecap Manis und Gewürzen abschmecken.

Die indonesische Küche ist stark von der chinesischen und indischen Küche beeinflusst, hat jedoch auch stark ausgeprägte eigenständige Züge. Ihre Gerichte sind meist mit verschiedenen scharfen und süßen Aromen gewürzt.

INDONESIEN

Gemischtes Gemüse Gado-Gado mit Erdnusssauce

Zutaten für 4 Personen:

250 g Chinakohl
250 g junger Spinat
3 Möhren
250 g Sojabohnensprossen
3 Kartoffeln
500 g Erdnusspaste
1 EL Sambal Oelek
1 Prise Salz
1 Prise Zucker
Saft von 1 Limette
4 hart gekochte Eier
100 g Tofu
4 TL Röstzwiebeln

Zubereitung: ca. 40 Minuten

1. Den Chinakohl waschen, die harten Blattrippen entfernen und die Blätter in dünne Streifen schneiden. Den Spinat verlesen und waschen. Die Möhren schälen und grob raspeln. Die Sojabohnenkeimlinge waschen und abtropfen lassen.

2. Die Kartoffeln waschen und in der Schale in Salzwasser ca. 20 Minuten garen.

3. Chinakohl, Spinat, Möhren und Sojabohnenkeimlinge nacheinander in kochendem Wasser jeweils 3 Minuten blanchieren. Kartoffeln abgießen, schälen und in Scheiben schneiden. Alles in eine Schüssel geben.

4. Für die Sauce 1/4 Liter Wasser in einem Topf zum Kochen bringen. Die Erdnusspaste darin bei kleiner Hitze unter Rühren auflösen und zu einer dicklichen Sauce aufkochen. Mit Sambal Oelek, Salz, Zucker und Limettensaft abschmecken. Das Gemüse mit 2/3 der Sauce vermischen.

5. Die Eier schälen und in Scheiben schneiden. Den Tofu würfeln und mit den Eischeiben auf dem Gemüse verteilen. Den Rest der Sauce darübergießen und mit den Röstzwiebeln bestreuen.

Nüsse sind in der gesamten asiatischen Küche unverzichtbar. Die Kemirinuss, auch Kerzennuss genannt, wird oft in Gemüse- und Fleischgerichte gerieben und gibt ihnen nicht nur Aroma, sondern auch eine sämige Konsistenz.

INDONESIEN

Gemüse in Kokosmilch aus dem Wok mit Kemirinüssen

Zutaten für 4 Personen:

1 kleine Gurke
1 Möhre
2 dünne Stangen Lauch
1 grüne Paprikaschote
1/4 Blumenkohl
5 Weißkohlblätter
150 g Bambussprossen (aus dem Glas)
100 g Sojabohnensprossen
1 Zwiebel
4 Knoblauchzehen
4 Kemirinüsse
1/2 TL Terasi (Garnelenpaste)
1/2 TL Sambal Oelek
1 EL Kecap Manis (süße indonesische Sojasauce)
Salz
frisch gemahlener Pfeffer
3 EL Pflanzenöl
400 ml Kokosmilch

Zubereitung: ca. 40 Minuten

1. Die Gurke und die Möhre schälen, halbieren und in Scheiben schneiden. Den Lauch putzen, gründlich waschen und in Ringe schneiden. Die Paprikaschote halbieren, entkernen und in Streifen schneiden. Den Blumenkohl in Röschen zerteilen. Die harten Blattrippen von den Kohlblättern entfernen, Kohl in Streifen schneiden. Die Bambussprossen abtropfen lassen und ebenfalls in Streifen schneiden. Die Sojabohnensprossen waschen und abtropfen lassen.

2. Die Zwiebel und den Knoblauch schälen und fein hacken. Die Nüsse reiben, die Garnelenpaste mit einem Messerrücken zerdrücken. Alles mit Sambal Oelek, Kecap Manis, Salz und Pfeffer zu einer Paste verrühren.

3. Das Öl im Wok erhitzen und die Paste darin unter Rühren anschmoren. Die Kokosmilch sowie 200 ml Wasser zugeben und das Gemüse unterheben. Unter Rühren ca. 15 Minuten köcheln. Mit Salz und Pfeffer abschmecken.

Bami Goreng (mit Nudeln) und Nasi Goreng (mit Reis) sind so etwas wie Nationalgerichte in Indonesien. Sie werden in zahlreichen Variationen mit verschiedenen Gemüsesorten und Hühner- oder Rindfleisch im Wok zubereitet.

INDONESIEN

Eiernudeln Bami Goreng

mit Hühnerbrust

Zutaten für 4 Personen:

300 g breite chinesische Eiernudeln
Salz
150 g Hähnchenbrustfilet
150 g Sojabohnensprossen
1 Zwiebel
1 Möhre
je 1 rote und grüne Paprikaschote
2 Frühlingszwiebeln
1 Knoblauchzehe
1 Chilischote
3 EL Pflanzenöl
2 EL Sojasauce
frisch gemahlener Pfeffer

Zubereitung: ca. 1 Stunde

1. Die Nudeln in kochendem Salzwasser bissfest garen. Dann abgießen, abschrecken und abtropfen lassen.

2. Das Hähnchenbrustfilet waschen, trockentupfen und in Streifen schneiden. Die Sojabohnensprossen waschen und trockenschütteln. Die Zwiebel und die Möhre schälen und in kleine Würfel schneiden. Die Paprikaschoten halbieren, entkernen und in Streifen schneiden. Die Frühlingszwiebeln putzen, waschen und mit einem Teil des Grüns in Ringe schneiden. Den Knoblauch schälen und mit etwas Salz musig zerdrücken. Die Chilischote längs halbieren, entkernen und fein hacken.

3. Das Öl im Wok erhitzen, die Zwiebel mit dem restlichen Gemüse darin unter Rühren anbraten. Die Fleischstreifen dazugeben und 3 Minuten mitschmoren. Knoblauch, Chili, Sojasauce und Pfeffer einrühren und alles weitere 2 Minuten unter Rühren schmoren. Die Nudeln unter das Gemüse heben und anbraten.

Nasi Goreng, wie dieses Gericht in Indonesien heißt, ist ebenso wie die gebratenen Nudeln ein ideales Resteessen. Deshalb gibt es auch kein verbindliches Rezept dafür. Es schmeckt immer wieder anders – aber immer wieder sehr gut.

INDONESIEN

Gebratener Duftreis mit Schinken und Zwiebeln

Zutaten für 4 Personen:

800 g gekochter Duftreis
150 g gekochter Schinken
3 Zwiebeln
3 Knoblauchzehen
3 EL Pflanzenöl
Salz
Pfeffer
2 EL Sambal Oelek
3 EL Kecap Manis (süße indonesische Sojasauce)

Zubereitung: ca. 25 Minuten

1. Den Reis in eine Schüssel geben und mit einer Gabel auflockern. Den Schinken würfeln und unter den Reis mischen.

2. Die Zwiebeln und den Knoblauch schälen und in kleine Würfel schneiden.

3. Das Öl in einer Pfanne erhitzen. Zwiebeln und Knoblauch darin hellgelb anschwitzen.

4. Den Reis mit dem Schinken in die Pfanne geben und unter Rühren 10 Minuten mitschmoren. Mit Salz, Pfeffer, Sambal Oelek und Kecap Manis abschmecken.

In der indonesischen Küche gibt es keine strengen Servierregeln. Reis, Gemüse-, Fleisch- und Fischgerichte werden zur gleichen Zeit auf den Tisch gestellt, und jeder Gast bedient sich selbst. Zum Essen trinkt man meistens Tee.

INDONESIEN

Duftreis in Kokosmilch mit Omelettstreifen und Erdnüssen

Zutaten für 4 Personen:

150 g Duftreis
1/4 l Kokosmilch
1 Salam-Blatt (indonesischer Lorbeer)
1 Stängel Zitronengras
1 Stück Ingwer, ca. 5 cm
2 Eier
1 EL Öl
50 g Erdnüsse
4 Frühlingszwiebeln
Korianderblätter

Zubereitung: ca. 30 Minuten

1. Den Reis in der Kokosmilch und 1/4 Liter Wasser zum Kochen bringen, das Salam-Blatt einlegen. Zitronengras schälen und fein hacken. Den Ingwer schälen und fein reiben. Zum Reis geben. 15 Minuten köcheln lassen.

2. Für die Garnitur die Eier verquirlen und im heißen Öl daraus kleine Omeletts backen. Aus der Pfanne nehmen, zusammenrollen und in Scheiben schneiden. Die Erdnüsse in einer Pfanne ohne Fett rösten und hacken. Die Frühlingszwiebeln putzen, waschen und mit einem Teil des Grüns in dünne Ringe schneiden.

3. Reis abgießen, abtropfen lassen, das Salam-Blatt entfernen. Den Reis auf einer Platte anrichten. Mit Omelettstreifen garnieren und mit Erdnüssen, Frühlingszwiebeln und den Korianderblättern bestreuen.

Als indonesischen Archipel bezeichnet man die Inselgruppe zwischen dem südöstlichen Asien und Australien. Sie umfasst rund 3.000 bewohnte Inseln. Kein Wunder, dass Fisch und Meeresfrüchte täglich auf dem Speiseplan stehen.

INDONESIEN

Marinierte Garnelen auf Zitronengras vom Grill

Zutaten für 4 Personen:

- 3 Schalotten
- 2 Knoblauchzehen
- 3 rote Chilischoten
- 1 eingelegte Ingwerpflaume
- 1 kleines Stück Ingwer
- 1/4 TL gemahlener Koriander
- 1/4 TL Pfeffer
- 1 EL Sojasauce
- 3 EL Erdnussöl
- 16 große rohe Garnelen
- 4 Stängel Zitronengras

Zubereitung: ca. 30 Minuten
Marinieren: ca. 1 Stunde

1. Die Schalotten und den Knoblauch schälen und fein hacken. Die Chilischoten längs halbieren, entkernen und in dünne Streifen schneiden. Die Ingwerpflaume abtropfen lassen, den Sirup auffangen. Ingwerpflaume fein hacken. Den Ingwer schälen und fein reiben. Alles mit den Gewürzen, der Sojasauce und dem Öl zu einer Marinade verrühren.

2. Die Garnelen schälen und den Darm entfernen. Garnelenfleisch waschen und trockentupfen. Die Zitronengrasstängel der Länge nach halbieren und vorne mit dem Messer etwas anspitzen. Je 4 Garnelen auf einen Zitronengrasspieß stecken. Die Spieße mit der Marinade bestreichen und in eine große Schale legen. Restliche Marinade darübergeben. 1 Stunde bei Zimmertemperatur ziehen lassen.

3. Garnelenspieße aus der Marinade nehmen, abtupfen und auf dem heißen Grill ca. 6 Minuten von beiden Seiten grillen. Während dieser Zeit mehrmals mit der Marinade bestreichen.

Viele indonesische Gerichte sind stark gewürzt und sehr scharf. Allerdings kommt die Schärfe nicht vom Pfeffer, sondern von Chilischoten, die es in verschiedenen Schärfegraden von mild (grüner Chili) bis sehr scharf (roter Chili) gibt.

INDONESIEN

Frittiertes Barschfilet mit scharfer Sauce aus dem Wok

Zutaten für 4 Personen:

8 Schalotten
3 Knoblauchzehen
5 grüne Chilischoten
1 kleines Stück Ingwer
1 EL Erdnussöl
2 EL Essig
Salz
Öl zum Frittieren
1 kg Barschfilet

Zubereitung: ca. 30 Minuten

1. Schalotten und Knoblauch schälen und fein hacken. Die Chilischoten der Länge nach halbieren, entkernen und fein hacken. Den Ingwer schälen und fein reiben. Alles im Mixer zu einer Paste pürieren.

2. Das Erdnussöl in einer Pfanne erhitzen und die Gewürzpaste darin ca. 3 Minuten anrösten. 200 ml Wasser angießen und etwas einkochen lassen. Mit Essig und Salz abschmecken.

3. Das Fischfilet waschen, trockentupfen, in 8 Portionsstücke zerteilen und salzen. Reichlich Öl im Wok auf 190 Grad erhitzen und den Fisch darin goldbraun frittieren. Herausnehmen und kurz auf Küchenpapier abtropfen lassen. Die Sauce getrennt dazu reichen.

Kleine marinierte Fleischstücke oder Hackfleischbällchen, die auf offener Straße in kleinen Garküchen gegrillt werden, gibt es in Jakarta an fast jeder Straßenecke. Die Spieße bestehen aus Rind-, Schweine- oder Hühnerfleisch.

INDONESIEN

Gegrillte Schweinefleischspieße mit Erdnusssauce

Zutaten für 4 Personen:

Für die Fleischspieße:
750 g Schweinefilet
4 Knoblauchzehen
4 EL Pflanzenöl
4 EL Kecap Manis (süße indonesische Sojasauce)
1 EL brauner Zucker
2 TL fein geriebener Ingwer
2 EL Tamarindensaft
Salz
Saft von 1 Limette

Für die Erdnusssauce:
1 kleine Zwiebel
1 Knoblauchzehe
1 TL rote Currypaste
1 EL Fischsauce (Fertigprodukt)
2 EL Zucker
1 EL Erdnussöl
75 g Erdnussbutter
1 EL Sojasauce
100 ml Kokosmilch

Zubereitung: ca. 20 Minuten
Marinieren: ca. 2 Stunden

1. Das Schweinefleisch waschen, trockentupfen und in ca. 3 cm große Würfel schneiden.

2. Den Knoblauch schälen und fein hacken. Mit Öl, Kecap, Zucker, Ingwer, Tamarinde, Salz und Limettensaft mischen und die Fleischwürfel darin etwa 2 Stunden marinieren.

3. Inzwischen die Erdnusssauce zubereiten. Zwiebel und Knoblauch schälen und hacken. Mit Currypaste, Fischsauce und Zucker im Mixer pürieren.

4. Das Erdnussöl erhitzen und die Paste darin unter Rühren anrösten. Erdnussbutter, Sojasauce und Kokosmilch unterrühren und die Sauce etwas einkochen lassen.

5. Die Fleischwürfel auf 4 gewässerte Holzspieße stecken und auf dem Grill unter mehrmaligem Wenden ca. 15 Minuten goldbraun grillen. Während dieser Zeit mehrmals mit der Marinade bestreichen. Die Fleischspieße mit der Erdnusssauce servieren.

Kaffir-Limettenblätter haben einen ganz speziellen Geschmack, der sich von dem gewöhnlicher Limetten- oder Zitronenblättern stark unterscheidet. Man bekommt die frischen Blätter in asiatischen Feinkostgeschäften.

INDONESIEN

Scharfes Rindfleisch in Kokosmilch mit Limettenblättern

Zutaten für 4 Personen:

500 g Rindfleisch (Keule)
1/2 l Kokosmilch
5 Schalotten
3 Knoblauchzehen
1 rote Chilischote
1 TL fein geriebener Ingwer
1 EL geriebene Kemirinüsse
2 EL Pflanzenöl
1 Stängel Zitronengras
3 Kaffir-Limettenblätter
1–2 EL Sambal Oelek

Zubereitung: ca. 25 Minuten
Schmoren: ca. 30 Minuten

1. Das Fleisch waschen, trockentupfen und in Würfel schneiden. Die Kokosmilch mit 1/2 Liter Wasser in einem Topf einmal aufkochen. Die Fleischwürfel hineingeben und bei kleiner Hitze etwa 20 Minuten köcheln lassen.

2. Die Schalotten und den Knoblauch schälen und hacken. Die Chilischote der Länge nach halbieren, entkernen und fein hacken. Schalotten, Knoblauch, Chili, Ingwer und Kemirinüsse zu einer Paste pürieren.

3. Das Öl in einer Pfanne erhitzen und die Paste darin unter Rühren 4 Minuten anrösten.

4. Die äußeren harten Blätter und Blattspitzen vom Zitronengras entfernen. Den zarten unteren Teil des Zitronengrases fein hacken. Limettenblätter waschen und ebenfalls fein hacken. Beides mit der gerösteten Paste zum Rindfleisch geben. Weitere 30 Minuten garen, bis das Fleisch weich ist. Je nach Geschmack mit Sambal Oelek würzen.

Obwohl Fleisch, Fisch und Geflügel auf Bali relativ teuer sind, darf eine Ente auf keiner Festtafel fehlen. Auch wenn im Alltag gemeinsames Essen im Familienkreis eher selten ist – bei Festen sitzen alle am reich gedeckten Tisch.

INDONESIEN

Geschmorte Ente mit Chili und Paprika in Tamarindensauce

Zutaten für 4 Personen:

1 Ente, ca. 2 kg, küchenfertig
Salz
2 EL Pfefferkörner
2 EL Korianderkörner
1/2 Stange Zimt
2 Schalotten
4 Knoblauchzehen
4 rote Chilischoten
3 grüne Paprikaschoten
3 EL Öl
1 TL Galgantpulver
1 TL fein geriebener Ingwer
200 ml Tamarindensaft
1 Zitronenblatt
1 Salam-Blatt (indonesischer Lorbeer)
3 TL Palmzucker

Zubereitung: ca. 30 Minuten
Garen: ca. 90 Minuten

1. Die Ente waschen und trockentupfen. In einen großen Topf legen und so viel Wasser angießen, dass die Ente gut bedeckt ist. Salz, Pfeffer, Gewürzkörner und Zimtstange zugeben und die Ente etwa 1 Stunde köcheln lassen. Mehrmals in der Kochbrühe wenden.

2. Die Schalotten und den Knoblauch schälen und hacken. Die Chili- und Paprikaschoten halbieren, entkernen und in Streifen schneiden.

3. Die Ente aus der Brühe heben, Brühe aufbewahren. Ente in Portionsstücke (Keulen, Brustfleisch und Flügel) teilen.

4. Das Öl in einer großen Pfanne erhitzen und die Schalotten darin andünsten. Die Ententeile zugeben und von allen Seiten anbraten. Knoblauch, Galgant und Ingwer mischen und zur Ente geben. Chili und Paprika zufügen und alles 3 Minuten schmoren.

5. Die Entenbrühe entfetten und 100 ml davon mit dem Tamarindensaft in die Pfanne geben. Zitronenblatt und Salam-Blatt einlegen, Palmzucker unterrühren. Zugedeckt ca. 30 Minuten schmoren. Die Ente mit der Sauce anrichten.

Aus dem eingeweichten Fruchtfleisch der Tamarindenhülsen wird in Indonesien eine Paste hergestellt, die vielen Speisen einen angenehm säuerlichen Geschmack verleiht. Man kann die Paste auch durch Zitronensaft ersetzen.

INDONESIEN

Gebratenes mariniertes Hähnchen aus dem Wok

Zutaten für 4 Personen:

1 Brathähnchen, küchenfertig
5 g Tamarindenpaste
1 Zwiebel
1 Knoblauchzehe
1 EL gemahlener Koriander
frisch gemahlener Pfeffer
1 TL gemahlene Kurkuma
Salz
2 EL Pflanzenöl
4 EL Sojasauce
1 Limette, in Spalten geschnitten

Zubereitung: ca. 40 Minuten
Marinieren: ca. 30 Minuten

1. Das Hähnchen waschen, trockentupfen und in kleine Stücke schneiden. Die Tamarindenpaste in Wasser kneten, bis sie sich auflöst. Dann durch ein Sieb streichen und den Saft auffangen. Zwiebel und Knoblauch schälen und fein hacken. Mit den restlichen Gewürzen und dem Tamarindensaft zu einer Marinade verrühren. Die Hühnchenteile damit bestreichen und ca. 30 Minuten ziehen lassen. Aus der Marinade nehmen und abtupfen.

2. Das Öl im Wok erhitzen und die marinierten Hähnchenteile darin von allen Seiten unter mehrmaligem Wenden braten. Fertige Hähnchenteile aus der Pfanne nehmen.

3. Die Sojasauce, restliche Marinade und 100 ml Wasser in den Wok geben, den Bratensatz lösen und etwas einkochen lassen. Das Hähnchen mit der Sauce und Limettenspalten servieren.

Für Obstliebhaber ist Indonesien wie ganz Südostasien ein richtiges Paradies. In dem feuchtwarmen Klima gedeihen Bananen und Mangos, Ananas und Papaya prächtig. Die Früchte werden frisch gegessen, in Teig gebacken oder frittiert.

INDONESIEN

Frittierte Bananenbällchen mit Honig und Kokosraspeln

Zutaten für 4 Personen:

2 Bananen
3 EL Palmzucker
100 g Weizenmehl
1 EL Kokosraspel
1/2 l Pflanzenöl
2–3 EL flüssiger Honig

Zubereitung: ca. 15 Minuten

1. Die Bananen schälen, pürieren und mit dem Palmzucker, dem Mehl und den Kokosraspeln zu einem Teig verrühren.

2. Das Öl im Wok auf 190 Grad erhitzen. Vom Bananenteig teelöffelweise kleine Bällchen abnehmen und im heißen Fett goldbraun frittieren.

3. Die Bananenbällchen mit einer Schaumkelle aus dem Fett heben, auf Küchenpapier kurz abtropfen lassen und warmstellen, bis alle Bällchen fertig sind. Vor dem Servieren den Honig darüberträufeln.

Viele Gerichte werden mit Kokosmilch zubereitet, meist aus der Dose. Man kann sie auch selbst herstellen, indem man das Kokosfruchtfleisch fein reibt, einige Stunden in Milch ziehen lässt und anschließend kräftig auspresst.

INDONESIEN

Gebackener Reispudding mit Kokosmilch und Mangos

Zutaten für 6 Personen:

250 g Reismehl
60 g Maismehl
1 Prise Salz
600 ml Kokosmilch
100 g brauner Zucker
2 Mangos

Zubereitung: ca. 30 Minuten
Vorbereitung: ca. 30 Minuten

1. Die beiden Mehlsorten in eine Schüssel sieben und das Salz zufügen. Die Kokosmilch erhitzen, aber nicht kochen. Etwa 100 ml davon abnehmen und den Zucker darin auflösen. Die restliche Kokosmilch mit dem Mehl zu einem glatten Teig verrühren. Dann die Zucker-Kokosmilch untermischen. Den Backofen auf 190 Grad erhitzen.

2. Den Teig in kleine feuerfeste Förmchen füllen. Die Mangos schälen, halbieren und vom Kern befreien. Mangohälften quer in Scheiben schneiden und auf dem Teig verteilen.

3. Die Förmchen in eine feuerfeste Form stellen und so viel heißes Wasser angießen, dass sie zur Hälfte im Wasser stehen. Im heißen Ofen ca. 30 Minuten stocken lassen. Lauwarm oder kalt servieren.

Dashi, eine Brühe aus Seetang und getrockneten Pilzen oder Fisch, ist ein Grundpfeiler der japanischen Küche. Sie ist die asiatische Variante der europäischen Hühner- oder Rindfleischbrühe und kulinarisch ebenso vielseitig verwendbar.

JAPAN

Vegetarische Dashi-Brühe aus Shiitake und Algen

Zutaten für ca. 2 Liter Brühe:

1 Stück Kombu (getrocknete Alge), ca. 8 x 8 cm
3 Frühlingszwiebeln
100 g getrocknete Shiitake-Pilze
Salz

Zubereitung: ca. 35 Minuten

1. Kombu mit einem feuchten Tuch abwischen. Die Frühlingszwiebeln putzen und klein schneiden.

2. In einem großen Topf 2 Liter kaltes Wasser mit dem Kombu zum Kochen bringen. Sobald das Wasser kocht, Kombu entfernen und die Pilze sowie die Frühlingszwiebeln in das Wasser geben. Bei kleiner Hitze 20 Minuten köcheln lassen.

3. Ein Haarsieb mit einem Mulltuch auslegen, auf einen Topf setzen und die Brühe durch das Sieb hineingießen. Brühe mit Salz abschmecken. Dashi kann bis zu 3 Tagen im Kühlschrank aufbewahrt werden. Man kann die Brühe auch portionsweise einfrieren. Die Pilze können für ein anderes Gericht weiterverwendet werden.

Das Geheimnis von Sushi-Reis ist, dass er weder zu hart noch zu weich sein darf. Gegarter Sushi-Reis muss heiß in einem Holzgefäß mit der Essiglösung gemischt werden. Die überschüssige Flüssigkeit wird vom Holzgefäß aufgesogen.

JAPAN

Gekochter japanischer Sushi-Reis mit Reisessig

Zutaten für 4 Personen:

200 g japanischer Klebereis
1 Prise Salz
1 Prise Zucker
2 EL Sushi-Essig

Zubereitung: ca. 15 Minuten
Garen: ca. 25 Minuten

1. Reis in ein Sieb geben und gründlich unter fließendem kaltem Wasser waschen, bis das Wasser klar bleibt. Abtropfen lassen.

2. Den Reis in einen Topf geben und so viel Wasser angießen, dass der Reis knapp bedeckt ist. Einmal aufkochen und bei mittlerer Hitze ca. 20 Minuten zugedeckt garen, bis er das gesamte Wasser aufgenommen hat. Vom Herd nehmen, ein gefaltetes Küchentuch unter den Deckel legen und den Reis weitere 10 Minuten quellen lassen.

3. Den Reis in eine flache Schale geben. Salz und Zucker im Essig unter Rühren auflösen. Dann unter den Reis rühren, dabei den Reis mit einem Fächer kühlen, bis er auf Zimmertemperatur abgekühlt ist.

Sie sind klein und entsprechen wirklich nur einem „Mund voll", aber die japanische Küche wäre ohne Sushi nur sehr unvollständig. Sushi-Rollen herzustellen ist für den Anfänger gar nicht so einfach, daher empfiehlt sich hier erst einmal die Nigiri-Sushi-Variante.

JAPAN

Sushi mit frischem Thunfisch und Noriblättern

Zutaten für 24 Stück:

125 g frisches Thunfischfilet
1 großes Noriblatt (gerösteter Seetang)
125 g gekochter Sushi-Reis
30 g Wasabipaste
120 g eingelegte Ingwerscheiben
Sojasauce

Zubereitung: ca. 25 Minuten

1. Thunfisch anfrieren, dann in dünne, ca. 2 x 5 cm große Streifen schneiden. Noriblatt einige Sekunden über einer kleinen Gasflamme anrösten. Blatt in 24 Streifen schneiden.

2. Aus dem Reis 24 längliche Röllchen formen. Thunfischstreifen auf einer Seite mit Wasabipaste bestreichen und mit dieser Seite auf die Reisröllchen legen. Jeweils mit 1 Noriblattstreifen umwickeln.

3. Restlichen Wasabi, eingelegten Ingwer und Sojasauce getrennt zu den Sushi reichen.

Daikon bedeutet im Japanischen „Große Wurzel“ und bezeichnet einen langen weißen Rettich, der besonders vitamin- und mineralstoffreich ist. Man erhält ihn in Bioläden, kann ihn aber auch durch deutschen weißen Rettich ersetzen.

JAPAN

Klare Misosuppe mit Sojabohnensprossen und Rettich

Zutaten für 4 Personen:

100 g Daikon
50 g Zuckerschoten
1 Frühlingszwiebel
3 Shiitake-Pilze
1 EL Sonnenblumenöl
80 g Sojabohnensprossen
800 ml Dashi-Brühe
1 EL dunkle Miso (Sojabohnenpaste)
2 EL helle Miso (Sojabohnenpaste)
1–2 EL Sojasauce

Vorbereitung: ca. 40 Minuten
Zubereitung: ca. 20 Minuten

1. Den Rettich schälen und in dünne Streifen schneiden. Gewaschene Zuckerschoten, Frühlingszwiebeln und Shiitake putzen. Zuckerschoten quer halbieren, Frühlingszwiebeln schräg in Ringe schneiden. Pilze in Scheiben schneiden.

2. Das Öl in einer tiefen beschichteten Pfanne erhitzen, den Rettich und die Zuckerschoten zugeben und 5 Minuten unter Rühren dünsten. Pilze und Sprossen hinzufügen und die Brühe angießen. Einmal aufkochen lassen, dann vom Herd nehmen.

3. Miso mit etwas Suppenbrühe verrühren, dann in die Suppe geben. Mit Sojasauce abschmecken.

4. Die Suppe in Servierschalen füllen und mit den Frühlingszwiebelringen bestreuen. Sofort servieren.

Udon-Nudeln sind dicke Bandnudeln aus Weizenmehl. Die gekochten Nudeln werden in Japan entweder in Brühe erhitzt, im Wok gebraten oder kalt unter Salate gemischt. Bei vielen Gerichten kann man sie durch Bandnudeln ersetzen.

JAPAN

Dashi-Nudelsuppe mit Huhn und Wolkenohrpilzen

Zutaten für 4 Personen:

250 g Hühnerbrustfilet
50 g getrocknete Wolkenohrpilze (Mu-Errh-Pilze)
2 EL Sojasauce
2 EL Sake (Reiswein)
250 g Udon-Nudeln
Salz
800 ml Dashi-Brühe
60 g Daikon-Sprossen, ersatzweise Radieschensprossen

Marinieren: ca. 1 Stunde
Zubereitung: ca. 30 Minuten

1. Das Hühnerfleisch in kleine Würfel schneiden und in eine Porzellanschüssel geben. Sojasauce und Sake darübergeben, das Fleisch darin wenden. Bei Zimmertemperatur 1 Stunde ziehen lassen.

2. Die Wolkenohrpilze 1 Stunde in warmem Wasser einweichen. Dann in ein Sieb abgießen, gründlich waschen und abtropfen lassen. Pilze grob hacken.

3. Die Nudeln in leicht gesalzenem Wasser knapp bissfest garen. Abgießen und abtropfen lassen.

4. Die Brühe in einem Topf erhitzen. Pilze dazugeben und 2 Minuten in der Brühe kochen. Hühnerfleisch hinzufügen und bei kleiner Hitze in der Brühe gar ziehen lassen. Sprossen und Nudeln in die Suppe geben und darin erhitzen.

5. Suppe vor dem Servieren nach Belieben mit Salz abschmecken.

Tempura ist eine Zubereitungsvariante frittierter Speisen in Japan. Entscheidend ist dabei der Teig, der weder klebrig noch elastisch sein darf, damit er beim Backen zart bleibt. Mit diesem Teig umhüllt man Gemüse, Fleisch oder Fisch.

JAPAN

Frittierte Süßkartoffeln und Zucchini im Teigmantel

Zutaten für 4 Personen:

2 Süßkartoffeln
2 Zucchini
Pflanzenfett zum Frittieren
250 g Weizenmehl
1 Eigelb
1/4 l Eiswasser
1/2 TL Natron
3 EL Mirin (süßer Reiswein)
4 EL dunkle Sojasauce

Zubereitung: ca. 20 Minuten

1. Die geschälten Süßkartoffeln und die Zucchini in ca. 5 mm dicke Scheiben schneiden.

2. Öl in einer Fritteuse auf 175 Grad erhitzen. Den Backofen auf 60 Grad vorheizen.

3. Das Mehl mit dem Eigelb, dem Eiswasser und dem Natron zu einem dünnflüssigen Teig verrühren.

4. Die Gemüsescheiben einzeln mit einer Gabel durch den Teig ziehen. Im heißen Öl auf beiden Seiten goldbraun ausbacken. Dann herausnehmen und kurz auf Küchenpapier abtropfen lassen. Im Ofen warm halten, bis alle Gemüsestücke frittiert sind.

5. Mirin und Sojasauce verrühren und als Dip getrennt zu dem frittierten Gemüse reichen.

Mirin ist ein süßer, fast sirupartiger Reiswein, der in Japan ausschließlich in der Küche verwendet wird. Mit seinem blumigen Aroma verleiht er vielen Marinaden und pfannengerührten Gerichten einen ganz besonderen Geschmack.

JAPAN

Geschmortes Gemüse mit Tofu in Sesamsauce

Zutaten für 4 Personen:

200 g fester, frischer Tofu
je 1 grüne, rote und gelbe Paprikaschote
2 Möhren
100 g Shiitake-Pilze
3 EL Pflanzenöl
100 g Sojabohnensprossen
60 ml Dashi-Brühe
2 EL Mirin (süßer Reiswein)
3 EL Sojasauce
2 EL Sesampaste

Zubereitung: ca. 30 Minuten

1. Tofu abtropfen lassen, mit Küchenpapier trockentupfen und in 3 cm große Würfel schneiden.

2. Paprikaschoten halbieren, entkernen und in dünne Streifen schneiden. Geschälte Möhren ebenfalls in dünne Streifen schneiden. Pilze putzen und in dünne Scheiben schneiden.

3. In einer tiefen Pfanne 2 Esslöffel Öl erhitzen, die Paprika und die Möhren darin anrösten. Den Tofu untermischen und knusprig anbraten. Die Pilze und die Sojabohnensprossen dazugeben und kurz mitdünsten.

4. Restliches Öl in einem Topf erhitzen. Die Brühe angießen, Mirin und Sojasauce hinzufügen und etwas einkochen lassen. Die Sesampaste unterrühren. Sauce vom Herd nehmen.

5. Das geschmorte Gemüse auf vorgewärmte Teller verteilen und die Sauce getrennt dazu reichen.

Der Bonito ist eine vorwiegend in tropischen Meeren vorkommende Thunfischart. Vor der Weiterverarbeitung zu den als Würzmittel beliebten Flocken wird er mehrmals geräuchert und anschließend lange getrocknet, bis er sehr hart ist.

JAPAN

Goldbraun gebackener Tofu mit Katsuobushi-Sauce

Zutaten für 4 Personen:

300 g frischer, fester Tofu
1 Stück Kombu (getrocknete Alge), ca. 5 x 5 cm
15 g Bonito-Flocken
1 EL Maisstärke und Maisstärke zum Wenden
2 EL Mirin (süßer Reiswein)
1 EL dunkle Sojasauce
Pflanzenöl zum Frittieren

Zubereitung: ca. 40 Minuten

1. Den Tofu abtropfen lassen und trockentupfen. Tofu in ein sauberes Tuch einschlagen, auf ein Brett legen und mit einem zweiten Brett beschweren. 30 Minuten ruhen lassen.

2. Kombu mit einem feuchten Tuch abwischen. Mit 1/2 Liter kaltem Wasser in einen Topf geben und zum Kochen bringen. Die Hitze reduzieren und den Kombu entfernen. Die Bonito-Flocken in den Topf streuen, nicht umrühren. Einmal aufkochen lassen, dann den Topf vom Herd nehmen. Wenn sich die Flocken auf dem Topfboden abgesetzt haben, die Brühe durch ein Tuch abseihen. Die Brühe erneut aufkochen und auf 1/4 der ursprünglichen Menge einkochen. 1 Esslöffel Maisstärke mit Mirin und Sojasauce verquirlen und die Brühe damit binden. Sauce abkühlen lassen.

3. Den Tofu in 4 gleich große Stücke teilen und in Maisstärke wenden. Überschüssige Stärke abklopfen.

4. Das Öl in der Fritteuse auf 175 Grad erhitzen und den Tofu darin auf beiden Seiten goldbraun ausbacken. Kurz auf Küchenpapier abtropfen lassen. Tofustücke in 4 Schalen legen, Sauce getrennt dazu reichen.

Gerichte, die in Dampf schonend gegart wurden, heißen in Japan „Mushimono". Gedämpft werden neben frischem Fisch auch Riesengarnelen, Hühnerfleisch oder Gemüse in Pergamentpapierhülle und sogar der feine Eierstich.

JAPAN

Gedämpfter Lachs mit Frühlingszwiebeln und Ingwer

Zutaten für 4 Personen:

1 kleiner frischer Lachs, ca. 1,2 kg, küchenfertig
Salz
frisch gemahlener Pfeffer
1 Bund Frühlingszwiebeln
1 Stück Ingwer, ca. 5 cm
3 EL Sake (Reiswein)
3 EL Sesamöl

Zubereitung: ca. 15 Minuten
Garen: ca. 25 Minuten

1. Den Lachs waschen und trockentupfen. Innen und außen mit Salz und Pfeffer würzen.

2. Frühlingszwiebeln putzen, Ingwer schälen. Alles in feine Streifen schneiden und den Dämpfeinsatz des Fischtopfs damit auslegen.

3. Sake und Sesamöl verrühren. Lachs auf einer Seite mit dem Sake-Sesamöl bestreichen und mit dieser Seite auf die Gemüsestreifen legen. Fischoberseite ebenfalls mit dem Öl bestreichen.

4. Den Fischtopf ca. 3 cm hoch mit Wasser füllen, Wasser zum Kochen bringen. Den Lachs einsetzen, Deckel auflegen und den Fisch bei mittlerer Hitze 20–25 Minuten dämpfen. Nach 20 Minuten Garprobe machen: Wenn sich die Rückenflosse leicht herausziehen lässt, ist der Lachs gar.

5. Den Lachs auf einer vorgewärmten Servierplatte im Ganzen auftragen und am Tisch portionieren.

Miso ist eine Würzpaste, die auf der Grundlage von Sojabohnen hergestellt und auch als „braune Butter Japans“ bezeichnet wird. In der Mythologie gilt sie als Geschenk der Götter an die Menschen und soll Gesundheit und Glück bringen.

JAPAN

Marinierte Makrele vom Grill mit eingelegtem Ingwer

Zutaten für 4 Personen:

600 g frisches Makrelenfilet mit Haut
225 g helles Miso (Sojabohnenpaste)
80 g Zucker
4 EL Sake (Reiswein)
125 g eingelegte Ingwerscheiben

Marinieren: ca. 2 Tage
Zubereitung: ca. 15 Minuten

1. Fischfilets waschen, trockentupfen und mit der Haut in ca. 7 cm breite Streifen schneiden. Mit der Hautseite nach unten nebeneinander in eine große flache Porzellanschale legen.

2. Das Miso mit dem Zucker und dem Sake verrühren. Die Marinade auf den Fisch streichen. Schale mit Frischhaltefolie abdecken und den Fisch im Kühlschrank 2 Tage durchziehen lassen.

3. Die Marinade mit einem Spatel und Küchenpapier vorsichtig von den Fischstreifen entfernen. Auf der Hautseite auf den heißen Holzkohlengrill legen und bei mittlerer Hitze 4–5 Minuten gillen. Dann wenden und weitere 2 Minuten grillen.

4. Den Fisch in Schälchen verteilen. Den eingelegten Ingwer getrennt dazu servieren.

Burdock, wie die Große Klette auf Englisch heißt, bildet längliche Pfahlwurzeln. Nur in Japan isst man diese Wurzeln als Gemüse, meist kombiniert mit Möhren. In China werden sie vor allem in der Medizin verwendet.

JAPAN

Geschmorte Rinderlende mit Gemüse und Hühnerbrühe

Zutaten für 4 Personen:

200 g Burdockwurzel
1 EL Reisweinessig
400 g Rinderlende
1 Stück frischer Ingwer, ca. 2 cm
150 g Zuckerschoten
2 Möhren
1 EL Erdnussöl
1/4 l Hühnerbrühe
1 EL Mirin (süßer Reiswein)
2 EL Sojasauce
1–2 EL Zucker
Salz
frisch gemahlener Pfeffer

Vorbereitung: ca. 30 Minuten
Zubereitung: ca. 20 Minuten

1. Die Burdockwurzel schälen und in dünne Scheiben schneiden. In eine Schüssel mit kaltem Wasser legen, Essig zufügen. 30 Minuten ziehen lassen.

2. Die Lende in kleine Würfel schneiden. Den Ingwer schälen und fein reiben. Die Zuckerschoten putzen, die Möhren schälen und in dünne Scheiben schneiden.

3. Das Öl in einer tiefen Pfanne erhitzen und das Fleisch darin von allen Seiten anbraten.

4. Burdock gut abtopfen lassen, dann mit dem restlichen Gemüse und dem Ingwer zum Fleisch geben und unter Rühren kurz anrösten. Die Brühe angießen, Mirin, Sojasauce und Zucker zufügen. Köcheln lassen, bis die Flüssigkeit fast verkocht und die Burdockwurzel weich ist. Mit Zucker, Salz und Pfeffer abschmecken. In vorgewärmten Schälchen servieren.

Pak-Choi ist ein Blattgemüse, das mit dem Kohl verwandt ist und leicht nach Senf schmeckt. Ursprünglich in Asien beheimatet, kam der Pak-Choi über die Niederlande nach Europa. Heute findet man ihn auf vielen Märkten.

JAPAN

Frittierte Schweinelende mit Pak-Choi und Möhren

Zutaten für 4 Personen:

6 Blätter Pak-Choi
1 weißer Rettich
2 Möhren
500 g Schweinelende
Salz
frisch gemahlener Pfeffer
75 g Mehl
2 Eier
75 g Paniermehl
Pflanzenöl zum Frittieren
80 ml Worcestersauce
2 EL Sojasauce
2 EL Tomatenmark

Zubereitung: ca. 30 Minuten

1. Den Pak-Choi waschen, trockentupfen, die harten Blattrippen entfernen und die Blätter in dünne Streifen schneiden. Den Rettich und die Möhren schälen und in dünne Scheiben schneiden.

2. Das Fleisch waschen, trockentupfen und in 2 cm dicke Scheiben schneiden. Mit Salz und Pfeffer würzen.

3. Mehl, verquirlte Eier und Paniermehl getrennt in 3 tiefe Teller geben. Das Fleisch zuerst in Mehl wenden, dann durch das Ei ziehen und zuletzt im Paniermehl wenden. Panade leicht andrücken.

4. Das Öl in der Fritteuse auf 175 Grad erhitzen. Das Gemüse in kochendem Salzwasser 2 Minuten blanchieren, dann abgießen und gut abtropfen lassen. Worcester- und Sojasauce mit dem Tomatenmark verrühren.

5. Die Fleischscheiben portionsweise im heißen Fett auf beiden Seiten goldbraun ausbacken. Kurz auf Küchenpapier abtropfen lassen und warm stellen, bis alles frittiert ist. Auf einer vorgewärmten Servierplatte mit dem Gemüse anrichten. Sauce getrennt dazu reichen.

Auch wenn der Wasabi bisweilen „japanischer Meerrettich“ genannt wird, so übertrifft er seinen europäischen Kollegen doch bei weitem an Schärfe. In der japanischen Küche ist er als Würze für Sushi, Reis und Saucen unentbehrlich.

JAPAN

Entenbruströllchen mit Gurke und Wasabi-Sauce

Zutaten für 4 Personen:

400 g Entenbrustfilet ohne Haut
2 EL rotes Miso (Sojabohnenpaste)
100 ml Mirin (süßer Reiswein)
125 ml helle Sojasauce
1 kleine Salatgurke
Salz
1 TL Wasabipaste
2 EL Reisweinessig

Zubereitung: ca. 40 Minuten
Marinieren: ca. 12 Stunden

1. Das sichtbare Fett vom Entenbrustfilet entfernen, Fleisch waschen und trockentupfen. Miso mit Mirin und 6 Esslöffeln Sojasauce verrühren und das Fleisch darin über Nacht im Kühlschrank ziehen lassen.

2. Die Gurke längs halbieren, mit einem Löffel die Kerne herauslösen. Gurke 2 Minuten in kochendem Salzwasser blanchieren. Herausheben und abkühlen lassen.

3. Entenbrust aus der Marinade heben und abtropfen lassen. Einen Dämpftopf ca. 3 cm hoch mit Wasser füllen, Wasser zum Kochen bringen. Fleisch in den Dämpfeinsatz legen, in den Topf setzen und mit dem Deckel verschließen. 25 Minuten über Dampf garen.

4. Die Gurke in dünne Scheiben schneiden. Dann restliche Sojasauce mit der Wasabipaste und dem Essig verrühren.

5. Entenbrust in möglichst dünne Scheiben schneiden. Auf jede Fleischscheibe 1 Scheibe Gurke legen und zu kleinen Rouladen aufrollen. Auf eine Servierplatte legen und die Wasabi-Sauce getrennt dazu reichen.

Japanischer Senf ist sehr scharf. In europäischen Asialäden wird er entweder als Pulver angeboten, das zunächst mit etwas Wasser angerührt werden und 15 Minuten ausquellen muss, oder bereits gebrauchsfertig als Senf in der Tube.

JAPAN

Glasierte Hühnchenspieße mit Teriyakisauce und Senf

Zutaten für 4 Personen:

1/4 l Mirin (süßer Reiswein)
1/4 l Sojasauce
1/4 l vegetarische Dashi-Brühe
1 EL Zucker
2 TL Maisstärke
4 Hühnerbrüste mit Haut, ohne Knochen
4 TL japanischer Senf
Petersilie zum Garnieren

Außerdem:
Holz-Schaschlikspieße

Zubereitung: ca. 30 Minuten

1. Für die Teriyaki-Sauce Mirin, Sojasauce und Dashi-Brühe in einen Topf geben und einmal aufkochen. Vom Herd nehmen und 1/5 der Brühe in einen kleinen Topf umgießen, den Rest abkühlen lassen. Für die Teriyaki-Glasur die Brühe im Topf nochmals mit dem Zucker aufkochen. Maisstärke mit 1 Esslöffel Wasser verquirlen und die Sauce damit binden. Unter Rühren zu einer sirupähnlichen Glasur einkochen. Dann in eine Schale umfüllen.

2. Die Holzspieße in Wasser legen und kurz quellen lassen. Die Hühnerbrüste waschen, trockentupfen und in größere Würfel schneiden. Fleischwürfel in die Teriyaki-Sauce tauchen, dann auf die Spieße stecken. Auf dem heißen Holzkohlengrill 3 Minuten braten. Fleisch noch zweimal durch die Teriyaki-Sauce ziehen und anschließend grillen, bis das Fleisch schön knusprig ist.

3. Die Spieße auf Teller legen, mit der Teriyaki-Glasur bestreichen. Mit einem Tupfer Senf und Petersilie dekorieren.

Grüntee-Pulver besteht aus gemahlenen Teeblättern und enthält viele Vitamine. Beim japanischen grünen Tee verzichtet man bewusst auf die Fermentation, um die natürliche grüne Farbe und den starken Geschmack zu erhalten.

JAPAN

Hausgemachtes Grüntee-Eis mit Pflaumenwein

Zutaten für 6 Personen:

1/2 l Milch
5 g Grüntee-Pulver
7 Eigelb
200 g feiner Zucker
250 g süße Sahne
120 ml Pflaumenwein

Zubereitung: ca. 20 Minuten
Gefrieren: ca. 1 Stunde

1. Die Milch in einem Topf einmal aufkochen. Vom Herd nehmen und das Grüntee-Pulver einrühren. Etwas abkühlen lassen.

2. Das Eigelb mit dem Zucker cremig schlagen und die lauwarme Grüntee-Milch unterrühren. Die Masse wieder erwärmen, aber nicht kochen. In eine Schüssel umfüllen und im kalten Wasserbad abkühlen lassen.

3. Die Sahne steif schlagen und unter die kalte Creme heben. Die Masse in eine Eismaschine füllen und fest werden lassen.

4. Mit dem Eisportionierer Kugeln ausstechen und in Schalen geben. Pflaumenwein darübergeben und sofort servieren.

Malaysia, eines der dynamischsten und reichsten Länder Südostasiens, hat durch seine interessante Mischung aus malaiischer, chinesischer und indischer Kultur eine sehr kreative eigenständige asiatische Küche entwickelt.

MALAYSIA

Gebackene Süßkartoffelplätzchen mit Kokosfüllung

Zutaten für 12 Stück:

Für den Teig:
500 g Süßkartoffeln
ca. 180 g Mehl
1 EL Zucker
1/2 TL Salz

Für die Füllung:
50 g getrocknete Garnelen
3 Schalotten
1 Knoblauchzehe
1 kleines Stück Ingwer
1 Chilischote
1 Stängel Zitronengras
2 EL Öl
1 TL gemahlene Kurkuma
200 g Kokosnussfleisch, frisch geraspelt
Salz
Palmzucker
12 kleine Garnelen, roh, ungeschält
Öl zum Frittieren

Zubereitung: ca. 75 Minuten

1. Kartoffeln waschen und mit der Schale in kochendem Salzwasser ca. 15 Minuten garen. Noch warm schälen, mit einer Gabel zerdrücken und ausdampfen lassen. Mit Mehl, Salz und Zucker zu einem glatten Teig verarbeiten, eventuell noch etwas Mehl zufügen.

2. Getrocknete Garnelen mit kochendem Wasser überbrühen und 15 Minuten ziehen lassen. Schalotten, Knoblauch und Ingwer schälen und klein würfeln. Chilischoten längs halbieren, entkernen und klein hacken. Zitronengras putzen und den weißen Teil fein hacken. Alle Zutaten im Mörser zerreiben. Garnelen abtropfen lassen und getrennt zu einer Paste zermahlen.

3. Das Öl in einer Pfanne erhitzen und die Gewürzpaste darin anrösten. Mit Kurkuma bestäuben, Garnelenpaste zufügen und die Kokosnussraspel unterrühren. Mit Salz und Zucker würzen und erkalten lassen.

4. Mit bemehlten Händen aus dem Teig eigroße Bällchen formen und flach drücken. Etwas Kokosmasse in die Mitte geben und den Teig darüberschlagen. Auf jedes Plätzchen 1 Garnele drücken. Eine tiefe Pfanne ca. 3 cm hoch mit Öl füllen, das Öl erhitzen. Die Plätzchen darin portionsweise goldbraun ausbacken. Auf Küchenpapier kurz abtropfen lassen.

Dieser Garnelen-Klassiker ist ein gutes Beispiel für die Verbindung chinesischer und indischer Kochtraditionen in Malaysia. Das Schmoren mit Curryblättern als Würzzutat verleiht dem Gericht seine unvergleichliche Note.

MALAYSIA

Malaysische Garnelen in Curryblättern geschmort

Zutaten für 4 Personen:

500 g Garnelen, roh, ungeschält
Öl zum Frittieren
4 Knoblauchzehen
1 kleines Stück Ingwer
3 frische Chilischoten
1 Stange Sellerie
50 g Butter
10 frische Curryblätter
1 TL Sojasauce
1 EL Mirinwein
Salz
Zucker

Zubereitung: ca. 45 Minuten

1. Die Garnelen waschen und trockentupfen. Mit einer Küchenschere am Rücken entlang einschneiden und den Darm entfernen.

2. Einen Topf 3 cm hoch mit Öl füllen und das Öl erhitzen. Die Garnelen darin 1–2 Minuten portionsweise frittieren und auf Küchenpapier kurz abtropfen lassen.

3. Den Knoblauch und den Ingwer schälen und klein würfeln. Die Chilischoten längs halbieren, entkernen und klein hacken. Die Sellerie putzen und in kleine Würfel schneiden.

4. Die Butter in einem Wok oder einer großen Pfanne erhitzen, Knoblauch, Ingwer, Chilischote, Sellerie und die Curryblätter darin anbraten. Die Garnelen zufügen und mit Soyasauce, Mirinwein, Salz und Zucker würzen. 2 Minuten unter Rühren garen. Auf eine vorgewärmte Platte geben und sofort servieren.

Die kleinen Baby-Calamari haben ein besonders zartes weiches Fleisch. Sie dürfen nur kurz gegart werden. Malaysier lieben die Kombination aus pikantem Fisch-Curry und hart gekochten Eiern, die sie in der Sauce mitkochen.

MALAYSIA

Baby-Calamari-Curry mit harten Eiern in Kokossauce

Zutaten für 4 Personen:

500 g Baby-Calamari, küchenfertig
4 Schalotten
2 Tomaten
je 1/2 TL Kreuzkümmel, Fenchelsaat und Bockshornkleesamen
2 EL Öl
10 Kaffir-Limettenblätter
4 EL Fischcurrypulver
150 ml Kokosmilch
4 hart gekochte Eier
Salz
1–2 TL Chiliöl

Zubereitung: ca. 40 Minuten

1. Die Calamari waschen und trockentupfen. Die Schalotten schälen und klein würfeln. Die Tomaten häuten, vierteln, entkernen und in Spalten schneiden. Die Gewürzkörner im Mörser zermahlen.

2. Das Öl in einem Wok erhitzen und die Schalotten darin andünsten. Tomaten, Gewürzkörner, Limettenblätter und Fischcurrypulver zufügen. Kurz anrösten, dann die Calamari dazugeben. Unter Rühren 1–2 Minuten anbraten. Calamari mit einem Schaumlöffel wieder herausnehmen und warm stellen.

3. Die Kokosmilch angießen und die geschälten Eier zufügen. Mit 1/2 Liter Wasser aufgießen und 10 Minuten bei kleiner Hitze köcheln lassen. Mit Salz und Chiliöl abschmecken. Die Calamari wieder zufügen und in der Sauce 1 Minute ziehen lassen. Das Curry in eine vorgewärmte Servierschüssel umfüllen.

Eines der wichtigsten Aromen in der malaysischen Küche ist „Cinkaluk", eine rosafarbene fermentierte Würzsauce aus Garnelen, Salz und gekochtem Reis. Sie muss in Flaschen für 3 bis 4 Wochen reifen und wird wie Fischsauce verwendet.

MALAYSIA

Makrelenstreifen mit Okraschoten aus dem Wok

Zutaten für 4 Personen:

500 g frische Makrelenfilets
12 kleine Okraschoten
2 Tomaten
4 EL Öl
1 TL Fischcurrypulver
1 TL gemahlene Kurkuma
2 TL Tamarindenpaste, in 300 ml heißem Wasser aufgelöst
Salz
Palmzucker
1 kleines Bund Koriander

Für die Gewürzpaste:
4 Schalotten
1 Knoblauchzehe
2 frische Chilischoten
1 Stängel Zitronengras
1/2 TL Cinkaluk (malaysische fermentierte Garnelenpaste)

Zubereitung: ca. 35 Minuten

1. Fisch waschen, trockentupfen und in 3 cm breite Streifen schneiden. Abgedeckt kalt stellen. Die Okraschoten waschen und abtropfen lassen. Die Tomaten häuten, vierteln, entkernen und in Spalten schneiden.

2. Für die Gewürzpaste Schalotten und Knoblauch schälen und grob hacken. Chilischoten längs halbieren, entkernen und würfeln. Harte Zitronengrasblätter entfernen und den weißen Teil fein hacken. Alles in einem großen Mörser zu einer Paste zerreiben, dann die Garnelenpaste untermischen.

3. Das Öl in einem Wok erhitzen und die Gewürzpaste darin anrösten. Fischcurrypulver und Kurkuma zufügen, anschwitzen und mit dem Tamarindenwasser ablöschen. Tomaten und Okraschoten zufügen und einmal aufkochen. 5 Minuten bei kleiner Hitze köcheln lassen. Mit Salz und Zucker abschmecken.

4. Den Fisch zufügen und bei kleiner Hitze 3–4 Minuten gar ziehen lassen. Den Koriander waschen, trockenschütteln und die Blätter von den Stängeln zupfen. Fisch mit Okraschoten auf einer vorgewärmten Platte anrichten und mit den Korianderblättern bestreuen.

Kuala Lumpur, die pulsierende Hauptstadt Malaysias, hat sich zu einer faszinierenden kosmopolitischen Weltmetropole entwickelt. Hier leben Menschen unterschiedlichster Kulturen und Religionen friedlich neben- und miteinander.

MALAYSIA

Gebratenes Schweinefilet Kuala Lumpur aus dem Wok

Zutaten für 4 Personen:

300 g Schweinefilet
1 rote Paprikaschote
je 1 grüne und rote Chilischote
4 Schalotten
4 Knoblauchzehen
3 EL Öl
2 TL Cinkaluk (malaysische fermentierte Garnelenpaste)
1 TL Tamarindenpaste, in 3–4 EL heißem Wasser aufgelöst
Salz
Zucker

Zubereitung: ca. 30 Minuten

1. Das Fleisch waschen, trockentupfen und in feine Streifen schneiden. Die Paprikaschote putzen, halbieren, entkernen und in Streifen schneiden. Chilischoten längs halbieren, entkernen und klein hacken.

2. Die Schalotten und den Knoblauch schälen, halbieren und in feine Streifen schneiden. Das Öl im Wok erhitzen, Schalotten und Knoblauch darin nacheinander knusprig braten. Mit einem Schaumlöffel herausnehmen und beiseitestellen.

3. Die Garnelenpaste im Bratfett anrösten. Chilischote und Paprika zufügen und bei großer Hitze anbraten. Das Fleisch dazugeben und 1 Minute scharf anbraten. Mit dem Tamarindensaft ablöschen und mit Salz und Zucker abschmecken. 1 Minute weiter garen.

4. Auf eine vorgewärmte Servierplatte geben, mit den Schalotten und dem Knoblauch bestreuen.

Garnelen gelten auch in der philippinischen Küche als Delikatesse, für die auf Fischmärkten hohe Preise verlangt werden. Günstiger ist es, sie direkt bei den Fischerfrauen zu kaufen, die den Fang ihrer Männer morgens in Körben feilbieten.

PHILIPPINEN

Garnelensuppe Manila mit Mais und Zuckerschoten

Zutaten für 4 Personen:

Vorbereitung: ca. 30 Minuten
Zubereitung: ca. 25 Minuten

- 300 g Garnelenschwänze, roh, ungeschält
- 1 kleines Stück Ingwer, halbiert
- Salz
- 200 g Zuckerschoten
- 200 g Mais (aus der Dose)
- 1 Zwiebel
- 1 Knoblauchzehe
- 30 g grüner Speck
- 1 TL Maisstärke
- frisch gemahlener Pfeffer
- 2 EL gehackte Sellerieblätter

1. Garnelen waschen und trockentupfen. Das Fleisch aus den Schalen lösen, klein hacken und kühl stellen. Garnelenschalen und Ingwer in einen Topf geben. Mit 1 Liter leicht gesalzenem Wasser 10 Minuten kochen. Dann die Brühe durch ein Sieb abgießen.

2. Zuckerschoten putzen, waschen und in dünne Streifen schneiden. Den Mais abtropfen lassen. Zwiebel und Knoblauch schälen und fein hacken. Den Speck in kleine Würfel schneiden.

3. Den Speck in einem Topf auslassen, Zwiebel und Knoblauch im Bratfett anschwitzen. Das Garnelenfleisch und die Maiskörner dazugeben. Brühe angießen und aufkochen. Die Maisstärke mit 2 Esslöffeln Wasser verquirlen, in die Brühe rühren und sämig kochen. Mit Salz und Pfeffer abschmecken.

4. Die Zuckerschoten zufügen und bei kleiner Hitze 2 Minuten in der Suppe ziehen lassen. In Suppenschalen verteilen, mit Selleriegrün bestreuen und servieren.

Bananenblüten sind seit jeher ein fester Bestandteil der Küche Südostasiens. Der gelb-rote Kolben der männlichen Blüte hat dickfleischige Blätter, die gerne als Gemüse zubereitet oder in Salzlake zu Konserven verarbeitet werden.

PHILIPPINEN

Bananenblüten Guinataan in Kokosmilch geschmort

Zutaten für 4 Personen:

2 Bananenblüten à 500 g
Salz
1 Zwiebel
2 Knoblauchzehen
3 Tomaten
2 EL Öl
1/2 TL Zucker
frisch gemahlener Pfeffer
2 EL Zuckerrohressig
200 ml Kokosmilch

Vorbereitung: ca. 30 Minuten
Zubereitung: ca. 40 Minuten

1. Die äußeren welken Blätter der Bananenblüten entfernen. Die Blüten schräg in 5 mm breite Streifen schneiden. In eine Schüssel geben, mit 2 Teelöffeln Salz bestreuen und 15 Minuten ziehen lassen. Danach gründlich unter fließendem kaltem Wasser waschen. In einem Sieb abtropfen lassen und etwas ausdrücken.

2. Zwiebel und Knoblauch schälen. Zwiebel in Streifen, Knoblauch in kleine Würfel schneiden. Tomaten häuten, vierteln, entkernen und in Streifen schneiden.

3. Öl in einem Topf erhitzen und den Knoblauch darin hellbraun anbraten. Zuerst die Zwiebel, dann die Tomaten zufügen. Mit Zucker, Pfeffer und Essig würzen und 3 Minuten köcheln lassen. Blütenstreifen untermischen und weitere 4 Minuten garen.

4. Die Kokosmilch einrühren, erhitzen, aber nicht mehr kochen lassen. Mit Salz und Pfeffer abschmecken und in 4 Servierschalen verteilen.

Die Küche der über 800 bewohnten Inseln des philippinischen Archipels wird vor allem durch die Nähe zum Meer geprägt. Kein Ort ist weiter als 200 km von der Küste entfernt, deshalb sind Fisch und Meeresfrüchte Grundnahrungsmittel.

PHILIPPINEN

Thunfisch in würziger Sauce aus dem Ofen

Zutaten für 4 Personen:

4 Thunfischsteaks à 180 g
2 EL Öl
Salz
frisch gemahlener Pfeffer
2 Knoblauchzehen
1 kleines Stück Ingwer
1 Zwiebel
2 Tomaten
30 g grüner Speck, gewürfelt
1 EL Sojasauce
1 EL schwarze Bohnenpaste
2 EL Essig
Zucker
2 Frühlingszwiebeln

Zubereitung: ca. 30 Minuten

1. Thunfischsteaks waschen und trockentupfen. Öl in einer Pfanne erhitzen. Steaks bei mittlerer Hitze auf jeder Seite 1–2 Minuten anbraten und in eine ofenfeste Form legen. Salzen und pfeffern. Form in den Backofen stellen und den Ofen auf 160 Grad erhitzen.

2. Knoblauch und Ingwer schälen und klein würfeln. Zwiebel schälen und klein hacken. Tomaten häuten, vierteln, entkernen und in Streifen schneiden.

3. Speck in der Pfanne auslassen, Zwiebel, Knoblauch und Ingwer im Bratfett glasig dünsten. Tomaten, Sojasauce, Bohnenpaste und Essig zufügen, mit 1/4 Liter Wasser ablöschen. Aufkochen, mit Salz, Zucker und Pfeffer abschmecken und über die Thunfischsteaks gießen. Den Fisch weitere 5 Minuten im Backofen garen.

4. Die Frühlingszwiebeln putzen und mit einem Teil des Grüns in feine Streifen schneiden. Die Thunfischsteaks mit der Sauce auf 4 Teller verteilen und mit den Frühlingszwiebeln bestreut servieren.

Die unreifen grünen Früchte des Papayabaums sind auf den Philippinen ein sehr geschätztes Gemüse, das in Geschmack und Konsistenz an geschmorte Gurken erinnert und auch in etwa die gleichen Garzeiten wie diese hat.

PHILIPPINEN

Brathähnchen mit grüner Papaya in Ingwer-Knoblauch-Sauce

Zutaten für 4 Personen:

2 kleine grüne Papayas
1 Brathähnchen
1 Zwiebel
3 Knoblauchzehen
1 großes Stück Ingwer
1 kleine frische Chilischote
2 EL Öl
Salz
1 EL Speisestärke
1 EL Sojasauce

Zubereitung: ca. 40 Minuten

1. Papayas schälen, halbieren, entkernen und das Fruchtfleisch in Würfel schneiden. Hähnchen waschen, trockentupfen und in kleine Portionsstücke teilen. Zwiebel, Knoblauch und Ingwer schälen und klein würfeln. Chilischote halbieren, entkernen und hacken.

2. Das Öl in einem Schmortopf erhitzen, Zwiebel, Ingwer, Knoblauch und Chili darin andünsten. Die Hähnchenstücke zufügen, salzen und bei mittlerer Hitze langsam anbraten. Mit der Speisestärke überstäuben und mit Sojasauce und 1/8 Liter Wasser ablöschen. Bei kleiner Hitze ca. 15 Minuten köcheln lassen.

3. Die Papayawürfel untermischen und weitere 10 Minuten garen, bis das Fleisch und die Papayas weich sind. Auf vorgewärmte Teller verteilen und servieren.

Der unbestrittene Favorit in der philippinischen Küche ist das Schwein. In dem einzigen mehrheitlich katholischen Land Asiens gehört ein gebratenes Spanferkel zu jedem Fest – ein Erbe der spanischen Kolonialherrschaft.

PHILIPPINEN

Marinierte Schweinekoteletts mit süßsaurer Sauce

Zutaten für 4 Personen:

Für die Fleischmarinade:
8 kleine Schweinekoteletts à 125 g
4 EL Kalamansisaft, ersatzweise je 2 EL Limetten- und Orangensaft
2 EL Sojasauce
Salz
frisch gemahlener Pfeffer
75 g Semmelbrösel
Öl zum Backen

Für die Sauce:
1 frische Chilischote
2 Scheiben Ananas (Dose)
100 ml Ananassaft
60 g brauner Zucker
60 ml Zuckerrohressig
3 EL Speisestärke

Vorbereitung: ca. 1 Stunde
Zubereitung: ca. 20 Minuten

1. Koteletts waschen, trockentupfen und in eine Schüssel legen. Kalamansisaft und Sojasauce zufügen, das Fleisch darin wenden und abgedeckt 1 Stunde im Kühlschrank ziehen lassen.

2. Für die Sauce die Chilischote längs halbieren, entkernen und klein hacken. Die Ananas in kleine Würfel schneiden. Chilischote und Ananas in einem Topf mit Ananassaft, Zucker, Essig und Speisestärke mischen. Langsam unter Rühren zum Kochen bringen. Dicklich einkochen und mit so viel Wasser angießen, bis die Sauce die gewünschte Konsistenz erreicht hat. Sauce erkalten lassen.

3. In eine große Pfanne 1 cm hoch Öl einfüllen und erhitzen. Semmelbrösel auf einen Teller streuen. Koteletts aus der Marinade nehmen, etwas abtropfen lassen und in den Semmelbröseln wenden. Überschüssige Brösel abschütteln und die Koteletts im heißen Öl von beiden Seiten goldbraun ausbacken. Auf Küchenpapier abtropfen lassen. Koteletts auf einer Servierplatte anrichten und die süßsaure Sauce getrennt dazu servieren.

Kokosnussöl wird aus dem Fruchtfleisch der Kokosnuss gewonnen. Die besten Qualitäten werden in Handarbeit kalt gepresst und mehrfach gefiltert. In Sri Lanka schätzt man das Öl als wichtigen Bestandteil einer gesunden Ernährung.

SRI LANKA

Reissalat mit Kokosnuss-Julienne und würzigem Dressing

Zutaten für 4 Personen:

100 g Langkornreis
120 g frisches Kokosnussfleisch
80 ml Kokosnussöl
8 Curryblätter
1/2 TL gemahlene Kurkuma
1/2 TL Garam Masala
3 EL Limettensaft
Salz
frisch gemahlener Pfeffer
100 g Erdnüsse
2 Tomaten

Zubereitung: ca. 1 Stunde

1. Den Reis in ein Sieb geben und unter fließendem Wasser waschen. In einem Topf mit 300 ml Wasser garen. Danach abgießen, abtropfen und erkalten lassen. Die braune Kokosnusshaut abschälen, das Fruchtfleisch in feine Streifen (Julienne) raspeln und mit dem Reis vermischen.

2. Das Öl in einem Topf mäßig erhitzen. Curryblätter zufügen und unter Rühren Kurkuma und Garam Masala einstreuen. Vom Herd nehmen und etwas abkühlen lassen. Limettensaft unterrühren und mit Salz und Pfeffer würzen. Über den Kokosnuss-Reis gießen und gut vermischen. Abgedeckt 30 Minuten kalt stellen.

3. Die Erdnüsse schälen und in einer Pfanne ohne Fett rösten und grob hacken. Die Tomaten waschen und in Scheiben schneiden. Die Curryblätter aus dem Reissalat entfernen. Den Salat in eine Servierschüssel umfüllen, mit den Tomaten garnieren und mit den Erdnüssen bestreuen.

Kokosnussöl wird aus dem Fruchtfleisch der Kokosnuss gewonnen. Die besten Qualitäten werden in Handarbeit kalt gepresst und mehrfach gefiltert. In Sri Lanka schätzt man das Öl als wichtigen Bestandteil einer gesunden Ernährung.

SRI LANKA

Rotes Fischcurry aus Trincomalee mit Tomaten

Zutaten für 4 Personen:

600 g weißes Fischfilet
Salz
1 TL gemahlene Kurkuma
2 EL Öl
1 Zwiebel
2 Knoblauchzehen
1 kleines Stück Ingwer
1 frische rote Chilischote
2 Tomaten
1 EL rotes Currypulver
1 TL Chilipulver
400 ml Kokosmilch

Zubereitung: ca. 45 Minuten

1. Fisch waschen, trockentupfen und in ca. 3 cm breite Streifen schneiden. Salzen und mit Kurkuma bestäuben. Öl in einer Pfanne erhitzen und den Fisch auf beiden Seiten 2 Minuten braten. Auf Küchenpapier abtropfen lassen.

2. Zwiebel, Knoblauch und Ingwer schälen und würfeln. Chilischote längs halbieren, entkernen und grob hacken. Tomaten waschen und grob würfeln. Alles im Mixer zu einer glatten Paste pürieren.

3. Gewürzpaste in der Pfanne anrösten. Mit Curry und Chili bestäuben, die Kokosmilch angießen und dicklich einkochen. Mit Salz abschmecken und den Fisch zufügen. 5 Minuten bei kleiner Hitze in der Sauce garen. Auf eine Servierplatte geben und mit gelbem Reis auftragen.

Kokosnussöl wird aus dem Fruchtfleisch der Kokosnuss gewonnen. Die besten Qualitäten werden in Handarbeit kalt gepresst und mehrfach gefiltert. In Sri Lanka schätzt man das Öl als wichtigen Bestandteil einer gesunden Ernährung.

SRI LANKA

Gewürzter bengalesischer gelber Reis mit Kokosmilch

Zutaten für 4 Personen:

- 1 Zwiebel
- 10 Pfefferkörner
- 3 Gewürznelken
- 1 TL Kardamomsamen
- 2 EL Butterschmalz
- 1 TL gemahlene Kurkuma
- 350 g Langkornreis
- 300 ml Kokosmilch
- Salz
- 1 Stängel Zitronengras

Zubereitung: ca. 35 Minuten

1. Zwiebel schälen und klein würfeln. Gewürze in einem Mörser zermahlen. Butterschmalz in einem Topf erhitzen. Zwiebel darin hellbraun anbraten, Gewürze zufügen, mit Kurkuma bestäuben und den Reis dazugeben. 4 Minuten unter Rühren rösten.

2. Kokosmilch mit 300 ml Wasser verrühren, zum Reis gießen und aufkochen. Zitronengras putzen, längs halbieren und zum Reis geben. Salzen und bei kleiner Hitze ca. 20 Minuten zugedeckt gar ziehen lassen.

3. Den Deckel abnehmen, das Zitronengras entfernen und den Reis etwas ausdampfen lassen. Reis mit einer Gabel auflockern und in einer Servierschale auftragen.

Hähnchenkebab wird in Sri Lanka im Tandoori-Ofen, einem Lehmofen, zubereitet. Er stammt ursprünglich aus Indien, sieht aus wie ein Fass ohne Deckel und wird mit Holzkohle befeuert, über der die Spieße garen und räuchern.

SRI LANKA

Hähnchenkebab Colombo-Style aus dem Backofen

Zutaten für 4 Personen:

4 Hähnchenbrustfilets à 200 g, ohne Haut und Knochen
40 g Ingwerpaste
40 g Knoblauchpaste
50 g Joghurt
4 EL Limettensaft
Salz
frisch gemahlener Pfeffer
1/2 TL gemahlener Kreuzkümmel
1 TL geriebene Muskatnuss
1/2 TL Chilipulver
1/2 TL gemahlene Kurkuma
2 EL Kichererbsenmehl
5 EL Erdnussöl
2 Tomaten
1 kleine Salatgurke
1 kleiner Kopfsalat

Außerdem:
Bambusspieße

Marinieren: ca. 3 Stunden
Zubereitung: ca. 30 Minuten

1. Fleisch waschen und trockentupfen. Jedes Filet in 4 Stücke schneiden. Die Ingwer- und die Knoblauchpaste mit Joghurt und Limettensaft verrühren. Mit Salz, Pfeffer, Kreuzkümmel, Muskatnuss, Chili und Kurkuma würzen. Kichererbsenmehl und Öl unter Rühren zufügen. Fleisch mit der Marinade mischen und abgedeckt mindestens 3 Stunden kühl stellen.

2. Tomaten waschen und in Scheiben schneiden. Gurke schälen, längs halbieren, entkernen und in Stifte schneiden. Kopfsalat putzen, waschen, trockenschleudern und die Blätter in Streifen schneiden.

3. Den Backofen auf 180 Grad vorheizen. Hähnchenfleischstücke in einem Abstand von ca. 2 cm auf gewässerte Bambusspieße stecken. Den Backofenrost mit Öl einpinseln. Die Spieße nebeneinander auf den Rost legen und in den Ofen schieben, Saftpfanne daruntergeben. Das Fleisch 10 Minuten im heißen Ofen braten. Zwischendurch mit dem aufgefangenen Bratfett aus der Saftpfanne bepinseln.

4. Eine Servierplatte mit den Salatstreifen auslegen. Hähnchenspieße darauf anrichten und mit Tomatenscheiben und Gurkenstiften garnieren.

Safran, mit seinem aromatischen Duft und seiner leuchtend gelben Farbe, ist aus der Küche Sri Lankas nicht wegzudenken. Das teuerste aller Gewürze wird in mühevoller Handarbeit aus den Samenfäden der Krokusblüten gewonnen.

SRI LANKA

Frittierte Windbeutel in Safranmilch mit Kardamom

Zutaten für 12 Stück:

200 g Mehl
50 ml Erdnussöl
1 l Milch
200 g Zucker
1 TL Safranpulver
1 TL gemahlener Kardamom
Erdnussöl zum Frittieren

Zubereitung: ca. 1 Stunde

1. Mehl in eine Schüssel sieben und mit 90–100 ml Wasser und dem Öl zu einem glatten Teig verkneten. Mit Frischhaltefolie abgedeckt 30 Minuten ruhen lassen.

2. Die Milch in einer großen Pfanne erhitzen und unter Rühren auf 1/3 einkochen lassen. Die Hitze reduzieren und Zucker, Safran und Kardamom zufügen. Unter Rühren so lange kochen, bis sich der Zucker ganz aufgelöst hat. Vom Herd nehmen und warm halten.

3. Den Teig in 12 gleich große Stücke teilen und zu Kugeln formen. Auf bemehlter Fläche jede Kugel zu einem Kreis (10 cm Ø) ausrollen.

4. Einen Topf oder eine tiefe Pfanne ca. 3 cm hoch mit Öl füllen, das Öl auf 175 Grad erhitzen. Teigkreise nacheinander in dem Öl auf beiden Seiten goldbraun backen. Auf Küchenpapier abtropfen lassen.

5. Windbeutel in die eingekochte Zucker-Milch legen und maximal 5 Minuten darin ziehen lassen. In der Milch servieren.

In ganz Asien ist Tofu, ein Quark aus Sojabohnen, ein hochwertiger Fleischersatz und eine wertvolle Proteinquelle. „Weise Männer ernähren sich von Luft, Morgentau und Tofu“, sagt ein altes asiatisches Sprichwort.

TIBET

Kartoffel-Spinat-Suppe mit Tofu und Koriander

Zutaten für 6 Personen:

500 g mehlig kochende Kartoffeln
1 Zwiebel
1 Knoblauchzehe
1 kleines Stück Ingwer
1 frische Chilischote
150 g Wurzelspinat
200 g Tofu
3 EL Butter
1/2 TL gemahlene Kurkuma
1/2 TL Garam Masala
2 Frühlingszwiebeln
1 Bund Koriander
1 EL Sojasauce
1 EL Essig
frisch gemahlener Pfeffer
Salz

Zubereitung: ca. 50 Minuten

1. Kartoffeln waschen und in gesalzenem Wasser gar kochen. Schälen und noch warm pürieren.

2. Zwiebel, Knoblauch und Ingwer schälen und klein würfeln. Chilischote halbieren, entkernen und fein hacken. Den Spinat putzen, waschen und in Streifen schneiden. Den Tofu in kleine Würfel schneiden. 1 Liter Wasser zum Kochen bringen.

3. Die Butter in einem Topf zerlassen. Zwiebel, Knoblauch, Ingwer und Chilischote darin andünsten. Mit Kurkuma und Garam Masala bestreuen, kurz anrösten. Die pürierten Kartoffeln untermischen und 2 Minuten rösten.

4. Nach und nach das heiße Wasser angießen und die Suppe glatt rühren. Tofu und Spinat dazugeben und 5 Minuten bei kleiner Hitze köcheln lassen.

5. Die Frühlingszwiebeln putzen und mit einem Teil des Grüns in feine Ringe schneiden. Koriander waschen, trockenschütteln und die Blätter grob hacken. Die Suppe mit Sojasauce, Essig, Pfeffer und Salz abschmecken. Frühlingszwiebeln und Koriander untermischen. Die Suppe in Schalen verteilen und servieren.

Tibet ist das am höchsten gelegene Land und wird deshalb auch das Dach der Welt genannt. Die Basis der traditionellen Küche bilden Gerste, Rind- und Hammelfleisch sowie Milchprodukte. Beliebt sind auch gefüllte Teigtaschen und -klöße.

TIBET

Gedämpfte Fleischklöße im Teigmantel mit Tomatensauce

Zutaten für ca. 8 Stück:

200 g Mehl
150 g Pak-Choi
1 Zwiebel
1 Knoblauchzehe
1 kleines Stück Ingwer
1 Frühlingszwiebel
1 EL fein gehackter Koriander
1 EL Öl
250 g Lammhackfleisch
Salz
frisch gemahlener Pfeffer

Für die Sauce:
4 geschälte Tomaten (Dose)
2 Frühlingszwiebeln
1 Knoblauchzehe
1 kleines Bund Koriander
1 EL Sojasauce

Zubereitung: ca. 90 Minuten

1. Mehl und 100 ml Wasser zu einem glatten Teig verkneten. Zur Kugel formen, in Frischhaltefolie wickeln und 30 Minuten ruhen lassen.

2. Pak-Choi putzen und in Streifen schneiden. Zwiebel, Knoblauch und Ingwer schälen und klein hacken. Frühlingszwiebel putzen und fein hacken.

3. Das Öl in einer Pfanne erhitzen, Zwiebel, Knoblauch und Ingwer darin glasig dünsten. Pak-Choi zufügen und unter Rühren zusammenfallen lassen. Vom Herd nehmen und abkühlen lassen. Dann mit dem Hackfleisch, der Frühlingszwiebel und dem Koriander vermischen, mit Salz und Pfeffer würzen.

4. Den Teig auf einer bemehlten Arbeitsfläche zu einer langen Rolle formen und in 8 Stücke teilen. Jedes Stück kreisrund ausrollen. Je 1 Esslöffel Hackfleischfüllung in die Mitte geben, den Teig darumschlagen und zu einem Kloß formen.

5. Einen Topf mit Siebeinsatz mit Wasser füllen,das Wasser zum Kochen bringen. Klöße in den Siebeinsatz legen, in den Topf hängen und mit einem Deckel verschließen. Ca. 30 Minuten dämpfen. Zutaten für die Sauce im Mixer pürieren. Zu den Klößen servieren.

Die besten Köche des Landes lebten früher in Lhasa und Xigaze. Sie arbeiteten für den Dalai Lama, hohe Beamte und einflussreiche Adlige. Ihre sorgfältig zusammengestellten und hochgepriesenen Menüs galten als überaus köstlich.

TIBET

Gestürzter Butterreis mit Nüssen und getrockneten Früchten

Zutaten für 6 Personen:

250 g Rundkornreis
100 g Zucker
100 g Butter
1/4 TL gemahlener Kardamom
Salz
80 g gemischte Trockenfrüchte
80 g Rosinen
je 50 g Mandeln und Pistazien, gehackt

Zubereitung: ca. 1 Stunde

1. Den Reis in einen Topf geben, langsam erhitzen und unter Rühren anrösten. Mit 1 Liter Wasser ablöschen und den Reis knapp gar kochen. Reis in ein Sieb abgießen und abtropfen lassen. Dann in einer Schüssel mit Zucker, Butter, Kardamom und 1 Prise Salz mischen.

2. Die Trockenfrüchte hacken. Ein Haarsieb mit den Trockenfrüchten, Rosinen und Nüssen auslegen. Den Reis einfüllen und die Oberfläche glatt streichen.

3. Einen Topf zu 1/3 mit Wasser füllen, Wasser zum Kochen bringen. Das Haarsieb so in den Topf hängen, dass es das Wasser nicht berührt. Den Topf mit einem Deckel verschließen. Den Reis 15 Minuten im Wasserdampf garen.

4. Das Haarsieb aus dem Wasserbad nehmen. Reis mit einem Brettchen beschweren und etwas abkühlen lassen. Dann den Reis auf eine Platte stürzen und lauwarm servieren.

Vietnam ist ein überaus fruchtbares Land mit einer üppigen Vegetation, in der zahlreiche Gemüse und viele Kräuter gedeihen. Doch erst Nuoc mam, eine vergorene Fischsauce, gibt den Speisen ihren typischen Charakter.

VIETNAM

Säuerliche Fischsuppe mit frischen Kräutern und Sprossen

Zutaten für 4 Personen:

500 g Pangasiusfilet
2 Frühlingszwiebeln
2 EL Pflanzenöl
1 Tomate
2 Scheiben Ananas aus der Dose
Salz
3 EL Zucker
50 g Tamarindenpaste
400 g Sojasprossen
1 EL Nuoc mam (Fischsauce)
3 Knoblauchzehen
1 rote Chilischote
15 Blätter fein gehacktes Thai-Basilikum
1/2 Bund fein gehackter Schnittlauch
2 EL fein gehackter Koriander

Zubereitung: ca. 30 Minuten

1. Fischfilet waschen, trockentupfen und in Streifen schneiden. Die Frühlingszwiebeln putzen, waschen und ohne Grün in Ringe schneiden. 1 Esslöffel Öl erhitzen und die Frühlingszwiebeln darin andünsten.

2. Tomate waschen, vom Stielansatz befreien und achteln. Die Ananasscheiben abtropfen lassen und würfeln. Beides zu den Frühlingszwiebeln geben und mitschmoren. Salz, Zucker und 1 Liter Wasser zugeben.

3. Tamarindenpaste in die Suppe geben, aufkochen lassen und verrühren. Diesen Vorgang so oft wiederholen, bis die Suppe den gewünschten Säuerungsgrad erreicht hat.

4. Das Fischfilet in die Suppe geben und darin garen, Sojasprossen waschen und zugeben. Suppe mit Nuoc mam würzen.

5. Den Knoblauch schälen, die Chilischote längs halbieren und entkernen. Beides hacken und im restlichen Öl andünsten. Die Suppe in Schalen verteilen und die Kräuter darüberstreuen. Knoblauch und Chili getrennt dazu reichen.

Sternanis ist ein unentbehrliches Gewürz in der vietnamesischen Küche und wird, wie im südchinesischen Raum, gerne zu Fleisch und Geflügelgerichten verwendet. Im Geschmack ähnelt er dem Anis, ist aber feiner und aromatischer.

VIETNAM

Rindfleischsuppe Pho bo mit Reisnudeln und Lauch

Zutaten für 6 Personen:

500 g Markknochen und Fleischknochen vom Rind
350 g Ochsenschwanz
1 Zwiebel
1 Stück frischer Ingwer
3 Sternanis
2 Gewürznelken
1 TL Fünf-Gewürze-Pulver
250 g Reisnudeln
2 TL Öl
Salz
2 Stangen Lauch
150 g Rinderfilet
1–2 EL Nuoc mam (Fischsauce)
1 Bund Koriander, fein gehackt

Zubereitung: ca. 40 Minuten
Garen: ca. 4 Stunden

1. Knochen und Ochsenschwanz in einem großen Topf mit Wasser zum Kochen bringen. Dann die Temperatur reduzieren.

2. Zwiebel schälen und vierteln. Ingwer schälen und in Scheiben schneiden. Zwiebel und Ingwer in einer Pfanne ohne Fett anrösten, zum Fleisch geben und ca. 3 Stunden köcheln lassen. Dann die Gewürze in die Brühe geben und nochmals 1 Stunde garen. Die Brühe etwas abkühlen lassen. Knochen und Fleisch entfernen, die Brühe durch ein feines Haarsieb abseihen.

3. Die Reisnudeln ca. 30 Minuten in warmem Wasser einweichen. 1,5 Liter Wasser mit dem Öl und etwas Salz aufkochen und die Nudeln darin 3 Minuten garen. Durch ein Sieb abgießen und abtropfen lassen.

4. Den Lauch putzen, waschen und in Ringe schneiden. Die Brühe erneut erhitzen. Das Rinderfilet in dünne Scheiben schneiden, würfeln und in der Brühe kurz garen. Suppe mit Nuoc mam abschmecken, das Fleisch herausheben.

5. Nudeln und Fleisch in Schalen verteilen, mit Brühe übergießen und mit Koriander bestreut servieren.

Die südchinesische Küche und die der angrenzenden Länder hat Vietnam kulinarisch geprägt. Es hat aber immer auch eigene Gerichte hervorgebracht und seine ursprüngliche Kochtradition gepflegt und weiterentwickelt.

VIETNAM

Hühnerbrühe mit gefüllter Gurke und Glasnudeln

Zutaten für 4 Personen:

4 getrocknete Shiitake-Pilze
3 Schmorgurken
25 g Glasnudeln
1 Zwiebel
1 Knoblauchzehe
300 g Schweinehackfleisch
Salz
frisch gemahlener Pfeffer
1,5 l Hühnerbrühe
1/2 TL Glutamat
1 Frühlingszwiebel
1 EL fein gehackter Koriander

Zubereitung: ca. 80 Minuten

1. Die Pilze 20 Minuten in warmem Wasser einweichen. Die Gurken waschen, schälen, die Enden abschneiden. Gurken der Länge nach halbieren und die Kerne mit einem Löffeln herauskratzen.

2. Die Glasnudeln 5 Minuten in warmem Wasser einweichen, dann abgießen und in kleine Stücke schneiden. Die Pilze abgießen und fein hacken. Zwiebel und Knoblauch schälen und hacken.

3. Für die Füllung Schweinehack, Pilze, Nudeln, Zwiebel und Knoblauch mischen, mit Salz und Pfeffer würzen. Die Füllung in die untere Hälfte der Gurken geben, die obere Hälfte daraufsetzen und fest andrücken. Jede Gurke quer in 3 Stücke teilen.

4. In einem Topf die Hühnerbrühe zum Kochen bringen und das Glutamat einrühren. Die Gurkenstücke hineinlegen und bei mittlerer Hitze ca. 45 Minuten in der Brühe garen.

5. Die Frühlingszwiebel putzen, waschen und mit einem Teil des Grüns fein hacken. Suppe, Gurken und Frühlingszwiebeln in Schalen verteilen und mit Koriander bestreut servieren.

Tofu ist in Vietnam ein Grundnahrungsmittel und eine sehr wichtige Proteinquelle, vor allem für Buddhisten und Vegetarier. Er wird aus Sojabohnenquark gewonnen, der wie viele halbfeste Käse zu großen Blöcken gepresst wird.

VIETNAM

Gebratener Tofu mit Chinakohl und Brokkoli

Zutaten für 4 Personen:

2 Frühlingszwiebeln
1 Knoblauchzehe
1/2 rote Chilischote
4 EL Pflanzenöl
1 TL Kartoffelstärke
2 EL Nuoc mam (Fischsauce)
1 EL Sojasauce
1 kleines Stück Ingwer
1/2 Chinakohl
1 rote Paprikaschote
150 g Brokkoliröschen
250 g Tofu
Salz
frisch gemahlener Pfeffer
1/2 l Frittieröl

Zubereitung: ca. 30 Minuten

1. Die Frühlingszwiebeln putzen, den Knoblauch schälen, die Chilischote längs halbieren und entkernen. Alles fein hacken. 2 Esslöffel Öl in einer Pfanne erhitzen und Frühlingszwiebeln, Knoblauch und Chilischoten darin anrösten.

2. Die Kartoffelstärke mit 5 Esslöffeln Wasser, Nuoc mam und Sojasauce verrühren und in die Pfanne geben. Die Sauce unter Rühren andicken lassen und vom Herd nehmen.

3. Den Ingwer schälen und in Scheiben schneiden. Den Chinakohl putzen, waschen und in 2 cm breite Streifen schneiden. Die Paprikaschote halbieren, entkernen und in Streifen schneiden. Brokkoli waschen und abtropfen lassen. Den Tofu in Würfel schneiden.

4. Restliches Öl in einer Pfanne erhitzen, den Ingwer darin anschwitzen. Das Gemüse zugeben und kurz unter Rühren anbraten. Würzen und vom Herd nehmen.

5. Das Frittieröl auf 175 Grad erhitzen und die Tofuwürfel darin knusprig braten. Das Gemüse mit Tofu auf Teller verteilen und die Sauce getrennt dazu reichen.

Die Vietnamesen lieben sauer eingelegtes Gemüse, vor allem diverse Rettich- und Kohlsorten, die pikant und meist auch scharf gewürzt werden. Auf dem Land wird das Gemüse noch in Handarbeit selbst eingelegt.

VIETNAM

Gebratener saurer Kohl mit Eiern und frischen Kräutern

Zutaten für 4 Personen:

250 g Sour mustard (saurer Kohl)
6 Eier
1 kleine rote Chilischote
4 Frühlingszwiebeln
Salz
Pfeffer
2 EL Pflanzenöl
1/2 Bund Minze
1/2 Bund Koriander

Zubereitung: ca. 30 Minuten

1. Den Kohl waschen, in ein Sieb geben und gut abtropfen lassen. Kohlblätter in dünne Streifen schneiden. Die Eier in einer Schüssel verquirlen. Die Chilischote längs halbieren, entkernen und fein hacken. Die Frühlingszwiebeln putzen, waschen und in dünne Ringe schneiden. Chilischote und Frühlingszwiebeln mit den Eiern mischen, mit Salz und Pfeffer würzen.

2. Das Öl in einer tiefen Pfanne erhitzen. Ein Drittel des Kohls und der Eimasse in die Pfanne geben und im heißen Öl goldbraun braten. Aus der Pfanne nehmen und warm stellen. Den Vorgang mit den restlichen Kohlstreifen und der Eimasse noch zweimal wiederholen.

3. Die Kräuter waschen, trockenschütteln und ohne grobe Stiele fein hacken. Getrennt zum gebratenen Kohl servieren.

Wasserspinat ist eine Sumpfpflanze, die in Fischteichen, Wassergräben und auf sehr feuchten Böden gedeiht und kultiviert wird. Ihre dunkelgrünen schmalen Blätter sind sehr schmackhaft und werden in ganz Südostasien geschätzt.

VIETNAM

Pfannengerührter Wasserspinat mit Wolkenohrpilzen

Zutaten für 4 Personen:

Vorbereitung: ca. 30 Minuten
Zubereitung: ca. 20 Minuten

4 chinesische Wolkenohrpilze (Mu-Errh-Pilze)
600 g Wasserspinat
1 Zwiebel
4 Knoblauchzehen
3 EL Pflanzenöl
Salz
frisch gemahlener Pfeffer

1. Die Pilze etwa 30 Minuten in warmem Wasser einweichen. Dann abtropfen lassen und hacken.

2. Den Wasserspinat waschen und tropfnass in einen Topf geben. Zugedeckt dünsten, bis er zusammenfällt. Spinat abgießen und abtropfen lassen. Die Zwiebel und den Knoblauch schälen und hacken.

3. Das Öl in einer Pfanne erhitzen. Die Zwiebel und den Knoblauch im heißen Öl anschwitzen. Die Pilze zugeben und 1 Minute unter Rühren dünsten. Spinat in die Pfanne geben und etwa 2 Minuten darin unter Rühren anbraten. Mit Salz und Pfeffer abschmecken.

Der Tilapia, ein beliebter Fisch aus der Familie der Buntbarsche, ist äußerst genügsam. Er ernährt sich von praktisch allen organischen Stoffen, vermehrt sich schnell und ist sehr widerstandsfähig gegen Krankheiten.

VIETNAM

Gebratenes Tilapiafilet in Kokossauce mit Möhren

Zutaten für 4 Personen:

Vorbereitung: ca. 30 Minuten
Zubereitung: ca. 45 Minuten

800 g Tilapiafilet
3 kleine Zwiebeln
2 Knoblauchzehen
Salz
3 Frühlingszwiebeln
2 Möhren
3 EL Pflanzenöl
100 ml Fischfond
1/4 l Kokosmilch
frisch gemahlener Pfeffer

1. Fischfilets waschen, trockentupfen und in insgesamt 8 Stücke schneiden. Zwiebeln und Knoblauch schälen, hacken und in einem Mörser mit 1 Teelöffel Salz musig zermahlen. Fischfilets nebeneinander in eine Schale legen und auf der Oberseite mit der Paste einreiben. Ca. 30 Minuten ziehen lassen.

2. Den Backofen auf 175 Grad vorheizen. Die Frühlingszwiebeln putzen, waschen und das Weiße in 3 cm lange Stücke schneiden. Die Möhren schälen und in etwa 4 cm lange Streifen schneiden.

3. Das Öl in einer gusseisernen Pfanne erhitzen und die Fischstücke darin mit der bestrichenen Seite nach oben auf einer Seite anbraten. Die Fischstücke nebeneinander in eine feuerfeste Form legen. Die Frühlingszwiebeln und die Möhren dazugeben, den Fischfond und die Kokosmilch angießen, mit Pfeffer würzen. Im vorgeheizten Ofen ca. 15 Minuten garen.

Bananenblätter sind nicht nur eine attraktive Möglichkeit, Speisen zu präsentieren oder ansprechend zu verpacken. Sie geben auch während des Garens langsam ihre Aromen weiter und halten den Inhalt saftig.

VIETNAM

Goldbrasse im Bananenblatt gegrillt mit Zitronengras

Zutaten für 4 Personen:

4 Goldbrassenfilets à 150 g
4 Schalotten
4 Knoblauchzehen
2 frische rote Chilischoten
4 Stängel Zitronengras
3 EL Sojasauce
3 EL Sesamöl
Salz
Zucker
frisch gemahlener Pfeffer
5 große Bananenblätter

Vorbereitung: ca. 30 Minuten
Zubereitung: ca. 50 Minuten

1. Fischfilets waschen, trockentupfen und nebeneinander in eine Schale legen. Die Schalotten und den Knoblauch schälen und hacken. Die Chilischoten längs halbieren, entkernen und hacken. Zitronengras schälen, harte Blattspitzen entfernen und das Zitronengras fein hacken. Alles mit Sojasauce, Sesamöl, je 2 Teelöffeln Salz und Zucker sowie 1 Teelöffel Pfeffer mischen. Die Oberseite der Fischfilets damit bestreichen, 30 Minuten ziehen lassen.

2. Die Bananenblätter kurz in kochendem Wasser blanchieren. Gut abtropfen lassen und nebeneinander ausbreiten. Ein Bananenblatt in Streifen schneiden.

3. Je 1 Fischfilet mit der marinierten Seite nach oben auf ein Bananenblatt legen. Die Blätter über dem Fisch zusammenschlagen, zu kleinen Päckchen falten und mit einem Bananenblattstreifen zubinden.

4. Die Fischpäckchen auf dem heißen Grill ca. 20 Minuten grillen, mehrmals wenden. Päckchen auf 4 Teller legen und erst am Tisch öffnen.

Wie in fast allen Küchen Südostasiens unterscheidet man nicht zwischen Vor-, Haupt- und Nachspeise. Alle Gerichte werden gleichzeitig serviert, dazu reicht man eine sättigende Beilage wie Reis, Getreide oder Nudeln.

VIETNAM

Tintenfischtuben mit Hackfleisch und Pilzen gefüllt

Zutaten für 4 Personen:

20 g Glasnudeln
1 Knoblauchzehe
50 g Austernpilze
8 mittelgroße Tintenfische, küchenfertig, oder
24 kleine Pulpies, küchenfertig
3 EL Pflanzenöl
150 g Schweinehackfleisch
2 EL Nuoc mam (Fischsauce)
2 Frühlingszwiebeln
2 frische rote Chilischoten
1 EL fein geriebener Ingwer
1 EL fein gehackter Koriander
Salz
frisch gemahlener Pfeffer

Zubereitung: ca. 50 Minuten
Garen: ca. 20 Minuten

1. Die Glasnudeln etwa 30 Minuten in lauwarmem Wasser einweichen. Dann abgießen, abtropfen lassen und mit der Schere klein schneiden.

2. Den Knoblauch schälen und fein hacken. Die Pilze putzen und hacken. Die Tintenfischtuben waschen und trockentupfen, die Tentakel fein hacken.

3. In einer Pfanne 1 Esslöffel Öl erhitzen, Knoblauch mit den Pilzen, Tentakeln und dem Hackfleisch darin etwa 2 Minuten unter Rühren braten. Mit Nuoc mam würzen und vom Herd nehmen.

4. Die Frühlingszwiebeln putzen und in Ringe schneiden, Chilischoten längs halbieren, entkernen und fein hacken. Mit dem Ingwer und dem Koriander unter die Hackfleischmasse mischen, mit Salz und Pfeffer würzen. In die Tintenfischtuben füllen, Öffnung mit Zahnstochern verschließen.

5. Das restliche Öl in einer Pfanne erhitzen und die Tintenfische darin etwa 20 Minuten von allen Seiten braten. Auf eine vorgewärmte Platte legen und vor dem Servieren in Scheiben schneiden.

Für viele Europäer, die an milde Gerichte gewöhnt sind, ist die Chilischärfe recht ungewohnt. Hat man einmal zuviel davon erwischt , sollte man das „Feuer" nicht mit Flüssigkeit löschen, sondern einfach gekochten Reis verzehren.

VIETNAM

Hähnchenbrustfilets mit Champignons und Erdnüssen

Zutaten für 4 Personen:

500 g Hähnchenbrustfilet, ohne Haut und Knochen
2 Stängel Zitronengras
2 frische rote Chilischoten
6 Knoblauchzehen
3 EL Nuoc mam (Fischsauce)
1 EL Pfeilwurzelmehl
frisch gemahlener Pfeffer
4 EL Öl
3 Frühlingszwiebeln
100 g Champignons
2 TL Zucker
50 g geröstete Erdnüsse, grob gehackt
2 EL fein gehackte Petersilie

Marinieren: ca. 30 Minuten
Zubereitung: ca. 30 Minuten

1. Fleisch waschen, trockentupfen und in dünne Streifen schneiden. Das Zitronengras schälen, harte Blattspitzen entfernen und das Zitronengras fein hacken. Die Chilischoten längs halbieren, entkernen und in dünne Streifen schneiden. Knoblauch schälen und hacken.

2. Aus Zitronengras, Chili, der Hälfte des Knoblauchs, 2 Esslöffeln Nuoc mam, Pfeilwurzelmehl, Pfeffer und 3 Esslöffeln Öl eine Marinade anrühren und die Hähnchenbruststreifen darin etwa 30 Minuten ziehen lassen. Dann herausnehmen und trockentupfen. Die Marinade aufbewahren.

3. Die Frühlingszwiebeln putzen und in Ringe schneiden. Die Pilze putzen und in Scheiben schneiden.

4. Das restliche Öl in einer Pfanne erhitzen, den Knoblauch darin anbraten, dann Hähnchenstreifen, Pilze, Frühlingszwiebeln, restliche Nuoc mam und Zucker hinzufügen und alles bei großer Hitze 2–3 Minuten unter Rühren scharf braten, dabei nach und nach die Marinade dazugeben. Mit Erdnüssen und Petersilie bestreut servieren.

Auch in Vietnam liebt man Curry-Gerichte, aber im Gegensatz zu den thailändischen und indischen Curries sind sie nicht so scharf. Man verwendet weniger Kokosmilch und die Saucen sind insgesamt dünnflüssiger.

VIETNAM

Vietnamesisches Entencurry mit Kartoffeln

Zutaten für 4 Personen:

500 g Entenbrustfilet, ohne Haut und Knochen
2 Kartoffeln
5 Schalotten
3 Knoblauchzehen
2 frische rote Chilischoten
2 Stängel Zitronengras
3 EL Pflanzenöl
3 TL mildes Currypulver
300 ml Kokosmilch
1/2 l Hühnerbrühe
Salz
2 EL fein gehackter Koriander

Zubereitung: ca. 30 Minuten
Garen: ca. 20 Minuten

1. Das Fleisch waschen, trockentupfen und in Würfel schneiden. Die Kartoffeln schälen und fein würfeln. Die Schalotten und den Knoblauch schälen, die Chilischoten längs halbieren, entkernen. Schalotten, Knoblauch und Chilischote fein hacken. Das Zitronengras schälen, die harten Blattspitzen entfernen und das Zitronengras in feine Ringe schneiden.

2. In einer Pfanne 2 Esslöffel Öl erhitzen und die Kartoffelwürfel darin goldbraun braten. Aus der Pfanne nehmen und auf Küchenpapier abtropfen lassen.

3. Das restliche Öl in die Pfanne geben und Schalotten, Knoblauch, Chili und Zitronengras darin unter Rühren anrösten. Das Currypulver unterrühren. Die Entenbrustwürfel dazugeben und anbraten.

4. Die Kartoffeln wieder in die Pfanne geben. Kokosmilch und Brühe angießen und alles bei geringer Temperatur ca. 20 Minuten köcheln lassen. Mit Salz abschmecken und mit Koriander bestreut servieren.

Zitronengras hat auch die europäischen Kochtöpfe erreicht. In den zwiebelähnlich verdickten Stängeln stecken jede Menge ätherischer Öle, die ein zitronenartiges Aroma entfalten und gut mit Fisch und Fleisch harmonieren.

VIETNAM

Schweinefleischspieße mit scharfer Sauce aus Honig

Zutaten für 4 Personen:

Zubereitung: ca. 30 Minuten
Marinieren: ca. 2 Stunden

800 g Schweinefleisch

Für die Marinade:
2 Knoblauchzehen
3 Frühlingszwiebeln
2 rote Chilischoten
4 EL fein gehacktes Zitronengras
2 EL Zucker
Salz
2 TL Fünf-Gewürze-Pulver

Für die Sauce:
1 Knoblauchzehe
1 rote Chilischote
3 EL Hoisinsauce
2 EL Honig
1 EL Reisweinessig

1. Das Schweinefleisch waschen, trockentupfen und in Würfel schneiden.

2. Den Knoblauch schälen, Frühlingszwiebeln putzen, Chilischoten längs halbieren und entkernen. Alles fein hacken. Mit den restlichen Zutaten verrühren und die Fleischwürfel darin ca. 2 Stunden marinieren.

3. Für die Sauce den Knoblauch schälen, die Chilischote halbieren und entkernen. Alles fein hacken. Mit Hoisinsauce, Honig und Reisweinessig gründlich verrühren. Eventuell noch etwas heißes Wasser zugeben.

4. Fleischwürfel auf gewässerte Holzspieße stecken und auf dem heißen Grill ca. 10 Minuten grillen, dabei mehrmals wenden. Die scharfe Sauce getrennt dazu servieren.

Wegen des rauen Klimas gibt es im Norden Vietnams weniger Gemüse und Kräuter. Hier hat man ebenso wie im benachbarten Südchina eine besondere Vorliebe für Fleisch, insbesondere für Rindfleisch.

VIETNAM

Rindfleisch in Knoblauchsauce aus dem Wok

Zutaten für 4 Personen:

500 g Rindfleisch
6 Knoblauchzehen
1 grüne Paprikaschote
2 Chilischoten
1 TL Zucker
3 EL Pflanzenöl
Salz
frisch gemahlener Pfeffer
2 EL Nuoc mam (Fischsauce)
2 EL Austernsauce
2 Stängel Koriander

Zubereitung: ca. 35 Minuten

1. Das Rindfleisch waschen, trockentupfen und in dünne Streifen schneiden. Den Knoblauch schälen und hacken. Paprikaschote und Chilischoten halbieren und entkernen. Paprika in Streifen schneiden, Chili hacken. Den Knoblauch mit den Chilischoten und dem Zucker im Mörser musig zermahlen.

2. Das Öl im Wok erhitzen und die Würzpaste darin kurz anrösten. Die Fleischstreifen hinzufügen und unter Rühren etwa 3 Minuten braten. Die restlichen Zutaten bis auf den Koriander einrühren und unter Rühren so lange weiter braten, bis das Fleisch gar ist.

3. Den Koriander waschen, trockenschütteln und die Blättchen abzupfen. Vor dem Servieren über das Fleisch streuen.

Sagoperlen sind 1–3 mm groß. Sie werden aus der Stärke von Sagopalmen oder Maniokwurzeln hergestellt und zum Andicken von Speisen verwendet. Beim Einweichen werden sie weich und transparent.

VIETNAM

Bananenpudding mit Kokosmilch und Honig

Zutaten für 4 Personen:

3 EL Sagoperlen
400 ml Kokosmilch
2 EL Palmzucker
2 EL Honig
4 Bananen
2 EL Pflaumenwein
2 EL geröstete Cashewkerne, grob gehackt

Zubereitung: ca. 20 Minuten

1. Die Sagoperlen ca. 10 Minuten in heißem Wasser einweichen. Dann in ein Sieb abgießen und abtropfen lassen.

2. Die Kokosmilch mit 400 ml Wasser in einen Topf geben und zum Kochen bringen. Zucker und Honig zugeben und unter Rühren darin auflösen.

3. Die Bananen schälen und schräg in Scheiben schneiden. Mit den Sagoperlen in die Kokosmilch geben und weiterköcheln, bis die Sagoperlen transparent erscheinen. Den Pflaumenwein dazugeben und vom Herd nehmen.

4. Bananenpudding in Schalen verteilen und noch warm mit den gehackten Cashewkernen servieren.

Geschälte gelbe wie auch grüne Erbsen kennt man normalerweise nur als herzhafte Gemüsebeilage oder in Suppen und deftigen Eintöpfen. Aber aus ihnen lassen sich auch süßes Gebäck und exotische Desserts zubereiten.

VIETNAM

Gekochte Reisteigkugeln mit Erbsenpaste gefüllt

Zutaten für 4 Personen:

100 g geschälte gelbe Erbsen
200 ml Kokosmilch
2 EL Zucker
Salz
250 g Reismehl
50 g Kartoffelstärke
3 EL Öl
200 g brauner Zucker

Vorbereitung: ca. 1 Stunde
Zubereitung: ca. 25 Minuten

1. Die Erbsen mit der Kokosmilch, dem Zucker, 1 Prise Salz und 1/8 Liter Wasser zum Kochen bringen. 35 Minuten köcheln lassen. Abkühlen lassen, dann pürieren.

2. In einem Topf 1/4 Liter Wasser zum Kochen bringen. 2 Esslöffel Reismehl mit 1/8 Liter Wasser verquirlen und in das kochende Wasser rühren. Einmal aufkochen und das restliche Reismehl einrühren. Unter Rühren dick einkochen.

3. Die Masse in eine Schüssel umfüllen, mit der Kartoffelstärke und dem Öl zu einem Teig verkneten. Den Teig ca. 20 Minuten ruhen lassen.

4. Teig zu einer Rolle formen und in etwa 5 mm dicke Scheiben schneiden. In die Mitte jeder Scheibe etwas Erbsenpaste geben, den Teig darüberschließen und zu Kugeln formen.

5. In einem Topf Wasser aufkochen und die Reismehlkugeln darin garen. Wenn sie nach oben steigen, noch etwa 10 Minuten bei kleiner Hitze ziehen lassen. Aus dem Wasser heben und abtropfen lassen. Im braunen Zucker wenden und servieren.

Im gemäßigten Klima Tasmaniens, der größten Insel an der Südspitze Australiens, wachsen dunkelrote große Süßkirschen, die auf den Weltmärkten Höchstpreise erzielen. Sie haben ein knackiges Fleisch und unvergleichliches Aroma.

AUSTRALIEN

Blattsalate mit gebratenen Emubruststreifen und Kirschen

Zutaten für 4 Personen:

600 g Emubrustfilet, ersatzweise Hähnchenbrust
Salz
frisch gemahlener Pfeffer
2 EL Zitronensaft
250 g Süßkirschen
1/8 l trockener Weißwein
250 g Mesclun (Blattsalatmischung)
2 EL Öl
1 EL Macadamiaöl
1 TL abgeriebene Zitronenschale
1 EL Weißweinessig
1/2 TL brauner Rohrzucker
2 EL Butter

Zubereitung: ca. 35 Minuten

1. Das Fleisch waschen, trockentupfen und in dünne Streifen schneiden. In eine Schale legen, mit Salz und Pfeffer würzen und mit dem Zitronensaft beträufeln. Bei Zimmertemperatur 20 Minuten ziehen lassen.

2. Die Kirschen waschen, Stiele entfernen und entkernen. Mit dem Wein in einen Topf geben und zum Kochen bringen. Vom Herd nehmen und im Sud etwas abkühlen lassen. Dann abgießen und abtropfen lassen.

3. Den Salat waschen und trockenschleudern. Aus Öl, Macadamiaöl, Zitronenschale, Essig, Zucker, Salz und Pfeffer eine Marinade anrühren. Über den Salat geben und vorsichtig unterheben. Salat auf 4 Teller verteilen.

4. Die Butter in einer Pfanne erhitzen und das Fleisch darin unter Rühren rundum anbraten. Auf dem Salat anrichten und mit den Kirschen garnieren.

Bis vor nicht allzu langer Zeit galt Känguruh unter den englischstämmigen Einwanderern als minderwertig und nur die Aborigines (Ureinwohner) wussten um den köstlichen Geschmack des Fleischs, der an Lamm und Wildfleisch erinnert.

AUSTRALIEN

Andrews Känguruh-Burger mit Relish vom Grill

Zutaten für 4 Personen:

Vorbereitung: ca. 1 Stunde
Zubereitung: ca. 45 Minuten

2 große Tomaten
1 kleine grüne Paprikaschote
1 kleine gelbe Paprikaschote
Saft von 1 Zitrone
Salz
frisch gemahlener Pfeffer
70 ml Olivenöl
4 Scheiben Toastbrot
1 kleine Zwiebel
1 Ei
2 EL Ketchup
500 g Känguruh-Hackfleisch
Öl für den Grill
1 Gemüsezwiebel
1 Fleischtomate
4 Hamburger-Brötchen
8 kleine Blätter Eisbergsalat

1. Für das Relish die Tomaten häuten, vierteln, entkernen und sehr fein würfeln. Die Paprikaschoten halbieren, entkernen und ebenfalls sehr fein würfeln. Das Gemüse mit dem Zitronensaft, Salz, Pfeffer und dem Olivenöl vermischen und abgedeckt 1 Stunde durchziehen lassen.

2. Die Rinde vom Toastbrot entfernen, das Brot in kleine Würfel schneiden. Die Zwiebel schälen und fein reiben. Zwiebel mit Ei, Ketchup, Salz und Pfeffer verrühren und über die Brotwürfel geben. Das Hackfleisch zufügen und alles gut vermischen. Aus dem Fleischteig 4 flache, ca. 2 cm dicke Burger formen. Gemüsezwiebel schälen, Fleischtomate waschen und trockentupfen. Zwiebel und Tomate in Scheiben schneiden. Die Brötchen aufschneiden.

3. Die Burger mit Öl bestreichen und bei mittlerer Glut auf jeder Seite 4 Minuten grillen. Die Brötchen mit den Schnittflächen kurz auf den geölten Rost legen.

4. Die unteren Brötchenseiten mit Relish bestreichen und darauf jeweils 1 Salatblatt, 1 Tomatenscheibe, 1 Burger, etwas Relish, einige Zwiebelringe und wieder 1 Salatblatt legen. Mit den oberen Brötchenhälften belegen.

Queensland im Norden Australiens wird meist nur mit seinem tropischen Regenwald in Verbindung gebracht. Auf den höher gelegenen Tafelbergen aber gedeiht prächtiges Gemüse und Obst: vollreife Mangos und Papayas, Tomaten und Avocados.

AUSTRALIEN

Spinat-Garnelen-Salat mit Papaya und Paprikaschote

Zubereitung: ca. 15 Minuten
Zutaten für 4 Personen:

250 g junger Blattspinat
1 reife Papaya
1 rote Paprikaschote
200 g mittelgroße Garnelen, gekocht, geschält
3 EL Limettensaft
2 EL thailändische Fischsauce (Fertigprodukt)
1 EL brauner Zucker
1 Stück Ingwer
50 g geröstete Pinienkerne

1. Den Spinat verlesen, grobe Stiele und welke Blätter entfernen. Spinat gründlich waschen, gut abtropfen lassen und auf 4 großen Salatellern ausbreiten.

2. Die Papaya der Länge nach halbieren, entkernen, das Fruchtfleisch auslösen und in ca. 1 cm dicke Würfel schneiden. Die Paprikaschote halbieren, entkernen und in feine Streifen schneiden. Alles mit den Garnelen in eine Salatschüssel geben.

3. Limettensaft, Fischsauce und Zucker gut verrühren. Den geschälten Ingwer fein hacken und in die Sauce geben. Das Dressing über die Salatzutaten gießen und vorsichtig unterheben. Salat auf die Spinatblätter verteilen. Mit den Pinienkernen bestreuen.

In Australien vermischen sich unterschiedlichste Kochstile miteinander. Uraltes Wissen der Aborigines, europäisches Erbe und asiatisch-pazifischer Einfluss fusionieren zu einer jungen, kreativen und unbeschwerten neuen Küche.

AUSTRALIEN

Australisches Röstbrot mit Zwiebeln und Sardellen

Zubereitung: ca. 10 Minuten
Zutaten für 4 Personen:

4 große rote Zwiebeln
1 Knoblauchzehe
3 Sardellen, in Öl eingelegt
100 ml Olivenöl
1 Bund Basilikum
1 Sesamfladenbrot
frisch gemahlener Pfeffer

1. Die Zwiebeln und den Knoblauch schälen. Zwiebeln in kleine Würfel schneiden. Knoblauch und Sardellen fein hacken.

2. Das Olivenöl in einer tiefen Pfanne erhitzen. Zwiebeln, Knoblauch und Sardellen zufügen und bei kleiner Hitze 30 Minuten schmoren, bis die Zwiebeln ganz weich sind. Während dieser Zeit mehrmals umrühren.

3. Das Basilikum waschen, trockenschütteln und die Blätter in feine Streifen schneiden. Unter das Zwiebelgemüse mischen, vom Herd nehmen. Das Fladenbrot in Scheiben schneiden und unter dem heißen Grill von beiden Seiten rösten. Mit dem Zwiebelgemüse bestreichen, mit Pfeffer würzen und sofort servieren.

Eine der größten griechischen Städte außerhalb Griechenlands ist Melbourne. Dort entstand aus griechischer Küchentradition und den guten australischen Lebensmitteln eine ganz neuartige griechische Küche.

AUSTRALIEN

Gefüllte Filoteig-Taschen mit Kiwis und Süßkartoffeln

Zutaten für 6 Personen:

2 große gekochte Süßkartoffeln
2 EL Butter
1/2 TL edelsüßes Paprikapulver
1 Msp. Cayennepfeffer
2 TL Currypulver
4 Kiwis
2 EL fein gehackter Koriander
4 Filoteig-Blätter
1 Ei
Öl zum Frittieren

Zubereitung: ca. 30 Minuten

1. Die geschälten Kartoffeln in möglichst kleine Würfel schneiden und in der Butter anbraten. Mit Paprikapulver, Cayennepfeffer und Currypulver würzen. Vom Herd nehmen und etwas abkühlen lassen.

2. Die Kiwis schälen, in kleine Würfel schneiden und mit den Süßkartoffeln sowie dem Koriander vermischen.

3. Die Filoteig-Blätter in Quadrate (ca. 7 x 7 cm) schneiden. Auf jedes Teigstück in die Mitte 2 Teelöffel Füllung geben. Die Teigränder mit dem verquirlten Ei bepinseln, dann die Teigstücke über der Füllung zu einem Dreieck zusammenklappen und die Ränder festdrücken.

4. Das Öl in der Fritteuse auf 175 Grad erhitzen. Die Taschen im heißen Öl portionsweise auf beiden Seiten goldbraun frittieren. Kurz auf Küchenpapier abtropfen lassen und warm stellen, bis alle Teigtaschen frittiert sind.

Schon der Deutsche Spitzenkoch Alfred Walterspiel rühmte in den zwanziger Jahren des vorigen Jahrhunderts den edlen Geschmack einer klaren Känguruhschwanzsuppe. Qualitativ bewertete er sie noch höher als die Ochsenschwanzsuppe.

AUSTRALIEN

Klare Känguruhschwanzsuppe mit Madeira

Zutaten für 4 Personen:

1 kg Känguruhschwanz, ersatzweise Ochsenschwanz
100 g Frühstücksspeck
2 Möhren
1 Petersilienwurzel
250 g Knollensellerie
2 Zwiebeln
1 Stange Lauch
2 EL Öl
2 EL Tomatenmark
1/4 l Rotwein
1/2 l Brühe
Salz
1 TL schwarze Pfefferkörner
1 Kräutersträußchen (Thymian, Rosmarin und Lorbeerblatt)
2 EL Madeira

Zubereitung: ca. 30 Minuten
Garen: ca. 2 Stunden

1. Den Känguruhschwanz in Stücke zerteilen, waschen und trockentupfen. Den Frühstücksspeck würfeln. Möhren, Petersilienwurzel, Knollensellerie und Zwiebeln schälen und grob würfeln. Lauch putzen, gründlich waschen und in Stücke schneiden.

2. Das Öl in einem großen Schmortopf erhitzen und den Känguruhschwanz darin von allen Seiten anbraten. Gemüse und Zwiebeln zufügen und andünsten. Das Tomatenmark einrühren und kurz anrösten. Mit dem Rotwein ablöschen, Brühe und 1/2 Liter Wasser angießen, 1 Teelöffel Salz, Pfefferkörner und Kräutersträußchen zufügen. Zum Kochen bringen und bei kleiner Hitze ca. 2 Stunden köcheln lassen.

3. Känguruhschwanzstücke aus der Suppe heben, die Suppe durch ein feines Sieb in einen Topf gießen, entfetten und etwas einkochen. Mit Madeira, Salz und Pfeffer abschmecken.

4. Das Fleisch auslösen und in kleine Würfel schneiden. In der Suppe nochmals erhitzen. In Suppenschalen verteilen.

Queensland im Norden Australiens wird meist nur mit seinem tropischen Regenwald in Verbindung gebracht. Auf den höher gelegenen Tafelbergen aber gedeiht prächtiges Gemüse und Obst: vollreife Mangos und Papayas, Tomaten und Avocados.

AUSTRALIEN

Tomatensuppe Queensland mit Avocado und Gin

Zutaten für 4 Personen:

4 große Fleischtomaten
1 Zwiebel
1 Knoblauchzehe
1 EL Butter
2 TL Zucker
1 EL Tomatenmark
Salz
frisch gemahlener Pfeffer
600 ml Gemüsebrühe
1 reife Avocado
1 EL Zitronensaft
4 cl Gin

Zubereitung: ca. 30 Minuten

1. Die Tomaten häuten, vierteln, entkernen und fein hacken. Die Zwiebel und den Knoblauch schälen und in kleine Würfel schneiden.

2. Die Butter in einem Topf zerlassen, Zwiebel und Knoblauch darin anschwitzen. Mit Zucker bestreuen und karamellisieren lassen. Das Tomatenmark einrühren und kurz anrösten. Die Tomaten zufügen, mit Salz und Pfeffer würzen und die Brühe angießen. Zugedeckt bei mittlerer Hitze 15 Minuten köcheln lassen.

3. Die Avocado längs halbieren und die Hälften vom Stein drehen. Das Fruchtfleisch im Ganzen aus den Schalen lösen und in Scheiben schneiden. Mit Zitronensaft beträufeln.

4. Die Suppe mit Gin, Zucker, Salz und Pfeffer abschmecken und in 4 Teller verteilen. Mit den Avocadoscheiben garnieren.

In Australien vermischen sich unterschiedlichste Kochstile miteinander. Uraltes Wissen der Aborigines, europäisches Erbe und asiatisch-pazifischer Einfluss fusionieren zu einer jungen, kreativen und unbeschwerten neuen Küche.

AUSTRALIEN

Cara's gefüllte Auberginen mit Couscous und Aprikosen

Zutaten für 4 Personen:

150 g Instantcouscous
Salz
2 EL Butter
4 mittelgroße Auberginen
2 EL Zitronensaft
300 g Tomaten
5 Frühlingszwiebeln
100 g getrocknete Aprikosen
2 EL Petersilie, fein gehackt
100 g Macadamianüsse
2 Eier
1/2 TL Cayennepfeffer
60 ml Olivenöl

Zubereitung: ca. 30 Minuten
Garen: ca. 45 Minuten

1. Den Couscous in 1/2 Liter kochendes, leicht gesalzenes Wasser einrühren und einmal aufkochen lassen. Vom Herd nehmen und 5 Minuten ausquellen lassen, dabei gelegentlich mit einer Gabel auflockern. Die Butter in Flöckchen unterrühren.

2. Die Auberginen längs halbieren, bis auf einen Rand aushöhlen und das Fruchtfleisch fein würfeln. Auberginenhälften mit dem Zitronensaft beträufeln. Die Tomaten häuten, vierteln, entkernen und hacken. Die Frühlingszwiebeln putzen und mit einem Teil des Grüns fein hacken. Die Aprikosen ebenfalls fein hacken. Backofen auf 200 Grad vorheizen.

3. Die Nüsse in einer Pfanne ohne Fett hellbraun rösten und hacken. Auberginenfruchtfleisch, Tomaten, Aprikosen, Frühlingszwiebeln, Petersilie und Nüsse mit den Eiern vermischen. Den Couscous untermengen, mit Salz und Cayennepfeffer würzen und in die Auberginenhälften füllen.

4. Die gefüllten Auberginen nebeneinander in eine feuerfeste Form setzen, mit dem Olivenöl beträufeln und im heißen Ofen ca. 45 Minuten garen. Heiß oder kalt servieren.

Red Snapper (Roter Schnapper) ist der begehrteste Speisefisch aus dem Pazifik. Er kann bis zu 20 kg schwer werden. Sein festes weißes aromatisches Fleisch mit wenigen großen Gräten eignet sich für viele Zubereitungsarten.

AUSTRALIEN

Red-Snapper-Filets auf Tagliatelle mit Zitronensauce

Zutaten für 4 Personen:

4 Red-Snapper-Filets ohne Haut, à 150 g
Salz
frisch gemahlener Pfeffer
50 g flüssiger Honig
150 g Mandelblättchen
500 g grüne Tagliatelle
350 ml Gemüsebrühe
150 g süße Sahne
1 EL Speisestärke
1 TL gemahlene Kurkuma
2 EL Zitronensaft
4 EL Butterschmalz
2 EL fein gehackte Petersilie

Zubereitung: ca. 30 Minuten

1. Den Fisch waschen, trockentupfen, mit Salz und Pfeffer würzen. Fisch auf beiden Seiten dünn mit Honig bestreichen, in den Mandelbättchen wenden und beiseitestellen.

2. Die Nudeln in reichlich kochendem Salzwasser nach Packungsanleitung bissfest garen. Dann abschütten und abtropfen lassen. Die Nudeln warm stellen.

3. Für die Sauce die Brühe mit der Sahne aufkochen. Die Speisestärke in wenig Wasser anrühren. Kurkuma und Speisestärke in die Sauce einrühren und 1 Minute köcheln lassen. Vom Herd nehmen, mit Zitronensaft, Salz und Pfeffer abschmecken und warm halten.

4. Das Butterschmalz in einer beschichteten Pfanne nicht zu stark erhitzen, den Fisch einlegen und von jeder Seite 2–3 Minuten bei mittlerer Hitze braten. Fischfilets mit Nudeln und Sauce anrichten und mit der gehackten Petersilie bestreuen.

Die australischen Flusskrebse sind kleiner als ihre europäischen Verwandten. Sie sind äußerst widerstandsfähig und überleben selbst in fast ausgedörrten Bachläufen im australischen Outback, wo sie eine wichtige Nahrungsquelle sind.

AUSTRALIEN

Pfannengerührte Yabby-Flusskrebse mit Gemüsestreifen

Zutaten für 4 Personen:

2 Knoblauchzehen
1 Stück Ingwer
1 frische grüne Chilischote
2 Stangen Sellerie
2 Zucchini
2 Möhren
2 Tomaten
4 EL Olivenöl
400 g Flusskrebsschwänze, gekocht, ausgelöst
Salz
frisch gemahlener Pfeffer
2 EL Butter

Zubereitung: ca. 25 Minuten

1. Den Knoblauch und den Ingwer schälen und in feine Streifen schneiden. Die Chilischote halbieren, entkernen und fein hacken. Sellerie, Zucchini und Möhren putzen bzw. schälen und in feine Streifen schneiden. Die Tomaten häuten, vierteln, entkernen und würfeln.

2. Die Hälfte des Öls in einem Wok erhitzen. Knoblauch und Ingwer zufügen und unter Rühren goldgelb anrösten. Flusskrebse dazugeben und 2 Minuten pfannenrühren. Salzen, pfeffern, dann aus dem Wok heben und warm stellen.

3. Das restliche Öl und die Butter im Wok erhitzen und das Gemüse bis auf die Tomaten unter Rühren ca. 4 Minuten braten. Mit Salz und Pfeffer würzen, die Tomaten und die Flusskrebse untermischen und im Gemüse kurz erhitzen. Auf 4 vorgewärmten Tellern anrichten.

Der Fischmarkt in Sydney ist ein Paradies für Liebhaber von delikaten Fischen und Meeresfrüchten. Besonders auffallend sind die unterschiedlichen Sorten von Hummer und Languste in allen nur denkbaren Formen und Farben.

AUSTRALIEN

Langustenmedaillons auf Linsensalat mit frischen Kräutern

Zutaten für 4 Personen:

250 g Puy-Linsen
1 rote Zwiebel
100 ml Olivenöl
1/4 l Gemüsebrühe
1 Lorbeerblatt
1 TL abgeriebene Zitronenschale
2 EL Kapern
3 EL Himbeeressig
Salz
Zucker
frisch gemahlener Pfeffer
2 gekochte Langustenschwänze
2 EL Butter
einige Salatblätter

Zubereitung: ca. 25 Minuten
Vorbereitung: ca. 25 Minuten

1. Die Linsen in ein Sieb geben und waschen. Die Zwiebel schälen und in kleine Würfel schneiden. 2 Esslöffel Olivenöl in einem Topf erhitzen und die Zwiebel darin glasig dünsten. Die Linsen zufügen, die Brühe angießen. Lorbeerblatt und Zitronenschale dazugeben. Zum Kochen bringen und bei mittlerer Hitze 25 Minuten köcheln lassen. Dann abgießen und gut abtropfen lassen.

2. Das restliche Öl mit den Kapern und dem Essig aufmixen, mit Salz, Zucker und Pfeffer abschmecken. Das Dressing über die lauwarmen Linsen geben, untermischen und 10 Minuten ziehen lassen.

3. Die Langustenschwänze in ca. 2 cm dicke Medaillons schneiden. Die Butter in einer großen Pfanne erhitzen und die Medaillons in der Butter auf beiden Seiten bei mittlerer Hitze sautieren.

4. Die Salatblätter waschen und trockenschleudern. 4 Teller damit auslegen und die Linsen darauf anrichten. Mit den Medaillons garnieren und sofort servieren.

Krokodile werden in Australien zur Leder- und Fleischproduktion in Farmen gezüchtet. Essbar sind vor allem der Schwanz und Teile von Rücken und Schulter. Das Fleisch ist hell, fettarm und erinnert in der Konsistenz an Geflügelfleisch.

AUSTRALIEN

Melbourner Grillspieße mit Krokodil und Haifisch

Zutaten für 4 Personen:

250 g Haifischfilet
250 g Krokodilfleisch
Salz
frisch gemahlener Pfeffer
1 rote Paprikaschote
2 Zucchini
4 Aprikosen
8 Cocktailtomaten
Pflanzenöl zum Bestreichen

Außerdem:
Bambusspieße

Zubereitung: ca. 30 Minuten

1. Das Haifischfilet und das Krokodilfleisch in Würfel schneiden. Mit Salz und Pfeffer würzen. Die Bambusspieße wässern.

2. Die Paprikaschote halbieren, entkernen und in mundgerechte Stücke schneiden. Die Zucchini waschen und in nicht zu dünne Scheiben schneiden. Die Aprikosen halbieren und entkernen.

3. Zuerst 1 Tomate, dann abwechselnd Fisch, Gemüse, Fleisch und Aprikose auf die 4 Spieße stecken, zuletzt die restlichen Tomaten.

4. Die Spieße mit Öl bestreichen und auf dem Rost bei mittlerer Hitze 8–10 Minuten grillen, dabei mehrmals wenden und mit Öl bestreichen.

Känguruhfleisch und dessen Produkte wie Wurst und Schinken werden inzwischen auch nach Europa exportiert. Wegen ihres geringen Fettanteils sind sie unter kalorienbewussten Verbrauchern zum Geheimtipp geworden.

AUSTRALIEN

Tasmanischer Kürbisrisotto mit Känguruhwurst und Salbei

Zutaten für 4 Personen:

200 g Kürbisfruchtfleisch
1 Zwiebel
3/4 l Gemüsebrühe
4 EL Olivenöl
300 g Risotto-Reis
1/8 l Weißwein
Salz
frisch gemahlener Pfeffer
2 EL Öl
500 g Känguruhwürstchen
2 EL frisch geriebener Parmesan
1 EL fein gehackter Salbei

Zubereitung: ca. 45 Minuten

1. Das Kürbisfruchtfleisch würfeln. Die Zwiebel schälen und fein hacken. Gemüsebrühe einmal aufkochen.

2. Das Olivenöl in einem Topf erhitzen, Zwiebel und Kürbis darin anschwitzen. Reis unterrühren und glasig dünsten. Mit dem Weißwein ablöschen und 1/4 Liter heiße Brühe unter Rühren angießen. Mit Salz und Pfeffer würzen. 15 Minuten köcheln lassen, dabei nach und nach die heiße Brühe unter Rühren zufügen.

3. Das Öl in einer Pfanne erhitzen und die Würstchen darin von allen Seiten braun anbraten.

4. Den Parmesan und den Salbei unter den Risotto rühren, mit Salz und Pfeffer abschmecken. Risotto portionsweise mit den Würstchen anrichten.

Die Kakadu-Pflaume ist eine kleine, ovale Frucht mit einer dünnen Schale und einem großen Kern. Der Geschmack einer ungekochten Pflaume ist sauer, erfrischend und recht delikat. Sie sind die Vitamin-C-reichsten Früchte der Welt.

AUSTRALIEN

Linguine mit fruchtigem Lammragout und Pflaumen

Zutaten für 4 Personen:

600 g Lammfleisch (Schulter)
2 Zwiebeln
2 Knoblauchzehen
2 Stangen Sellerie
4 Tomaten
100 g Räucherspeckwürfel
3 EL Olivenöl
1/4 l Rotwein
300 ml Brühe
1 Lorbeerblatt
1 TL Rosmarinnadeln
Salz
frisch gemahlener Pfeffer
200 g Kakadu-Pflaumen
500 g Linguine

Zubereitung: ca. 30 Minuten
Schmoren: ca. 90 Minuten

1. Das Lammfleisch waschen, trockentupfen und in kleine Würfel schneiden. Zwiebeln und Knoblauch schälen, Sellerie putzen. Alles fein hacken. Die Tomaten häuten, vierteln, entkernen und würfeln.

2. Den Speck im Olivenöl auslassen, das Fleisch zufügen und einige Minuten von allen Seiten anbraten. Zwiebeln, Knoblauch und Sellerie zum Fleisch geben und kurz anrösten. Dann die Tomatenwürfel untermischen, den Rotwein und die Brühe angießen. Das Lorbeerblatt und den Rosmarin dazugeben, mit Salz und Pfeffer würzen. Alles bei schwacher Hitze zugedeckt ca. 90 Minuten schmoren. Von Zeit zu Zeit umrühren und, falls nötig, noch etwas Brühe angießen.

3. Die Pflaumen halbieren, entkernen und klein schneiden. 10 Minuten vor Ende der Garzeit unter das Lammragout mischen.

4. Die Linguine in kochendem Salzwasser bissfest garen. Abgießen und mit dem Lammragout vermischen. Portionsweise anrichten.

Italienisches Essen ist in Australien sehr populär. In den großen Städten gibt es viele kleine Trattorien, in denen es nach frischer Pasta und Kräutern duftet und wo man ausschließlich italienische Klänge hört.

AUSTRALIEN

Kalbslendenscheiben unter der Kräuterkruste auf Rucola

Zutaten für 4 Personen:

800 g Kalbslende
Salz
frisch gemahlener Pfeffer
1 EL fein gehacktes Basilikum
1 EL fein gehackter Oregano
1 TL fein gehackter Thymian
200 g Semmelbrösel
75 g frisch geriebener Parmesan
2 Eier
100 g Mehl
1/8 l Olivenöl
1 Bund Rucola
1 Zitrone, in Schnitze geschnitten

Zubereitung: ca. 25 Minuten

1. Kalbslende waschen, trockentupfen und in 8 gleich dicke Scheiben schneiden. Mit Salz und Pfeffer würzen.

2. Die Kräuter in einem tiefen Teller mit den Semmelbröseln und dem Parmesan vermischen. Die Eier in einem zweiten tiefen Teller verquirlen. Das Mehl in einen dritten Teller geben. Den Backofen auf 200 Grad vorheizen.

3. Die Fleischscheiben zuerst in Mehl, dann in Ei und zuletzt in der Semmelbrösel-Kräuter-Mischung wenden. Die Panade leicht andrücken.

4. Das Olivenöl in einer großen Pfanne erhitzen und das Fleisch darin bei mittlerer Hitze auf beiden Seiten goldbraun braten. Auf eine feuerfeste Platte legen und für 2–3 Minuten in den heißen Ofen stellen.

5. Den Rukola waschen, trockenschleudern und die harten Stiele entfernen. 4 Teller mit den Rucolablättern auslegen und das Fleisch darauf anrichten. Mit den Zitronenschnitzen garnieren.

Die Lieblingsbeschäftigung der Australier, besonders am Wochenende, ist das „Barbie“, die australische Grillparty. Man trifft sich in zwangloser Atmosphäre und redet, isst und trinkt miteinander unter freiem Himmel.

AUSTRALIEN

Marinierte Büffelsteaks vom Grill mit Minzsauce

Zutaten für 4 Personen:

4 Scheiben Büffelfilet à 250 g, ersatzweise Rinderfilet
200 ml Olivenöl
1 TL abgeriebene Zitronenschale
Saft von 1 Zitrone
1 EL zerstoßener Szechuanpfeffer
3 EL fein gehackte Minze
1 EL milder Weinessig
1 TL Zucker

Zubereitung: ca. 20 Minuten
Marinieren: ca. 1 Stunde

1. Das Fleisch waschen, trockentupfen und nebeneinander in eine Porzellanschale legen. Das Olivenöl mit Zitronenschale und -saft sowie dem Szechuanpfeffer verrühren und über das Fleisch gießen. 1 Stunde bei Zimmertemperatur ziehen lassen, dabei das Fleisch einmal in der Marinade wenden.

2. Die Minze in eine Schüssel geben. Mit 3 Esslöffeln kochendem Wasser beträufeln und 5 Minuten ziehen lassen. Den Weinessig und den Zucker unterrühren.

3. Die Steaks aus der Marinade heben und etwas abtropfen lassen. Auf dem Holzkohlengrill bei mittlerer Hitze auf beiden Seiten insgesamt 8 Minuten grillen. Vor dem Servieren die Steaks mit Salz und Pfeffer würzen. Die Minzsauce getrennt dazu reichen.

Vor manchen Restaurants in Australien sieht man ein Schild, auf dem BYO (bring your own) steht. Diese Lokale haben keine Schanklizenz. Man bringt Wein oder Bier selbst mit und zahlt lediglich ein geringes Korkgeld.

AUSTRALIEN

Gebratene Entenbrust mit Pflaumensauce und Honig

Zutaten für 4 Personen:

2 Knoblauchzehen
100 ml Sojasauce
100 ml trockener Sherry
100 g Honig
2 Entenbrustfilets (ca. 700 g)
Salz
frisch gemahlener Pfeffer
2 EL Öl
1 EL Erdnussöl
1 Msp. gestoßener Koriander
1 Msp. Nelkenpulver
2 El milder Weinessig
1 El Zitronensaft
4 EL Pflaumenmus

Zubereitung: ca. 50 Minuten
Marinieren: ca. 12 Stunden

1. Den Knoblauch schälen, hacken und mit Sojasauce, Sherry und Honig 10 Minuten köcheln lassen. Abkühlen lassen. Die Entenbrüste waschen, trockentupfen und im Sirup wenden. Mit der Hautseite nach oben in den Sirup legen und über Nacht zugedeckt im Kühlschrank ziehen lassen.

2. Backofen auf 200 Grad vorheizen. Entenbrüste aus der Marinade heben, trockentupfen, salzen und pfeffern. Die Haut kreuzweise einritzen. Zuerst auf der Hautseite, dann auf der Fleischseite im heißen Öl insgesamt 5 Minuten braten. Die Haut mit Marinade bestreichen und die Entenbrüste in den heißen Ofen stellen. So lange braten, bis die Haut knusprig braun ist. Im abgeschalteten Backofen weitere 10 Minuten ruhen lassen.

3. Das Erdnussöl erhitzen, Koriander und Nelkenpulver kurz darin anrösten. Mit Weinessig und Zitronensaft ablöschen. 6 Esslöffel Marinade und das Pflaumenmus einrühren, mit Salz und Pfeffer abschmecken und etwas einkochen lassen.

4. Die Entenbrüste schräg in etwa 1 cm dicke Scheiben schneiden, auf 4 Teller legen und mit der Pflaumensauce umgießen.

Australien gehört zu den besten Honigproduzenten der Welt. Die Australier exportieren nicht nur, sie sind auch seine fleißigsten Konsumenten. Jede Region hat ihre Spezialitäten, wie Honig aus Eukalyptus oder Teebaum.

AUSTRALIEN

Gebackene Feigen mit Ziegenkäse und Whiskysauce

Zutaten für 4 Personen:

8 große reife Feigen
Butter für die Form
3 EL flüssiger Honig
1/8 l frisch gepresster Orangensaft
1 EL Zitronensaft
6 cl Whisky
200 g Ziegenfrischkäse
2 EL Milch

Zubereitung: ca. 15 Minuten
Backen: ca. 25 Minuten

1. Den Backofen auf 175 Grad vorheizen. Die Feigen waschen und trockentupfen. Früchte mehrmals mit einer Gabel einstechen.

2. Eine feuerfeste Form mit Butter ausfetten, die Feigen nebeneinander hineinsetzen und mit dem Honig beträufeln. Den Orangensaft mit dem Zitronensaft und dem Whisky verrühren und angießen. Die Form mit Alufolie verschließen.

3. Feigen 15 Minuten im heißen Ofen backen. Dann die Folie entfernen und die Feigen weitere 10 Minuten backen.

4. Den Ziegenfrischkäse mit der Milch glatt rühren. Die Feigen mit der Whiskysauce auf einer Platte anrichten. Auf jede Feige einen Klecks Ziegenfrischkäsecreme geben.

Das Sammeln von wilden Früchten und Beeren ist für die australischen Ureinwohner zu bestimmten Jahreszeiten eine wichtige Nahrungsquelle und Aufgabe der Kinder, die auf ihren Streifzügen durch die Natur die besten Plätze finden.

AUSTRALIEN

Gestürzte Mandel-Panna-Cotta auf Beerenpüree

Zutaten für 4 Personen:

200 ml Milch
200 g süße Sahne
75 g Zucker
75 g gehackte Mandeln
8 Blatt Gelatine
200 g Joghurt
400 g gemischte Waldbeeren
1 EL Puderzucker
4 cl Amaretto
4 Minzezweige zum Garnieren

Vorbereitung: ca. 5 Stunden
Zubereitung: ca. 25 Minuten

1. Die Milch mit der Sahne und dem Zucker einmal aufkochen lassen. Die Mandeln in einer beschichteten Pfanne ohne Fett hell anrösten, in die heiße Milch rühren und 1 Stunde darin ziehen lassen.

2. Die Gelatine in kaltem Wasser einweichen. Die Mandelmilch nochmals erhitzen und die Gelatine darin auflösen. Dann durch ein Haarsieb gießen und den Joghurt unterrühren. In 4 kalt ausgespülte Portionsförmchen verteilen, mit Frischhaltefolie abdecken und ca. 4 Stunden im Kühlschrank fest werden lassen.

3. Die Waldbeeren verlesen und mit dem Puderzucker erwärmen. Anschließend durch ein Sieb streichen, den Amaretto einrühren und das Püree abgedeckt im Kühlschrank ziehen lassen.

4. Die Mandel-Panna-Cotta auf Dessertteller stürzen und mit den Mandelblättchen bestreuen. Mit Beerenpüree und Minzeblättchen garnieren.

Die Qualität und das Aroma der Früchte, die in Australien wachsen, sind überragend. In diesem feurig-fruchtigen Salat mischen sich Mango- und Melonensüße mit Grapefruit, Orange und Chilischärfe, abgeschmeckt mit Brandy.

AUSTRALIEN

Feuriger Melonen-Mango-Salat mit Grapefruitsaft und Chili

Zutaten für 4 Personen:

1 rosa Grapefruit
2 Orangen
1 frische rote Chilischote
4 cl Brandy
1 kleine Galia-Melone
2 Mangos

Zubereitung: ca. 15 Minuten
Kühlen: ca. 1 Stunde

1. Die Grapefruit und die Orangen halbieren und auspressen. Die Chilischote längs halbieren, entkernen und fein hacken. Alles mit dem Brandy verrühren.

2. Die Melone vierteln und die Kerne mit einem Löffel herausschälen. Das Fruchtfleisch auslösen und in kleine Würfel schneiden. Die Mangos schälen, dazu die Schale über Kreuz rundherum einschneiden und abziehen. Das Fruchtfleisch in Scheiben vom Kern schneiden und ebenfalls in kleine Stücke schneiden.

3. Melone und Mangos in eine Glas- oder Porzellanschüssel geben, mit dem Saftdressing übergießen und zugedeckt mindestens 1 Stunde im Kühlschrank ziehen lassen. Eiskalt in Dessertschalen servieren.

Bora Bora ist ein Atoll, der zur Gruppe der Gesellschaftsinseln in Französisch-Polynesien gehört. Mit Korallenriffen, weißen Sandstränden, blauen Lagunen und einer üppigen tropischen Vegetation gilt Bora Bora als Trauminsel im Pazifischen Ozean.

BORA BORA

Garnelen in der Schale gebraten mit Limettensaft

Zutaten für 4 Personen:

8 große Garnelenschwänze, roh, ungeschält
4 Knoblauchzehen
1/2 TL Zucker
1/2 TL Salz
1/2 TL Chilipulver
4 EL Öl
abgeriebene Schale und Saft von 1 Limette

Zubereitung: ca. 20 Minuten

1. Die Garnelen waschen und trockentupfen. Garnelen der Länge nach mit einem scharfen Messer am Rücken einschneiden, ohne die Unterseite durchzuschneiden. Den Darm entfernen und die Garnelenhälften auseinanderklappen. Den Backofen auf 230 Grad vorheizen.

2. Den Knoblauch schälen und in einem Mörser mit Zucker, Salz, Chilipulver und Öl zu einer Paste zerreiben. Limettenschale zufügen.

3. Die Garnelen mit der Schalenseite nach unten auf ein Backblech legen und mit der Knoblauchmarinade bestreichen. Im heißen Ofen 4 Minuten braten. Den Backofengrill einschalten und die Garnelen 1–2 Minuten grillen. Auf 4 Teller verteilen und mit dem Limettensaft beträufeln.

Die Jamswurzel spielt in allen tropischen Regionen eine bedeutende Rolle in der täglichen Ernährung. Die stärkehaltigen Wurzelknollen erinnern sowohl im Aussehen als auch im Geschmack an Süßkartoffeln, sind aber nicht mit diesen verwandt.

BORA BORA

Glasierte Jamswurzelscheiben mit Ananaskaramell

Zutaten für 4 Personen:

1 kg Jamswurzeln
Salz
200 g frische Ananas
60 g Butter
100 g brauner Zucker
je 1 TL abgeriebene Limetten- und Orangenschale
1 TL Speisestärke

Zubereitung: ca. 45 Minuten

1. Die Jamswurzeln schälen und in 8 mm dicke Scheiben schneiden. In kochendem Salzwasser ca. 10 Minuten weich kochen. Abgießen, abtropfen und abkühlen lassen.

2. Das Ananasfruchtfleisch in Stücke schneiden und in einem Mixer pürieren.

3. Die Butter in einer Pfanne schmelzen, den Zucker darin auflösen. Mit 1 Prise Salz, Limetten- und Orangenschale würzen, das Ananaspüree einrühren und langsam erhitzen. Speisestärke in 3 Esslöffeln Wasser auflösen und die Ananasmasse damit binden.

4. Jamswurzelscheiben zugeben und in der Masse wenden, bis sie gleichmäßig davon überzogen sind. Bei kleiner Hitze ca. 20 Minuten weitergaren, bis die Jamswurzeln weich sind, dabei die Pfanne immer wieder schwenken. Jamswurzeln in der Sauce servieren.

Auf der Insel Rarotonga leben über die Hälfte der Bewohner der insgesamt 15 Cookinseln im Südpazifik. Neben dem Fischfang sind Kokosnüsse und Brotfrüchte sowie wild wachsende Mangos und Papayas wichtige Nahrungsquellen.

COOKINSELN

Frittierte Grüne-Papaya-Nocken aus Rarotonga

Zutaten für 4 Personen:

2 kleine grüne Papayas, ca. 600 g
Salz
2 Frühlingszwiebeln
1 kleine rote Paprikaschote
250 g Mehl
1 TL Backpulver
1/2 TL gemahlene Kurkuma
1/2 TL Chilipulver
frisch geriebene Muskatnuss
1 Ei
2 EL Öl und
Öl zum Frittieren
2 Limetten, in Achtel geschnitten

Vorbereitung: ca. 45 Minuten
Zubereitung: ca. 45 Minuten

1. Papayas schälen, der Länge nach halbieren und entkernen. Das Fruchtfleisch grob raspeln und in eine Schüssel geben. Mit Salz bestreuen und 30 Minuten ziehen lassen.

2. Frühlingszwiebeln putzen und fein hacken. Paprikaschote halbieren, entkernen und in kleine Würfel schneiden. Mehl, Backpulver, Kurkuma, Chilipulver und Muskatnuss in einer Schüssel mischen. Papayaraspeln, Ei und Öl zufügen und zu einem festen Teig verkneten. Eventuell etwas Wasser zufügen. Frühlingszwiebeln und Paprikaschote dazugeben und unterkneten. 15 Minuten ziehen lassen.

3. Einen Topf oder eine tiefe Pfanne ca. 3 cm hoch mit Öl füllen, Öl erhitzen. Esslöffelweise kleine Teignocken vom Teig abstechen und portionsweise in dem Öl hellbraun frittieren. Hitze erhöhen und die Nocken knusprig braun frittieren. Auf Küchenpapier abtropfen lassen. Papayanocken auf einer Servierplatte anrichten und mit Limetten garniert auftragen.

Tapioka wird aus der Stärke von Maniok, einer tropischen Wurzelart, gewonnen. Man verwendet es wie Getreide- oder Kartoffelstärke als Dickungsmittel für Saucen, Cremes und Pudding. Nach dem Erkalten bleibt Tapioka transparent.

Gebackener Tapioka-Pudding mit Karamellsauce

Zutaten für 4 Personen:

6 Eier
1 EL Speisestärke
100 g Puderzucker
1/4 l Milch
2 Vanilleschoten
80 g Tapiokamehl
3 EL Butter
Salz
1 TL abgeriebene Limettenschale
Öl für die Förmchen
250 g Zucker

Außerdem:
4 feuerfeste Puddingförmchen

Vorbereitung: ca. 1 Stunde
Backen: ca. 45 Minuten

1. Die Eier trennen. Eiweiß steif schlagen, dabei nach und nach Speisestärke und Zucker zufügen. Milch in einen Topf geben. Vanilleschoten aufschlitzen, das Mark herauskratzen. Schoten und Mark in die Milch geben. Bei kleiner Hitze langsam bis zum Siedepunkt erhitzen. Die Schoten entfernen. Unter Rühren das Tapiokamehl einrieseln lassen. Bei kleiner Hitze 10 Minuten köcheln lassen.

2. Backofen auf 180 Grad vorheizen. Topf vom Herd nehmen, die Eigelbe nacheinander mit der Butter unter die Masse rühren. Mit Salz und Limettenschale würzen. Die Hälfte des Eischnees unterheben, dann den restlichen Eischnee luftig untermischen.

3. Die Förmchen mit Öl auspinseln. Puddingmasse einfüllen und ca. 45 Minuten im Ofen backen. Etwas abkühlen lassen und auf flache Teller stürzen.

4. Den Zucker in einer Pfanne goldbraun schmelzen und mit ca. 100 ml Wasser ablöschen. Karamellsauce etwas einkochen. Die Sauce über den Pudding träufeln.

Blattspinat wird in Fidschi als Zutat hoch geschätzt und ist ähnlich würzig im Geschmack wie der europäische Wurzelspinat. In der Kombination mit Muscheln, Hühnerbrühe und Sahne wird er butterzart und zergeht auf der Zunge.

FIDSCHI

Louises würziger Spinat mit Muscheln und Sahne

Zutaten für 4 Personen:

1 kg Muscheln (Venus-, Herz- oder Miesmuscheln)
2 Knoblauchzehen
1 kleines Stück Ingwer
1 TL Szechuanpfeffer
1 kleiner Kräuterstrauß, z.B. Petersilie, Thymian, Fenchelkraut, Lorbeerblatt
400 g Spinat
2 Schalotten
2 EL geklärte Butter
1/4 TL gemahlene Muskatblüte
1/4 TL Garam Masala
1/4 l Hühnerbrühe
Salz
frisch gemahlener Pfeffer
1 EL Limettensaft
200 g heiße süße Sahne, auf die Hälfte eingekocht

Zubereitung: ca. 50 Minuten

1. Muscheln waschen, abtropfen lassen. Bereits geöffnete Muscheln entfernen. 1 Knoblauchzehe, 2 Scheiben Ingwer, Szechuanpfeffer und Kräuterstrauß in einen Topf mit 1/4 Liter Wasser geben. Aufkochen und die Muscheln zufügen. Zugedeckt ca. 5 Minuten garen, bis sich die Muscheln geöffnet haben. Topf zwischendurch mehrfach rütteln.

2. Muscheln aus dem Sud nehmen. Geschlossene Muscheln wegwerfen. Muschelfleisch auslösen und kalt stellen. Sud durch ein feines Sieb in eine Schüssel abgießen. Spinat putzen, waschen und die tropfnassen Blätter in einen Topf geben. Zugedeckt zusammenfallen lassen. Spinat abgießen, abtropfen lassen und fein hacken.

3. Restlichen Knoblauch, Ingwer und Schalotten schälen und klein würfeln. In der Butter andünsten. Mit Muskatblüte und Garam Masala überstäuben und den Spinat zufügen. Muschelsud und Brühe angießen und aufkochen. 10 Minuten bei kleiner Hitze köcheln lassen. Mit Salz, Pfeffer und Limettensaft abschmecken. Muscheln zufügen und 2 Minuten darin erwärmen. In tiefe Teller verteilen, etwas eingekochte Sahne darüberträufeln und servieren.

Die Tradition rohen Fisch in Zitronensaft und Salz einzulegen, ist im gesamten pazifischen Raum verbreitet. Salz entzieht dem Fischfleisch Wasser und Zitronensäure lässt das Eiweiß gerinnen. Der Fisch gart sozusagen auf kaltem Wege.

FIDSCHI

Roh marinierter Fisch mit Gemüse und frittierten Taro-Chips

Zutaten für 4 Personen:

500 g frisches weißes Fischfilet, z.B. Red Snapper, Schwertfisch, Zackenbarsch, Kabeljau
1 EL Meersalz
1/4 l Zitronensaft
5 kleine Schalotten
5 Frühlingszwiebeln
1/2 Salatgurke
2 Tomaten
1 kleines Stück Ingwer
1 Knoblauchzehe
1 frische grüne Chilischote
150 ml Kokosmilch
500 g Tarowurzeln, ersatzweise Maniokwurzeln
Öl zum Frittieren
Salz

Zubereitung: ca. 45 Minuten
Kühlen: ca. 90 Minuten

1. Fischfilet waschen, trockentupfen, in 1 cm große Würfel schneiden und in eine Glasschüssel legen. Mit Salz bestreuen und den Zitronensaft zufügen. Alles gut mischen, mit Frischhaltefolie abdecken und mindestens 1 Stunde im Kühlschrank marinieren.

2. Gemüse putzen und schälen. Schalotten in dünne Streifen, Frühlingszwiebeln in feine Röllchen, Gurke und Tomaten in kleine Würfel schneiden. Ingwer und Knoblauch fein reiben, Chilischote längs halbieren, entkernen und fein hacken. Alles in eine Schüssel geben.

3. Fisch in ein Sieb abgießen, mit kaltem Wasser überbrausen und abtropfen lassen. Fischwürfel trockentupfen und zum Gemüse geben. Kokosmilch zufügen und gut mischen. 30 Minuten im Kühlschrank kalt stellen.

4. Inzwischen Tarowurzeln schälen und in 2 mm dicke Scheiben hobeln. Einen Topf ca. 3 cm hoch mit Öl füllen, das Öl erhitzen. Taroscheiben darin portionsweise knusprig frittieren und auf Küchenpapier abtropfen lassen. Salzen und in eine Schüssel füllen. Fisch und Gemüse in Portionsschalen verteilen und mit den Taro-Chips servieren.

Das Fruchtfleisch der Ananas enthält ein Enzym, Bromelain, das vielfältige medizinische Wirkungen entfaltet. Es wirkt blutverdünnend, entzündungshemmend und beeinflusst das Immunsystem positiv. Auf Fleisch wirkt es als Zartmacher.

FIDSCHI

Marinierte Schweinesteaks vom Grill mit Süßkartoffelpüree

Zutaten für 4 Personen:

Marinieren: ca. 12 Stunden
Zubereitung: ca. 75 Minuten

1/2 frische Ananas
2 Schalotten
4 Knoblauchzehen
1 kleines Stück Ingwer
4 EL helle Sojasauce
1 EL Sesamöl
grob gestoßener Pfeffer
1 EL brauner Zucker
1 TL abgeriebene Limettenschale
8 Schweinesteaks à 100 g
750 g Süßkartoffeln
Salz
100 ml Kokosmilch
1/4 TL gemahlene Muskatblüte

1. Ananas schälen und den Strunk entfernen. Fruchtfleisch im Mixer pürieren und in eine Schüssel füllen. Schalotten, Knoblauch und Ingwer schälen, fein reiben und zur Ananas geben. Sojasauce, Sesamöl, Pfeffer, Zucker und Limettenschale unterrühren. Das Fleisch waschen und trockentupfen. Steaks in die Marinade legen, mit Frischhaltefolie abdecken und über Nacht im Kühlschrank ziehen lassen.

2. Fleisch aus der Marinade nehmen und trockentupfen. Marinade durch ein feines Sieb in einen Topf abgießen, erhitzen und dicklich einkochen. Beiseitestellen.

3. Süßkartoffeln waschen, schälen und grob würfeln. In einen Topf mit 150 ml Wasser geben, salzen und zum Kochen bringen. Deckel halb auflegen. Bei mittlerer Hitze in ca. 15 Minuten weich kochen. Kochflüssigkeit abgießen, Süßkartoffeln zu Püree stampfen, dabei die Kokosmilch nach und nach zufügen. Mit Salz und Muskatblüte abschmecken. Warm halten.

4. Die Steaks auf dem heißen Holzkohlengrill auf beiden Seiten knusprig grillen. Zwischendurch mit der Marinade bepinseln und salzen. Mit dem Süßkartoffelpüree servieren.

Fidschi besteht aus 322 Inseln, von denen nur rund 100 bewohnt sind. Die Yasawa Inseln im Nordosten liegen inmitten riesiger Korallenriffe und die üppige Vegetation auf den Inseln lässt Kokosnüsse, wilde Bananen und Mangos wachsen.

FIDSCHI

Yasawa Island Mango-Eis mit Nüssen und Kokosnusscreme

Zutaten für 4 Personen:

1 l Milch
2 Gewürznelken
5 Kardamomkapseln
5 Pfefferkörner
2 TL Speisestärke
100 g Zucker
4 kleine reife Mangos
4 cl Triple sec (Bitterorangenlikör)
60 g Macadamianüsse
100 g gesüßte Kokosnusscreme

Zubereitung: ca. 45 Minuten
Gefrieren: ca. 2 Stunden

1. Milch mit den Gewürzen bis zum Siedepunkt erhitzen und bei kleiner Hitze auf die Hälfte einkochen. Die Speisestärke in 2 Esslöffeln Wasser auflösen und unter Rühren zur Milch geben. Zucker zufügen, dicklich einkochen. Die Milchcreme durch ein feines Sieb in eine Schüssel abgießen. Schüssel in Eiswasser stellen und die Creme kalt rühren.

2. Mangos schälen, Fruchtfleisch vom Stein schneiden und grob würfeln. In einen Mixer geben, Milchcreme und Triple sec zufügen und alles glatt pürieren. Die Masse in 4 kleine Portionsförmchen füllen und im Gefrierschrank mindestens 2 Stunden gefrieren.

3. Macadamianüsse in einer Pfanne ohne Fett rösten und klein hacken. Zum Servieren die Formen kurz in heißes Wasser tauchen und das Eis auf kleine Teller stürzen. Die Kokosnusscreme in einer Schüssel glatt rühren und je 1 Esslöffel über das Mangoeis geben. Mit Nüssen bestreuen und servieren.

Macadamianüsse gehören zu den besten und teuersten Nüssen der Welt. Sie sind nicht nur außergewöhnlich wohlschmeckend, sondern wegen ihres hohen Anteils an ungesättigten Fettsäuren und Vitalstoffen auch sehr gesund.

HAWAII

Kalte Passionsfruchtsuppe mit Mango und Curaçao

Zutaten für 4 Personen:

1/2 l Passionsfruchtsaft
1 TL abgeriebene Orangenschale
1/2 EL Maisstärke
2 Eigelb
1/8 l Weißwein
1 reife Mango
100 g Macadamianüsse
2 cl Curaçao

Zubereitung: ca. 25 Minuten
Kühlen: ca. 1 Stunde

1. Den Passionsfruchtsaft mit der Orangenschale in einem Topf zum Kochen bringen und bei kleiner Hitze 5 Minuten köcheln lassen. Die Maisstärke in 1 Esslöffel Wasser auflösen, in die Suppe rühren und sie damit binden.

2. Das Eigelb mit dem Wein glattrühren. Die Suppe vom Herd nehmen und die Eigelb-Wein-Mischung einrühren. Etwas abkühlen lassen, dann mindestens 1 Stunde im Kühlschrank kalt stellen.

3. Inzwischen die Mango schälen, den Stein heraustrennen und das Fruchtfleisch in dünne Scheiben schneiden. Die Macadamianüsse ohne Fett in einer Pfanne rösten und grob hacken.

4. Den Curaçao in die Suppe rühren und die Mangoscheiben zugeben. Die Hälfte der Nüsse hinzufügen. Die Suppe in Servierschalen verteilen und mit den restlichen Nüssen servieren.

Die hawaiianische Süßkartoffel, die dort „Kumara“ genannt wird, hat eine leuchtend lila Schale und ein gelbes Fruchtfleisch. Sie ist neben Kokosnuss, Tarowurzel, Brotfrucht, Reis und Banane das wichtigste Hauptnahrungsmittel.

HAWAII

Süßkartoffelauflauf aus Kaua mit Ananas und Bananen

Zutaten für 6 Personen:

6 große Süßkartoffeln
60 g Butter
Salz
6 Bananen
200 g brauner Zucker
1 TL gemahlener Zimt
500 g Ananaswürfel aus der Dose mit Saft
1 EL Limettensaft
2 EL Honig

Vorbereitung: ca. 50 Minuten
Backen: ca. 40 Minuten

1. Die Süßkartoffeln waschen und in kochendem Wasser 25 Minuten garen. Abgießen und abkühlen lassen. Schälen und in 1 cm dicke Scheiben schneiden.

2. Eine große ofenfeste Form mit etwas Butter ausstreichen, die Kartoffelscheiben hineinschichten und salzen. Die restliche Butter in einem kleinen Topf schmelzen und über die Kartoffeln gießen. Die Bananen schälen, in Scheiben schneiden und über die Kartoffeln schichten. Zucker mit Zimt mischen und darüberstreuen.

3. Den Backofen auf 180 Grad vorheizen. Die Ananas in einem Sieb abtropfen lassen, dabei den Saft auffangen. Ananas in einem Mixer pürieren und über die Bananen verteilen. 1/4 Liter Ananassaft mit Limettensaft und Honig verrühren und über den Auflauf gießen. Im heißen Ofen 40 Minuten backen. Auflauf lauwarm servieren.

Hawaii, der 50. Bundesstaat der USA, liegt mitten im Pazifik. Er ist keine einzelne Insel, sondern eine Inselgruppe mit mehr als hundert kleinen und acht großen Inseln und einer vornehmlich asiatisch-polynesischen Bevölkerung.

HAWAII

Marinierte Hühnerkeulen mit Schinken und Mandeln gefüllt

Zutaten für 4 Personen:

12 Hühnerunterkeulen
200 g gekochter Schinken
50 g gehackte Mandeln
1 TL Sesamöl
60 ml Sojasauce
1 TL Zucker
frisch gemahlener Pfeffer
2 EL Hoisinsauce
Maismehl zum Wenden
6 EL Öl zum Braten
125 g Pilze
1 Zwiebel
1 TL geriebener Ingwer
1 l Hühnerbrühe
4 cl Sherry
3 EL Sojasauce
75 g Wasserkastanien
1 TL Zucker
3 EL Maismehl

Vorbereitung: ca. 90 Minuten
Zubereitung: ca. 50 Minuten

1. Die Hühnerkeulen waschen und trocknen. Die Haut etwas vom Fleisch lösen und so anheben, dass eine Tasche entsteht. Schinken sehr fein würfeln und mit Mandeln und Sesamöl mischen. In die Taschen der Hühnerkeulen füllen. Mit der Haut bedecken, Öffnung mit Holzstäbchen verschließen. Sojasauce mit Zucker, Pfeffer und Hoisinsauce mischen und die Hühnerkeulen darin mindestens 1 Stunde marinieren.

2. Backofen auf 180 Grad vorheizen. Hühnerkeulen aus der Marinade nehmen, mit Küchenpapier trocken tupfen und im Maismehl wenden. 3 Esslöffel Öl erhitzen und das Fleisch darin von allen Seiten gut anbraten. Anschließend in eine feuerfeste Form legen und 35 Minuten im heißen Ofen braten.

3. Inzwischen die Pilze putzen und klein würfeln. Zwiebel schälen und würfeln. Restliches Öl erhitzen, Pilze, Zwiebel und Ingwer darin andünsten. Brühe, Sherry und Sojasauce dazugeben und aufkochen. Wasserkastanien abtropfen lassen, in Scheiben schneiden und hinzufügen. Mit Zucker und Pfeffer abschmecken und alles 5 Minuten köcheln lassen. Maismehl in 6 Esslöffeln Wasser anrühren und die Sauce damit andicken. Sauce vor dem Servieren über das Fleisch gießen.

Der Hummer- und Muschelfang an den Küsten Hawaiis ist aufgrund der starken pazifischen Brandung ein besonders mühsames und zuweilen gefährliches Unterfangen, dem sich die jungen Männer als eine Art Mutprobe unterziehen.

HAWAII

Meeresfrüchte-Pfanne mit Hummer und Wasserkastanien

Zutaten für 4 Personen:

12 ausgelöste Jakobsmuscheln
200 g Hummerfleisch
12 rohe Riesengarnelen, geschält
60 ml Sherry
3 Stangen Sellerie
250 g Pilze
1 Zwiebel
2 Knoblauchzehen
4 EL Öl
150 g Wasserkastanien, aus der Dose
150 g Bambussprossen, aus der Dose
2 TL Bohnenpaste
3/4 l Hühnerbrühe
3 TL Sojasauce
1 TL Zucker
frisch gemahlener Pfeffer
1 EL Sesamöl
3 EL Maismehl

Vorbereitung: ca. 20 Minuten
Zubereitung: ca. 25 Minuten

1. Muscheln, Hummerfleisch und Garnelen waschen und in große Würfel schneiden. Den Sherry darüberträufeln und 20 Minuten durchziehen lassen.

2. Sellerie putzen, waschen und in feine Streifen schneiden. Pilze putzen, waschen und in Scheiben schneiden. Zwiebel und Knoblauch schälen und klein würfeln. Muschel-, Hummer- und Garnelenwürfel in einem Sieb abtropfen lassen, Sherry dabei auffangen.

3. Öl in einer Pfanne erhitzen und Zwiebel und Knoblauch darin andünsten. Meeresfrüchte in die Pfanne geben. Wenn das Garnelenfleisch sich rot färbt, alles aus der Pfanne nehmen und warm stellen. Wasserkastanien und Bambussprossen abtropfen lassen und in Scheiben schneiden.

4. Bohnenpaste, Sellerie und Pilze in die Pfanne geben und unter Rühren andünsten. Brühe, Sherry und Sojasauce angießen und aufkochen. Mit Zucker, Pfeffer und Sesamöl würzen. Meeresfrüchte dazugeben und bei kleiner Hitze 3 Minuten garen. Maismehl in 6 Esslöffeln Wasser anrühren, in die Sauce rühren und andicken lassen. Wasserkastanien und Bambussprossen hinzufügen, in der Sauce erwärmen und servieren.

Hawaii war die erste Insel im Pazifik, auf der in größerem Stil Ananas angebaut wurde. Die Reife einer Ananas erkennt man am intensiven Ananasgeruch am Strunk und daran, dass sich die grünen Blätter leicht herauszupfen lassen.

HAWAII

Hawaiianischer Kokosreis mit Ananas und Maraschinokirschen

Zutaten für 4 Personen:

800 ml Kokosmilch
400 g Langkornreis
1 frische Ananas
100 g Macadamianüsse
150 g Maraschinokirschen
150 g kleine Marshmallows
50 g Zucker
2 EL Limettensaft
250 g süße Sahne
Salz
1/2 TL gemahlener Zimt

Zubereitung: ca. 30 Minuten
Kühlen: ca. 30 Minuten

1. Die Kokosmilch in einem Topf zum Kochen bringen. Den Reis einstreuen, zudecken und bei kleiner Hitze gar ziehen lassen. In eine Schüssel umfüllen und auskühlen lassen.

2. Die Ananas schälen, vierteln und den Strunk wegschneiden. Fruchtfleisch fein hacken. Mit dem gekochten Reis in einer großen Schüssel mischen.

3. Die Nüsse hacken, die Kirschen klein schneiden. Die Hälfte der Nüsse und die Kirschen mit den Marshmallows und dem Zucker zum Reis geben. Limettensaft unterrühren. 30 Minuten zugedeckt kühl stellen.

4. Die Sahne mit einer Prise Salz und dem Zimt steif schlagen. Sorgfältig unter den Ananasreis heben. In Servierschalen verteilen und mit den restlichen Nüssen bestreut servieren.

Moorea, die kleine Schwester Tahitis, ist eine der schönsten und exotischsten Südseeinseln, mit schroffen Bergen und spektakulären Wasserfällen im Inneren und kristallklaren Lagunen und weißen einsamen Traumstränden am Meer.

MOOREA

Gebratene Brotfrucht mit Austern und pikanter Marinade

Zutaten für 4 Personen:

24 ausgelöste Austern
100 ml Orangensaft
100 ml Limettensaft
3 Schalotten
2 Knoblauchzehen
1 frische rote Chilischote
je 6 Pfeffer- und Korianderkörner
1 Lorbeerblatt
Salz
1 kg Brotfrucht

Marinieren: ca. 2 Stunden
Zubereitung: ca. 1 Stunde

1. Austern öffnen, das Fleisch auslösen und mit dem Austernwasser in eine Schüssel geben. Orangen- und Limettensaft unterrühren.

2. Schalotten und Knoblauch schälen. Schalotten in feine Streifen, Knoblauch in kleine Würfel schneiden. Die Chilischote längs halbieren, entkernen und klein hacken. Pfeffer und Koriander im Mörser zermahlen. Alles zu den Austern geben, Lorbeerblatt zufügen und abgedeckt im Kühlschrank 2 Stunden kalt stellen.

3. Die Austern mit der Marinade in eine Pfanne geben. Bei kleiner Hitze langsam erwärmen und fast bis zum Siedepunkt erhitzen. Mit Salz abschmecken und in eine Servierschale umfüllen. Abkühlen lassen.

4. Inzwischen die Brotfrucht schälen und das Fleisch in 8 mm dicke Scheiben schneiden. Einen Topf mit gesalzenem Wasser zum Kochen bringen und die Scheiben 5 Minuten kochen. Abgießen und abkühlen lassen.

5. Öl in einer Pfanne erhitzen und die Brotfruchtscheiben darin auf beiden Seiten knusprig braun braten. Auf Küchenpapier abtropfen lassen und salzen. Brotfrucht mit den Austern servieren.

Moorea ist nicht nur ein Teil Französisch-Polynesiens, die Küche ist auch unverkennbar von der französischen beeinflusst. Es existieren einige erstklassige Restaurants, die tropische Zutaten mit europäischer Raffinesse zubereiten.

MOOREA

Geeiste Melonen-Papaya-Suppe mit Vanille und Basilikum

Zutaten für 2 Personen:

Vorbereitung: ca. 1 Stunde
Zubereitung: ca. 20 Minuten

100 g Zucker
1 kleines Stück Ingwer, geschält
1 kleine rote Chilischote
3 Gewürznelken
1 Vanilleschote
1 reife Honigmelone
100 g süße Sahne
1 kleine reife Papaya
1 kleines Bund Basilikum

1. Zucker, 150 ml Wasser, Ingwer, Chilischote und Gewürznelken in einem Topf zum Kochen bringen und sirupartig einkochen. Abkühlen lassen. Gewürznelken entfernen. Vanilleschote der Länge nach aufschneiden, das Mark herauskratzen und in den Sirup rühren.

2. Melone halbieren und die Kerne entfernen. Fruchtfleisch mit einem Löffel auslösen und im Mixer pürieren. Die Melonenhälften beiseitelegen. Den Sirup untermixen. Dann die Sahne langsam zufügen und glatt rühren. Alles in eine Schüssel füllen und im Gefrierschrank mindestens 30 Minuten kalt stellen.

3. Inzwischen die Papaya längs halbieren und die Kerne mit einem Löffel herauskratzen. Mit einem Kugelausstecher aus dem Fruchtfleisch Bällchen stechen. Papayabällchen in eine Schüssel geben und mit Limettensaft beträufeln.

4. Basilikum waschen und trockenschütteln. Blätter von den Stängeln zupfen und in feine Streifen schneiden. Die Suppe in die Melonenhälften gießen, Papayakugeln dazugeben und mit Basilikum bestreut servieren.

Die neuseeländische Küche ist vor allem britisch geprägt und die Klassiker dieser Tradition, wie z.B. Fish and Chips oder Pie, bekommt man überall. Und wie kaum anders zu erwarten gibt es im Land der Schafe hervorragende Lammgerichte.

NEUSEELAND

Christchurch Sandwich mit Lammbraten und Minzgelee

Zutaten für 4 Personen:

4 große Salatblätter
8 Kirschtomaten
1 Frühlingszwiebel
8 quadratische Scheiben Roggenbrot
1 EL Vegemite (pflanzliche Würzpaste)
100 g Frischkäse
8 dünne Scheiben gegarter Lammbraten
4 TL Minzgelee

Zubereitung: ca. 15 Minuten

1. Die Salatblätter waschen und trockenschütteln. Tomaten waschen, trockentupfen und in Scheiben schneiden. Frühlingszwiebel putzen und in feine Röllchen schneiden.

2. Alle Brotscheiben dünn mit Vegemite und Frischkäse bestreichen. 4 Scheiben mit Frühlingszwiebeln bestreuen, mit Salatblättern belegen und die Tomatenscheiben darauf verteilen. Je 2 Scheiben Lammbraten darauflegen und mit Minzgelee bestreichen.

3. Mit den restlichen Brotscheiben belegen. Die Sandwiches diagonal in Dreiecke schneiden und auf einer Servierplatte anrichten.

Neuseeländer nennen sich selbst humorvoll „Kiwis", nach dem Namen eines einheimischen Vogels. Auch die aus China stammende Stachelbeerart, die dort im großen Stil angebaut und exportiert wird, kam so zu ihrem Namen: die Kiwi.

NEUSEELAND

Eingelegte Makrelenfilets mit Kiwi und gedünsteten Zwiebeln

Zutaten für 4 Personen:

4 frische Makrelenfilets ohne Haut à 200 g
Salz
frisch gemahlener Pfeffer
Mehl zum Wenden
2 EL Olivenöl
2 rote Zwiebeln
Saft von 2 Orangen
Saft von 2 Zitronen
1/2 TL getrockneter Thymian
1/2 TL getrocknetes Zitronengras
4 Kiwis

Zubereitung: ca. 30 Minuten
Marinieren: ca. 2 Stunden

1. Die Makrelenfilets waschen, trockentupfen und mit Salz und Pfeffer würzen. In Mehl wenden, überschüssiges Mehl abklopfen.

2. Olivenöl in einer tiefen Pfanne erhitzen und die Fischfilets auf beiden Seiten kurz anbraten. Aus der Pfanne heben und in eine flache Porzellanschale legen.

3. Zwiebeln schälen, in dünne Scheiben schneiden und in der Pfanne in dem verbliebenen Bratfett glasig dünsten. Orangen- und Zitronensaft angießen, mit Thymian und Zitronengras würzen und 5 Minuten bei kleiner Hitze köcheln lassen.

4. Den heißen Zwiebelsud über den Fisch gießen und erkalten lassen. Mit Frischhaltefolie abdecken und mindestens 2 Stunden im Kühlschrank ziehen lassen.

5. Die Makrelen 10 Minuten vor dem Servieren aus dem Kühlschrank nehmen. Kiwis schälen, in Scheiben schneiden und auf 4 Teller verteilen. Jeweils ein Fischfilet darauflegen und mit etwas Zwiebelsud anrichten.

In Neuseeland und Südostasien wird die Grünlippige Neuseeland-Muschel gezüchtet, die wie eine große Miesmuschel mit einer grünen Färbung an den Muschelrändern aussieht. Ihr Fleisch ist besonders aromatisch und hat eine gelbe bis orange Farbe.

NEUSEELAND

Überbackene Muscheln

mit Kräuterbutter

Zutaten für 4 Personen:

12 große Miesmuscheln
Salz für das Backblech
60 g Butter
Salz
Cayennepfeffer
1 TL abgeriebene Zitronenschale
1 TL Senf
1 TL Worcestersauce
1 TL Brandy
1 Knoblauchzehe
4 EL gehackte Kräuter, z.B. Petersilie, Basilikum, Fenchel- und Selleriegrün
50 g Semmelbrösel
2 Zitronen, in Schnitze geschnitten

Zubereitung: ca. 30 Minuten

1. Muscheln waschen und tropfnass in eine große Pfanne geben. Mit einem Deckel verschließen, erhitzen und unter mehrmaligem Rütteln der Pfanne garen. Backblech 5 mm dick mit Salz bestreuen und die Muschelhälften hineinsetzen, damit sie gerade stehen.

2. Backofengrill auf 250 Grad vorheizen. Butter in einer Schüssel schaumig rühren. Mit Salz, Cayennepfeffer, Zitronenschale, Senf, Worcestersauce und Brandy würzen. Knoblauch schälen und fein hacken. Mit den Kräutern unter die Butter rühren. Kräuterbutter auf den Muscheln verteilen und mit Semmelbröseln bestreuen.

3. Backblech unter den heißen Grill schieben und die Muscheln ca. 4 Minuten überbacken. Die Muscheln auf dem Backblech servieren und Zitronenschnitze dazu reichen.

Neuseeland Hoki, auch Langschwanz- oder Blauer Seehecht genannt, ist ein pazifischer Tiefseefisch, der über 1 Meter lang und bis zu 6 Kilogramm schwer wird. Sein weißes, zartes, aromatisches Fleisch wird bei uns filetiert und tiefgekühlt angeboten.

NEUSEELAND

Hokifilet mit gedörrten Tomaten in Speck gebraten

Zutaten für 4 Personen:

- 4 vollreife Tomaten
- 2 TL Puderzucker
- 1 TL Salz
- 1 kleines Bund Thymian
- 4 Knoblauchzehen
- 4 EL Olivenöl
- 1 kleines Bund Zitronenbasilikum
- 600 g Hokifilet (Blauer Seehecht)
- frisch gemahlener Pfeffer
- 16 Scheiben Frühstücksspeck
- 3 EL Olivenöl

Vorbereitung: ca. 75 Minuten
Zubereitung: ca. 30 Minuten

1. Backofen auf 80 Grad Umlufthitze vorheizen. Tomaten häuten, vierteln und entkernen. Tomatenviertel auf ein mit Backpapier ausgelegtes Backblech legen und mit Puderzucker und Salz bestreuen. Thymianzweige und Knoblauchzehen zwischen den Tomaten verteilen und alles mit Öl beträufeln. Ca. 1 Stunde im Ofen trocknen. Tomaten erkalten lassen.

2. Basilikum waschen und trockenschütteln. Blätter von den Stängeln zupfen und in Streifen schneiden. Fischfilet waschen und trockentupfen. Filet in 8 gleich große Würfel schneiden. Fischwürfel pfeffern, mit etwas Basilikum und 2 Tomatenvierteln belegen, in jeweils 2 Scheiben Speck einschlagen und zu einem Päckchen formen.

3. Backofen auf 150 Grad vorheizen. Olivenöl in einer Pfanne erhitzen. Die Fischpäckchen zuerst mit der Naht nach unten in die Pfanne setzen, dann auf allen Seiten knusprig anbraten. Pfanne in den Ofen stellen und den Fisch 8 Minuten nachgaren lassen. Zwischendurch die Fischpäckchen mit dem Bratfett begießen. Die Fischpäckchen auf einer Servierplatte anrichten.

Pies (Pasteten) gehören in Neuseeland zum kulinarischen Alltag und werden gerne als Imbiss zwischendurch verzehrt. Es gibt vielleicht keine elegantere Art aus Bratenresten und wenigen anderen Zutaten ein leckeres Gericht zuzubereiten.

NEUSEELAND

Sue's Kartoffelteig-Fleischpastete mit Gemüse gefüllt

Zutaten für 4 Personen:

500 g mehlig kochende Kartoffeln
Salz
125 g Mehl
2 EL Grieß
3 Eigelb
2 EL saure Sahne
geriebene Muskatnuss
2 Schalotten
1 Knoblauchzehe
2 Stangen Sellerie
100 g Kürbisfruchtfleisch
250 g gegartes Lamm-oder Rindfleisch
1 Bund Petersilie
Butter für die Form
100 ml Bratensauce

Außerdem:
1 runde Pieform

Zubereitung: ca. 1 Stunde
Backen: ca. 45 Minuten

1. Kartoffeln waschen und in kochendem Salzwasser garen. Abgießen und ausdampfen lassen. Kartoffeln schälen und noch warm durch die Kartoffelpresse in eine Schüssel drücken. Mit Mehl, Grieß, 2 Eigelb, saurer Sahne, Salz und Muskatnuss zu einem glatten Teig verkneten. 20 Minuten abgedeckt ruhen lassen.

2. Schalotten und Knoblauch schälen und in feine Streifen schneiden. Sellerie putzen und klein würfeln. Kürbisfruchtfleisch schälen, entkernen und in kleine Würfel schneiden. Bratenfleisch ebenfalls klein würfeln. Petersilie waschen, trockenschütteln und die Blätter fein hacken. Alles mit den übrigen Zutaten mischen.

3. Backofen auf 180 Grad vorheizen. Pieform mit Butter ausstreichen. 2/3 des Teigs auf der bemehlten Arbeitsfläche ausrollen und die Form damit auskleiden. Fleisch-Gemüse-Mischung einfüllen und die Bratensauce darübergießen. Restlichen Teig ausrollen, als Deckel auf die Füllung legen, Teigränder zusammendrücken. Pastete mit Teigresten verzieren. Restliches Eigelb mit 1 Esslöffel Wasser verrühren und die Pastete damit bestreichen. Ca. 45 Minuten im heißen Ofen backen. Heiß in der Form servieren.

Neuseeland hat in den vergangenen Jahrzehnten eine rasante kulturelle und kulinarische Entwicklung vollzogen. Neue Geschmäcker und Aromen des pazifischen Raums kamen ins Land und vermischten sich mit Traditionellem.

NEUSEELAND

Lammrücken mit Stilton-Butter und gebratenen Süßkartoffeln

Zutaten für 4 Personen:

4 kleine Süßkartoffeln
Salz
4 Lammrückenfilets à 150 g
80 g weiche Butter
grob gemahlener Pfeffer
2 cl Brandy
80 g Stilton (Blauschimmelkäse)
4 Knoblauchzehen
4 EL Olivenöl
1 kleiner Zweig Rosmarin

Zubereitung: ca. 45 Minuten

1. Die Süßkartoffeln waschen und in kochendem Salzwasser ca. 10 Minuten garen. Abgießen und etwas abkühlen lassen.

2. Das Fleisch waschen und trockentupfen. Butter mit Pfeffer und Brandy schaumig rühren. Den Käse mit einer Gabel zerdrücken und mit der Butter vermischen. Knoblauchzehen in der Schale mit einem Messer leicht zerdrücken. Backofen auf 150 Grad vorheizen.

3. In einer Pfanne 2 Esslöffel Öl erhitzen. Lammfilets hineinlegen, Knoblauch und Rosmarin zufügen und die Filets auf beiden Seiten je 2 Minuten braten.

4. Knoblauch, Rosmarin und Fleisch in eine ofenfeste Form geben. Die Filets mit der Butter-Käse-Masse gleichmäßig bestreichen. 10 Minuten im heißen Ofen backen. Im abgeschalteten Backofen 10 Minuten ruhen lassen.

5. Die Süßkartoffeln schälen und längs halbieren. Restliches Öl in einer Pfanne erhitzen und die Kartoffeln auf der Schnittseite knusprig braten. Salzen. Lammfilets schräg in Scheiben schneiden, auf vorgewärmten Tellern mit den Süßkartoffeln anrichten und mit dem Bratfond beträufeln.

Das Lieblingsdessert der Neuseeländer ist „Pavlova", benannt nach der russischen Ballerina Anna Pavlova, die 1927 in Neuseeland auftrat. Es wird aus Baiser gemacht und mit Früchten garniert. Dazu kann man Schlagsahne reichen.

NEUSEELAND

Neuseeländische Meringue mit Kiwi und Erdbeeren gefüllt

Zutaten für 4 Personen:

4 Eiweiß
200 g Puderzucker
1 EL Speisestärke und Speisestärke für die Form
1 TL Weißweinessig
1 TL Vanilleextrakt
Butter für die Form
4 Kiwis
250 g Erdbeeren
Saft von 1 Limette
1 EL Zucker
1 kleines Bund Minze

Zubereitung: ca. 30 Minuten
Backen: ca. 1 Stunde

1. Das Eiweiß steif schlagen, dabei nach und nach den Puderzucker und die Speisestärke zufügen. Zuletzt den Essig und das Vanillemark unterrühren. Den Backofen auf 120 Grad vorheizen.

2. Eine runde ofenfeste Form mit Butter ausstreichen und mit Speisestärke ausstäuben. Die Eischneemasse in einen Spritzbeutel füllen. Die Masse spiralförmig in die Form spritzen, dabei außen einen höheren Rand bilden.

3. Die Meringue ca. 1 Stunde backen. Den Ofen ausschalten, die Backofentür einen Spalt öffnen und die Meringue 1 Stunde im Ofen auskühlen lassen.

4. Kiwis schälen und in Scheiben schneiden. Erdbeeren waschen, putzen und je nach Größe halbieren oder vierteln. Das Obst in einer Schüssel mit Limettensaft und Zucker vermischen und 15 Minuten ziehen lassen.

5. Die Minze waschen und trockenschütteln. Einige schöne Blätter für die Garnierung beiseitestellen. Restliche Blätter fein hacken und unter die Früchte mischen. Die Meringue mit den Früchten füllen und mit den Minzeblättchen garnieren.

Chayoten sind die Früchte einer bis zu 25 Meter hoch rankenden Kürbisart. Die 10 bis 20 cm langen grünen Früchte haben eine runzelige Schale mit tiefen Furchen. Ihr Fruchtfleisch wird roh als Salat und gekocht als Gemüse verzehrt.

SAMOA

Chayotensalat mit Paprika aus Apia und Frühlingszwiebeln

Zutaten für 4 Personen:

1 Knoblauchzehe
1 kleines Stück Ingwer
Saft von 2 Limetten
4 Frühlingszwiebeln
4 kleine Chayoten
Salz
1 rote Paprikaschote
1 frische grüne Chilischote
2 EL Erdnussöl

Zubereitung: ca. 45 Minuten

1. Den Knoblauch und den Ingwer schälen und fein reiben. Mit Limettensaft in einer Schüssel verrühren. Frühlingszwiebeln putzen, die weißen Teile hacken und dazugeben. Die grünen Spitzen in feine Röllchen schneiden und beiseitestellen.

2. Die Chayoten schälen, halbieren und entkernen. Das Fruchtfleisch in 3 mm dicke Scheiben schneiden. In einen Topf mit 100 ml Wasser geben, leicht salzen, aufkochen und mit halb aufgelegtem Deckel in ca. 5 Minuten knapp gar kochen. Abgießen, abtropfen lassen und noch warm unter die Limettensauce mischen. 30 Minuten darin ziehen lassen.

3. Die Paprikaschote und die Chilischote halbieren und entkernen. Paprikaschote in feine Streifen schneiden, Chilischote klein hacken. Alles zu den Chayoten geben, das Öl zufügen, mit Salz abschmecken und gut durchmischen. In eine Servierschüssel umfüllen, mit den Frühlingszwiebelröllchen bestreuen und auftragen.

Im Jahre 1900 wurde der östliche Teil der beiden Inseln Samoas amerikanische und der westliche Teil deutsche Kolonie. Nach neuseeländischer Besatzung erhielt Westsamoa erst 1962 die Unabhängigkeit und wurde 1997 in Samoa umbenannt.

SAMOA

Thunfisch in lauwarmer Limettensauce mariniert

Zutaten für 4 Personen:

Vorbereitung: ca. 30 Minuten
Zubereitung: ca. 30 Minuten

400 g frisches Thunfischfilet
2 Limetten
1 frische rote Chilischote
1 Schalotte
1 Knoblauchzehe
1 kleines Stück Ingwer
1 EL Limettensaft
1 EL helle Sojasauce
1 EL brauner Rum
2 EL Erdnussöl
1/2 TL Rohrzucker
grobes Meersalz
grob gestoßener Pfeffer

1. Den Fisch waschen und trockentupfen. In Frischhaltefolie wickeln und mindestens 30 Minuten anfrieren lassen.

2. Die Limette schälen und filetieren. Die Chilischote längs halbieren, entkernen und klein hacken. Schalotte, Knoblauch und Ingwer schälen und klein hacken. Alles zu den Limettenfilets geben.

3. Limettensaft, Sojasauce, Rum, Öl und Zucker zufügen. Die Pfanne auf den Herd stellen und lauwarm erhitzen. Vom Herd nehmen.

4. Thunfisch mit einem scharfen dünnen Messer in hauchdünne Scheiben schneiden und auf 4 flache Teller verteilen. Mit Salz und Pfeffer bestreuen und mit der lauwarmen Marinade gleichmäßig beträufeln. Limettenfilets auf den Fisch verteilen. 5 Minuten ziehen lassen.

In Apia, der Hauptstadt Samoas, findet man auf dem Marktplatz die beliebten Grill- und Essensstände. Hier gibt es neben gegrilltem Fleisch und einheimischer gerösteter Brotfrucht auch asiatische Wokküche und indisches Curry.

SAMOA

Samoa Hähnchen-Gemüse-Curry mit gerösteten Kokosraspeln

Zutaten für 4 Personen:

750 g Hähnchenkeulen
abgeriebene Schale und Saft von 1 Limette
2 EL Kokosraspel
150 g grüne Bohnen
2 Stangen Sellerie
100 g Spinatblätter
1 frische grüne Chilischote
2 Schalotten
2 Knoblauchzehen
2 EL Öl
2 EL grüne Currypaste
1/4 l Hühnerbrühe
1/4 l Kokosmilch
Salz
1 EL helle Sojasauce
1 TL Rohrzucker

Zubereitung: ca. 1 Stunde

1. Hähnchenkeulen häuten, Fleisch von den Knochen lösen und in Streifen schneiden. In einer Schüssel mit dem Limettensaft beträufeln. Kokosraspel in einer Pfanne ohne Öl braun rösten.

2. Die Bohnen putzen und in 3 cm lange Stücke schneiden. Die Sellerie putzen und in Stifte schneiden. Den Spinat waschen, trockenschütteln und fein hacken. Die Chilischote längs halbieren, entkernen und fein hacken. Schalotten und Knoblauch schälen und klein würfeln.

3. Das Öl in einem Schmortopf erhitzen, Schalotten und Knoblauch darin hellbraun anbraten. Currypaste zufügen und unter Rühren andünsten, bis sich das Aroma entfaltet. Sellerie, Bohnen und Fleisch mit dem Limettensaft unter Rühren zufügen.

4. Mit Hühnerbrühe und Kokosmilch ablöschen. Aufkochen, salzen und ca. 20 Minuten bei kleiner Hitze köcheln lassen. Mit Sojasauce, Salz, Zucker und Limettenschale abschmecken. In Servierschalen verteilen und mit den gerösteten Kokosraspeln bestreuen.

Rein äußerlich ähneln sich Süßkartoffeln und Kartoffeln, sie sind aber botanisch gesehen nicht miteinander verwandt. Es gibt gelb- und rotfleischige Sorten, beide schmecken süßlich und enthalten mehr Wasser, weshalb sie schneller gar sind.

SAMOA

Gebackene Süßkartoffelbällchen mit Kokoskaramellsauce

Zutaten für 4 Personen:

500 g Süßkartoffeln
100 g Mehl
Salz
4 EL Zucker
geriebene Muskatnuss
1/2 TL gemahlener Zimt
4 EL Sesamsaat
Öl zum Backen
100 ml Kokosnusscreme
100 g Rohrzucker

Vorbereitung: ca. 25 Minuten
Zubereitung: ca. 30 Minuten

1. Süßkartoffeln waschen und in einen Topf geben. Mit Wasser bedecken, zum Kochen bringen und in 15–20 Minuten weich kochen. Abgießen, ausdampfen lassen und schälen. Süßkartoffeln noch warm zu einem Püree zerdrücken. Erkalten lassen.

2. Das Püree mit Mehl, Salz, Zucker, Muskatnuss, Zimt und 2–3 Esslöffeln Wasser zu einem glatten weichen Teig verkneten. Vom Teig mit einem Löffel kleine Portionen abstechen und zu Bällchen formen. Sesam auf eine Platte streuen und die Bällchen darin wälzen.

3. Einen Topf oder eine tiefe Pfanne ca. 3 cm hoch mit Öl füllen, das Öl mäßig erhitzen. Süßkartoffelbällchen darin portionsweise goldbraun backen. Auf Küchenpapier kurz abtropfen lassen.

4. Die Kokosnusscreme in einer Pfanne erhitzen, Zucker unter Rühren zufügen und sirupartig einkochen lassen. Süßkartoffelbällchen in Schalen verteilen, mit dem Sirup begießen und warm servieren.

Paul Gauguin, der zivilisationsmüde französische Maler des ausgehenden 19. Jahrhunderts, lebte und arbeitete auf Tahiti und prägte wie kein Anderer mit seinen kraftvollen Gemälden das Bild der Insel und seiner polynesischen Bevölkerung.

TAHITI

Tahiti-Hähnchen-Garnelen-Pfanne mit Vanille und Tomaten

Zutaten für 4 Personen:

250 g Garnelen, roh, geschält
300 g Hähnchenbrust ohne Haut
3 Schalotten
1 Knoblauchzehe
1 kleines Stück Ingwer
1 Chilischote
2 Tomaten
1 große reife Mango
3 EL Öl
1 TL Zucker
1/2 TL mildes Currypulver
1 EL Sherryessig
1/4 l Hühnerbrühe
1 Vanilleschote
2 Frühlingszwiebeln
2 EL Cashewkerne
Salz
1 Msp. Cayennepfeffer
2–3 Tropfen Angostura-Bitter

Zubereitung: ca. 45 Minuten

1. Garnelen und Fleisch waschen und trockentupfen. Fleisch in Streifen schneiden. Schalotten, Knoblauch und Ingwer schälen und fein hacken. Chilischote längs halbieren, entkernen und hacken. Tomaten häuten, vierteln, entkernen und würfeln. Mango schälen, das Fruchtfleisch vom Stein schneiden und klein schneiden.

2. In einer Pfanne 2 Esslöffel Öl erhitzen und nacheinander Fleisch und Garnelen bei großer Hitze jeweils 1 Minute unter Rühren anbraten. Herausnehmen und beiseitestellen. Restliches Öl in der Pfanne erhitzen, Schalotten, Knoblauch, Ingwer und Chilischote darin andünsten. Mit Zucker und Currypulver überstäuben, leicht karamellisieren lassen, Essig und Hühnerbrühe angießen. Aufkochen, aufgeschlitzte Vanilleschote zufügen und 10 Minuten bei kleiner Hitze köcheln lassen.

3. Die Frühlingszwiebeln putzen und in feine Röllchen schneiden. Cashewkerne in einer Pfanne ohne Fett goldbraun rösten und hacken. Sauce mit Salz, Cayennepfeffer und Angostura abschmecken. Fleisch und Garnelen in die Pfanne geben und unter die Sauce mischen. Zugedeckt 3 Minuten gar ziehen lassen. Auf eine Servierplatte geben und mit Frühlingszwiebeln und Cashewkernen bestreut servieren.

Bei Familienfesten der Tahitianer werden die Gerichte in einem Erdofen zubereitet. Es wird ein Loch in die Erde gegraben, ein Feuer auf Steinen entfacht und die in Bananenblätter gewickelten Speisen werden auf den glühenden Steinen gegart.

TAHITI

Bananenblätter mit feiner Fischfüllung aus Papeete

Zutaten für 12 Stück:

500 g weiße Fischfilets, z.B. Red Snapper
4 Frühlingszwiebeln
4 Knoblauchzehen
1 kleines Stück Ingwer
1 rote Chilischote
1 Stängel Zitronengras
1 EL Korianderkörner
4 EL Öl
1 TL gemahlene Kurkuma
1/2 TL gemahlener Piment
frisch geriebene Muskatnuss
50 g Cashewkerne
1 EL Pfeilwurzmehl
1 Ei
1 TL Puderzucker
Salz
1 TL abgeriebene Limettenschale
150 ml Kokosmilch
2 frische Bananenblätter
2 Limetten, in Achtel geschnitten

Zubereitung: ca. 75 Minuten

1. Fischfilets waschen, trockentupfen und fein hacken. In eine Schüssel geben. Frühlingszwiebeln putzen und klein hacken. Knoblauch und Ingwer schälen und fein reiben. Chilischote längs halbieren, entkernen und klein würfeln. Harte Blätter vom Zitronengras entfernen und den weißen Teil klein hacken. Korianderkörner im Mörser grob zerstoßen.

2. In einer Pfanne 2 Esslöffel Öl erhitzen und den Koriander darin kurz anrösten. Zwiebeln, Knoblauch und Ingwer zufügen und andünsten. Mit Kurkuma, Piment und Muskatnuss bestreuen. Chilischote und Zitronengras dazugeben und kurz anschwitzen. Erkalten lassen. Dann zum Fisch geben. Die Nüsse zufügen und mit Stärke, Ei, Zucker, Salz, Limettenschale und Kokosmilch zu einem Fischteig verkneten. Abgedeckt 15 Minuten kalt stellen.

3. Backofen auf 200 Grad vorheizen. Bananenblätter in 12 Rechtecke von 15 x 20 cm schneiden und mit Öl bepinseln. Etwas von der Fischmasse in länglicher Form in die Mitte jedes Blattes geben, Ränder auf der langen Seite übereinanderschlagen und die Enden mit einem Zahnstocher fixieren. Fischpäckchen auf ein Backblech geben und 15 Minuten im Ofen backen. Auf einer Servierplatte mit Limettenachteln anrichten.

Fisch und Meeresfrüchte, Wurzelgemüse und tropische Früchte bestimmen den Speiseplan in Tahiti, aber Fleisch (meist Importe aus Neuseeland) ist sehr beliebt, allem voran Spanferkel, für das es dort viele Zubereitungsarten gibt.

TAHITI

Marinierte Spanferkelspieße mit geröstetem Sesam

Zutaten für ca. 12 Stück:

600 g Spanferkelrücken
3 Knoblauchzehen
1 kleines Stück Ingwer
6 EL Erdnussöl
1 rote Chilischote
6 Limettenblätter
50 g Sesamsaat
Salz

Außerdem:
Bambusspieße

Vorbereitung: ca. 30 Minuten
Zubereitung: ca. 20 Minuten

1. Sichtbares Fett und Haut vom Fleisch entfernen, Fleisch waschen und trockentupfen. Das Fleisch in ca. 5 mm dicke, 3 cm breite und 15 cm lange Streifen schneiden.

2. Knoblauch und Ingwer schälen und klein würfeln. In eine Schüssel geben und mit Öl mischen. Chilischote längs halbieren, entkernen und klein hacken. Mit Fleisch und Limettenblättern in die Schüssel geben, gut vermengen und abgedeckt 30 Minuten ziehen lassen.

3. In einer Pfanne den Sesam ohne Fett goldbraun rösten und auf eine Platte streuen. Die Bambusspieße wässern. Die Fleischstreifen aus der Marinade nehmen und wellenförmig auf die Spieße stecken. Salzen.

4. Fleischspieße bei mittlerer Hitze auf dem Holzkohlengrill auf beiden Seiten knusprig braun braten. Fertige Spieße in Sesam wälzen und servieren.

Die Vanillepflanze, eine Orchideenart, wird in Tahiti seit 1880 angebaut. Tahitivanille gilt als eine der Besten der Welt. Sie ist prall gefüllt mit dem kostbaren Mark der geschmeidigen, leicht öligen Schote und ihr Duft ist einzigartig.

TAHITI

Vanille-Ingwer-Creme mit Kokos und karamellisierter Ananas

Zutaten für 6 Personen:

1 Vanilleschote
1 kleines Stück Ingwer
1/4 l Milch
4 EL Speisestärke
6 EL Zucker
400 ml Kokosmilch
Öl für die Förmchen
4 Scheiben Ananas (Dose)
1 EL geklärte Butter
Saft von 1 Orange
Saft von 1 Limette

Zubereitung: ca. 30 Minuten
Kühlen: ca. 1 Stunde

1. Die Vanilleschote der Länge nach aufschlitzen. Den Ingwer schälen und in Scheiben schneiden. Beides mit der Milch in einen Topf geben und bis zum Siedepunkt erhitzen. Vom Herd nehmen und abgedeckt 10 Minuten ziehen lassen.

2. Speisestärke mit 4 Esslöffeln Zucker vermischen. Mit der Hälfte der Kokosmilch glatt rühren und in einem Topf langsam bis zum Siedepunkt erhitzen. Unter Rühren dicklich kochen. Vanillemilch durch ein Sieb dazugeben, restliche Kokosmilch einrühren. Bei kleiner Hitze dicklich einkochen.

3. Das Mark der Vanilleschote herauskratzen und in die Puddingcreme rühren. 6 Portionsförmchen mit Öl ausstreichen. Puddingcreme einfüllen und mindestens 1 Stunde im Kühlschrank fest werden lassen.

4. Ananasscheiben würfeln. Butter in einer Pfanne erhitzen, die Ananas darin anbraten. Restlichen Zucker einstreuen und hellbraun karamellisieren lassen. Mit Orangensaft ablöschen und den Karamell auflösen. Limettensaft unterrühren. Beiseitestellen. Förmchen kurz in heißes Wasser tauchen und auf Teller stürzen. Mit Ananas und Karamellsauce begießen und servieren.

„Pancakes“ – Pfannkuchen – gehören zu jedem echten kanadischen Frühstück. Sie werden immer mit süßem Ahornsirup serviert. Der Teig kann mit Äpfeln, Blaubeeren, Haferflocken oder gehackten Nüssen abgewandelt werden.

KANADA

Kanadische Pfannkuchen mit Speck und Ahornsirup

Zutaten für 4 Personen:

150 g Mehl
2 TL Backpulver
1 EL Zucker
Salz
2 Eier
200 ml Milch
2 EL Pflanzenöl und Öl zum Backen und Braten
8 Scheiben Frühstücksspeck
100 ml Ahornsirup

Zubereitung: ca. 20 Minuten

1. Mehl in einer Schüssel mit Backpulver, Zucker und 1 Prise Salz vermischen. Eier trennen. Eigelb mit Milch und Öl zum Mehl geben und einen glatten Teig rühren. Eiweiß steif schlagen und unter den Teig heben.

2. In einer Pfanne 1 Esslöffel Öl erhitzen und etwas Teig mit einem Schöpflöffel hineingeben. Wenn sich der Teigrand braun färbt, den Pfannkuchen wenden und auch von der anderen Seite goldbraun backen. So weiterarbeiten, bis der Teig verbraucht ist. Fertige Kuchen warm stellen.

3. In einer anderen Pfanne die Speckscheiben in etwas Öl knusprig braten und auf Küchenpapier abtropfen lassen.

4. Zum Servieren die Pfannkuchen auf Teller verteilen, mit Ahornsirup begießen und die Speckscheiben dazu anrichten.

Wildlachse gehören zu den feinsten kulinarischen Freuden in Kanada. Am bekanntesten sind die drei Lachsarten Sockeye Salmon, King Salmon und Pink Salmon, die in den kalten Gewässern vor der Pazifikküste gefangen werden.

KANADA

Feine Sandwiches mit Lachs in Butter gebacken

Zutaten für 4 Personen:

1 Frühlingszwiebel
1/2 Bund Petersilie
60 g Mayonnaise
1 EL Zitronensaft
Salz
frisch gemahlener Pfeffer
3 Spritzer Tabascosauce
250 g gekochter Lachs
8 Scheiben Sandwichbrot
Butter zum Bestreichen
2 Eier
100 ml Milch
4 EL Butter

Zubereitung: ca. 20 Minuten

1. Die Frühlingszwiebel putzen und klein würfeln. Die Petersilie waschen, trockenschütteln und die Blätter fein hacken. In einer Schüssel Mayonnaise, Zitronensaft, Salz, Pfeffer und Tabasco verrühren. Zwiebel und Petersilie hinzufügen.

2. Das Lachsfleisch zerpflücken und mit der Mayonnaise-Creme gut vermischen. Die Brotscheiben mit Butter bestreichen, die Lachsmasse auf 4 Scheiben verteilen und mit den restlichen Brotscheiben bedecken. Leicht zusammendrücken.

3. Die Eier mit der Milch in einem tiefen Teller verrühren und jedes Sandwich von beiden Seiten in diese Mischung tunken. Die Butter in einer Pfanne zerlassen und die Sandwiches darin auf beiden Seiten goldbraun braten. Auf Küchenpapier abtropfen lassen und heiß servieren.

L'Acadie, Akadien, nannte Frankreich einst sein Kolonialgebiet im nordöstlichen Teil von Nordamerika. Französische Einwanderer führten in dieser Region nicht nur ihre Sprache ein, sondern auch viele Speisen aus ihrer alten Heimat.

KANADA

Québecer Kartoffelpfannkuchen mit Kabeljaustreifen

Zutaten für 4 Personen:

500 g Kartoffeln
1 Zwiebel
3 Eier
2 EL Speisestärke
Salz
frisch gemahlener Pfeffer
geriebene Muskatnuss
2 EL fein gehackte Petersilie
250 g Kabeljaufilet
Pflanzenöl zum Braten
150 g saure Sahne

Zubereitung: ca. 30 Minuten

1. Die Kartoffeln und die Zwiebel schälen und auf einer Gemüsereibe fein reiben. Die Eier mit der Speisestärke verquirlen. Unter die Kartoffel-Zwiebel-Mischung rühren, mit Salz, Pfeffer, Muskatnuss und Petersilie würzen.

2. Das Kabeljaufilet waschen, trockentupfen, in feine Streifen schneiden und unter die Kartoffelmasse heben.

3. Etwas Öl in einer Pfanne nicht zu stark erhitzen. Mit einer kleinen Schöpfkelle 1/8 der Kartoffelmasse ins heiße Öl geben und flach drücken. Von beiden Seiten bei mittlerer Hitze goldbraun braten. Nacheinander 8 Pfannkuchen backen. Fertige Pfannkuchen auf Küchenpapier abtropfen lassen und warm stellen.

4. Pfannkuchen auf 4 vorgewärmte Teller verteilen, in die Mitte jeweils einen Klacks saure Sahne geben.

Die alte indianische Tradition, junge zarte Farnspitzen in den Wäldern Kanadas zu sammeln und aus ihnen köstliche Gerichte zuzubereiten, ist auch heute noch lebendig und wird vor allem von jüngeren Küchenchefs wieder gepfegt.

KANADA

Kanadische Farnspitzensuppe mit Cheddar-Schnitten

Zutaten für 4 Personen:

400 g mehlig kochende Kartoffeln
200 g Farnspitzen
2 Frühlingszwiebeln
2 EL Butter
Salz
frisch gemahlener Pfeffer
3/4 l Fleischbrühe
1/4 l Milch
4 Scheiben Baguette
4 Scheiben Cheddar
1 kleines Bund Schnittlauch

Zubereitung: ca. 40 Minuten

1. Die Kartoffeln waschen, schälen und würfeln. Die Farnspitzen verlesen und grob hacken. Die Frühlingszwiebeln putzen und klein schneiden.

2. Die Butter in einem Topf zerlassen und die Zwiebeln darin glasig dünsten. Farnspitzen und Kartoffeln dazugeben, mit Salz und Pfeffer würzen. Die Brühe und die Milch angießen. Aufkochen und bei kleiner Hitze köcheln lassen, bis die Kartoffeln gar sind.

3. Inzwischen die Baguettescheiben mit dem Käse belegen und unter dem heißen Backofengrill goldbraun überbacken.

4. Die Suppe mit dem Stabmixer pürieren. Mit Salz und Pfeffer abschmecken.

5. Den Schnittlauch waschen, trockenschütteln und in kleine Röllchen schneiden. Zum Servieren die gebackenen Brotscheiben in tiefe Teller verteilen, die Suppe dar aufgießen und mit Schnittlauch bestreut servieren.

Der Heilbutt lebt im nördlichen Atlantik und vor der pazifischen Küste Kanadas. Er kann bis zu 3 m lang und 300 kg schwer werden. Sein weißes Fleisch ist sehr beliebt. Aus den Gräten kann man eine gute Fischbrühe kochen.

KANADA

Bunter Fischeintopf mit Gemüse und Cheddar

Zutaten für 4 Personen:

1 Zwiebel
1 Möhre
2 Stangen Sellerie
1 grüne Paprikaschote
500 g Heilbuttfilet
2 EL Butter
Salz
frisch gemahlener Pfeffer
1 TL Majoran
1 TL edelsüßes Paprikapulver
2 EL Mehl
1/2 l Fischbrühe
1/2 l Milch
60 g geriebener Cheddar
frisch geriebene Muskatnuss
2 EL fein gehackte Petersilie

Zubereitung: ca. 30 Minuten

1. Die Zwiebel und die Möhre schälen und klein würfeln. Die Sellerie putzen, die Paprikaschote halbieren und entkernen. Beides in schmale Streifen schneiden. Den Fisch waschen, trockentupfen und in große Würfel schneiden.

2. Die Butter in einem Topf zerlassen und das Gemüse darin andünsten. Mit Salz, Pfeffer, Majoran und Paprikapulver würzen und mit Mehl bestäuben. Fischbrühe und Milch angießen, zum Kochen bringen und unter häufigem Rühren dicklich einkochen.

3. Den Käse unterrühren und die Fischwürfel in die Brühe geben. Bei kleiner Hitze 5 Minuten gar ziehen lassen. Mit Salz, Pfeffer und Muskatnuss abschmecken. In tiefe Teller verteilen und mit der Petersilie bestreut servieren.

Die europäischen Siedler mussten die Rezepte ihrer Heimat abwandeln, da ihnen in der kanadischen Wildnis nicht alle Zutaten zur Verfügung standen. So lernten sie von den indianischen Ureinwohnern Elch- und Karibufleisch kennen.

KANADA

Pikante Kartoffel-Sellerie-Suppe mit geräuchertem Elchschinken

Zutaten für 4 Personen:

- 500 g Kartoffeln
- 150 g Sellerieknolle
- 1 Zwiebel
- 200 g geräucherter Elchschinken, ersatzweise ein anderer geräucherter Schinken
- 1 EL gekörnte Hühnerbrühe
- Salz
- frisch gemahlener Pfeffer
- 2 EL Butter
- 2 EL Mehl
- 1/4 l heiße Milch
- Worcestersauce
- Tabascosauce
- 2 Frühlingszwiebeln

Zubereitung: ca. 45 Minuten

1. Kartoffeln waschen, schälen und in Scheiben schneiden. Sellerie schälen und klein würfeln. Zwiebel schälen und fein hacken. Schinken in feine Streifen schneiden.

2. Das Gemüse in einen Topf geben und knapp mit Wasser bedeckt zum Kochen bringen. Gekörnte Brühe einrühren. Bei mittlerer Hitze ca. 20 Minuten kochen. Mit Salz und Pfeffer abschmecken. Den Schinken hinzufügen.

3. Butter in einer Pfanne schmelzen, Mehl einrühren und hellgelb anschwitzen. Milch angießen, unter Rühren aufkochen und dicklich einkochen. Dann unter das Gemüse rühren und erneut aufkochen. Mit Worcester- und Tabascosauce herzhaft abschmecken.

4. Frühlingszwiebeln putzen und in feine Röllchen schneiden. Die Suppe in Servierschalen füllen und mit Frühlingszwiebeln bestreut servieren.

Wildreis ist keine Reissorte, sondern der Samen eines hohen Wassergrases. Es wächst vor allem in den Provinzen Alberta, Manitoba und Ontario und war für die Indianer über Jahrhunderte eine wichtige Nahrungsquelle.

KANADA

Gebackener Hackfleisch-Wildreis-Eintopf mit Gemüse

Zutaten für 6 Personen:

200 g Wildreis
4 Scheiben geräucherter Speck
2 EL Öl
500 g Schweinehackfleisch
Salz
frisch gemahlener Pfeffer
1 Zwiebel
50 g Sellerie
150 g Champignons
4 EL Butter und
Butter für die Form
30 g Mehl
1/4 l Milch
250 g süße Sahne
60 g gehackte Mandeln
2 EL fein gehackte Petersilie

Vorbereitung: ca. 45 Minuten
Backen: ca. 30 Minuten

1. Den Reis mit 700 ml Wasser zum Kochen bringen und bei kleiner Hitze ca. 45 Minuten garen.

2. Inzwischen die Speckscheiben in feine Streifen schneiden und in 1 Esslöffel Öl in einer Pfanne knusprig braten. Herausnehmen und auf Küchenpapier abtropfen lassen. Das Hackfleisch im restlichen Öl in der Pfanne krümelig braten. Salzen, pfeffern und in eine Schüssel umfüllen.

3. Zwiebel und Sellerie schälen und klein würfeln. Pilze putzen, feinblättrig schneiden. Zwiebel und Sellerie mit 2 Esslöffeln Butter in der Pfanne dünsten. Pilze hinzufügen und kurz anschwitzen. Alles zum Hackfleisch geben. Restliche Butter in der Pfanne schmelzen, Mehl einrühren und hellgelb anschwitzen. Milch und Sahne angießen und unter Rühren dicklich einkochen lassen. Den Backofen auf 180 Grad vorheizen.

4. Reis in einem Sieb abtropfen lassen. Zur Gemüse-Hackfleisch-Mischung geben. Mandeln, Petersilie und die Sauce unterziehen und mit Salz und Pfeffer abschmecken. Die Masse in eine gebutterte ofenfeste Form geben und im Ofen etwa 30 Minuten backen.

Vancouver an der Westküste Kanadas ist einer der Ausgangspunkte der vegetarischen Bewegung. In der Stadt gibt es heute eine Reihe kleiner Restaurants und Stehimbisse, die beweisen, wie gut vegetarisches „Fast Food" sein kann.

KANADA

Vancouver Champignon-Burger mit Avocado und Tomaten

Zutaten für 4 Personen:

8 Riesenchampignons
4 EL Maiskeimöl
3 Knoblauchzehen
Salz
frisch gemahlener Pfeffer
1 TL getrockneter Oregano
1 EL Zitronensaft
2 EL Ahornsirup
2 Tomaten
1 Avocado
4 Salatblätter
1 Zwiebel
80 g frische Rettichsprossen
4 EL Mayonnaise
2 EL Chilisauce
1 TL Senf
4 Milchbrötchen

Zubereitung: ca. 30 Minuten

1. Den Backofen auf 180 Grad vorheizen. Die Champignons putzen und die Stiele entfernen. Den Knoblauch schälen und fein hacken.

2. Ein Backblech mit Backpapier auslegen und die Pilze mit der Lamellenseite nach oben darauflegen. Salzen, pfeffern, mit Knoblauch und Oregano bestreuen und mit Zitronensaft und Ahornsirup beträufeln. Ca. 20 Minuten im heißen Ofen garen.

3. Inzwischen die Tomaten waschen und in Scheiben schneiden. Die Avocado halbieren und entkernen. Das Fruchtfleisch mit einem Löffel auslösen und in Scheiben schneiden. Die Salatblätter waschen und trockentupfen. Die Zwiebel schälen und in feine Ringe schneiden. Die Sprossen mit den Fingern auseinanderzupfen. Aus Mayonnaise, Chilisauce und Senf eine Sauce anrühren. Die Brötchen halbieren und toasten.

4. Salatblätter und Sprossen auf die unteren Brötchenhälften verteilen, Pilze und die restlichen Zutaten darauflegen, Sauce darüber verteilen. Die oberen Brötchenhälften daraufklappen.

Garen auf einem Zedernholzbrett ist eine alte indianische Methode, die gerade wieder eine Renaissance erlebt. Das Zedernholz verleiht Fisch und Fleisch ein besonderes Aroma. Unbehandelte Holzbretter kann man im Internet bestellen.

KANADA

Lachs auf dem Zedernbrett gegart in pikanter Würzmarinade

Zutaten für 6 Personen:

1 unbehandeltes Zedernholzbrett, ca. 45 x 25 x 2,5 cm
30 g Ingwerwurzel
1 Knoblauchzehe
100 ml Ahornsirup
Saft von 1 Zitrone
2 EL Sojasauce
1 EL Öl
1 Lachshälfte mit Haut, ca. 1,2 kg
Salz
frisch gemahlener Pfeffer
2 Frühlingszwiebeln, in Röllchen geschnitten
1 Zitrone, in Achtel geschnitten

Zubereitung: ca. 30 Minuten
Garen: ca. 30 Minuten

1. Das Zedernholzbrett mindestens 30 Minuten in kaltem Wasser einweichen.

2. Inzwischen Ingwer und Knoblauch schälen und fein hacken. Mit dem Ahornsirup in einem kleinen Topf erhitzen. Zitronensaft und Sojasauce hinzufügen. 15 Minuten bei kleiner Hitze köcheln, dann abkühlen lassen. Den Grill oder den Backofen auf 170 Grad vorheizen.

3. Das Holzbrett abtrocknen und auf einer Seite mit Öl bestreichen. Den Lachs waschen und trockentupfen. Lachs mit der Hautseite nach unten auf das Brett legen, salzen, pfeffern und mit einem Teil der Marinade bestreichen. Mit Alufolie abdecken und entweder auf den Grill oder in den heißen Backofen legen. 30 Minuten garen. Zwischendurch mehrmals mit der restlichen Marinade bestreichen.

4. Den Lachs mit Frühlingszwiebeln bestreuen, mit den Zitronenachteln garnieren und auf dem Brett servieren.

Das Meer prägt das Land, die knapp eine Million Menschen und die Küche von Neu-Schottland, einer Halbinsel im Osten Kanadas mit über 7.800 km Küste. Von keinem Ort Neu-Schottlands ist das Meer weiter als 35 km entfernt.

KANADA

Jacobsmuschel-Hummer-Eintopf aus Neu-Schottland

Zutaten für 4 Personen:

3 Kartoffeln
1 Zwiebel
100 g geräucherter Speck
2 EL Öl
1 TL getrockneter Thymian
1 TL Selleriesalz
1 EL Mehl
1/2 TL edelsüßes Paprikapulver
1/2 l Fischbrühe
1/4 l Milch
Salz
frisch gemahlener Pfeffer
250 g gekochtes Hummerfleisch
8 ausgelöste Jacobsmuscheln
1 Bund gemischte Kräuter, z.B. Petersilie, Kerbel, Schnittlauch
200 g süße Sahne

Zubereitung: ca. 35 Minuten

1. Die Kartoffeln waschen, schälen und würfeln. Zwiebel schälen und fein hacken. Speck klein würfeln.

2. Öl in einem Topf erhitzen, Zwiebel und Speck darin glasig dünsten. Mit Thymian und Selleriesalz würzen. Mehl und Paprikapulver darüberstäuben und kurz mitdünsten. Die Brühe und die Milch angießen, die Kartoffelwürfel hinzufügen, einmal aufkochen. Mit Salz und Pfeffer würzen und 15–20 Minuten bei kleiner Hitze köcheln lassen, bis die Kartoffeln gar sind.

3. Inzwischen das Hummerfleisch und die Jakobsmuscheln in Würfel schneiden. Die Kräuter waschen, trockentupfen und die Blätter fein hacken.

4. Die Sahne in den Eintopf rühren, aufkochen und erneut mit Salz und Pfeffer abschmecken. Hummer- und Muschelfleisch hinzufügen, den Topf vom Herd nehmen und die Hälfte der Kräuter dazugeben. 2–3 Minuten ziehen lassen. Den Eintopf in Suppenschalen verteilen und mit den restlichen Kräutern bestreut auftragen.

Cranberrys, auch Moosbeeren genannt, sind die nordamerikanischen Verwandten der Preiselbeeren. Die leuchtend roten, großen Beeren schmecken leicht säuerlich und werden gerne zu Konfitüren, Saft oder Saucen verarbeitet.

KANADA

Gebratene Hühnerbrüste mit Cranberrys in Senfsauce

Zutaten für 4 Personen:

4 Hühnerbrustfilets à 120 g ohne Knochen
Kräutersalz
1/2 TL Currypulver
frisch gemahlener Pfeffer
4 EL Butter
2 EL Mehl
1/4 l Brühe
200 ml Cranberrysaft
60 g getrocknete Cranberrys
1 TL scharfer Senf
Zucker
Salz

Zubereitung: ca. 30 Minuten

1. Die Hühnerbrustfilets waschen und trocknen. Mit Kräutersalz, Currypulver und Pfeffer würzen.

2. In einer Pfanne 2 Esslöffel Butter erhitzen und die Hühnerbrüste darin bei mittlerer Hitze auf beiden Seiten anbraten. Fleisch aus der Pfanne heben und warm stellen. Die restliche Butter in der Pfanne schmelzen und das Mehl einrühren. Brühe und Cranberrysaft angießen und aufkochen lassen. Getrocknete Cranberrys hinzufügen und 5 Minuten köcheln lassen.

3. Die Sauce mit Senf, Zucker, Salz und Pfeffer abschmecken. Hühnerbrüste mit dem ausgetretenen Fleischsaft in die Sauce geben und 10 Minuten bei kleiner Hitze garen.

4. Zum Servieren die Hühnerbrüste schräg in Scheiben schneiden und auf vorgewärmte Tellern verteilen. Mit etwas Sauce begießen und die restliche Sauce separat dazu reichen.

Das Karibu ist der größere Verwandte des europäischen Rentiers und der einzige Vertreter aus der Familie der Hirsche, bei denen beide Geschlechter ein Geweih tragen. Karibukühe geben die gehaltsvollste Milch in der Tierwelt.

KANADA

Karibu-Steak in Zwiebel-Sahne-Sauce mit Gemüse

Zutaten für 4 Personen:

4 Karibusteaks à 200 g, ersatzweise Hirschsteaks
Salz
frisch gemahlener Pfeffer
4 EL Butter
3 Zwiebeln
1 EL Mehl
1/4 l Fleischbrühe
100 g süße Sahne
2 Stangen Sellerie
1 Möhre
1 Stange Lauch
1 EL grober Senf
1 TL Essig
Zucker
Worcestersauce
2 EL fein gehackte Petersilie

Zubereitung: ca. 35 Minuten

1. Die Steaks sanft klopfen und die Ränder leicht einschneiden. Salzen und pfeffern. In einer großen Pfanne mit Deckel 2 Esslöffel Butter erhitzen und die Steaks auf beiden Seiten kurz anbraten. Herausnehmen und warm stellen.

2. Die Zwiebeln schälen, halbieren und in feine Scheiben schneiden. 1 Esslöffel Butter in der Pfanne erhitzen und die Zwiebeln darin goldbraun anbraten. Mehl darüberstäuben, kurz anrösten, dann mit Brühe und Sahne ablöschen, dabei den Bratensatz lösen. Die Sauce aufkochen und unter Rühren dicklich einkochen lassen. Die Steaks in die Sauce geben, mit Zwiebeln und Sauce bedecken. Zugedeckt bei kleiner Hitze 15 Minuten garen.

3. Inzwischen das Gemüse putzen, schälen und in feine Streifen schneiden. Restliche Butter in einer Pfanne erhitzen und das Gemüse darin 10 Minuten dünsten.

4. Die Steaks auf vorgewärmte Teller legen. Die Sauce mit Salz, Pfeffer, Senf, Essig, Zucker und Worcestersauce abschmecken und über das Fleisch verteilen. Gemüse darauf anrichten. Mit Petersilie bestreut servieren.

In Montreal ist ein Spaziergang rund um die Rue St. Denis fast eine kleine kulinarische Weltreise: Französische, italienische und mexikanische Restaurants sowie chinesische und thailändische Garküchen laden zum Verweilen ein.

KANADA

Glasierter Hackbraten Montreal mit Barbecuesauce

Zutaten für 4 Personen:

2 Scheiben Brot vom Vortag
1 Frühlingszwiebel
1 Zwiebel
2 Knoblauchzehen
800 g gemischtes Hackfleisch
200 g mittelscharfe Salsa (Fertigprodukt)
2 EL Haferflocken
2 EL fein gehackte Petersilie
1 TL scharfer Senf
1 TL Worcestersauce
4 cl Sherry
Salz
frisch gemahlener Pfeffer
Öl für die Form
2 EL Barbecuesauce (Fertigprodukt)

Zubereitung: ca. 20 Minuten
Backen: ca. 45 Minuten

1. Den Backofen auf 180 Grad vorheizen. Das Brot entrinden, in Würfel schneiden und in warmem Wasser etwa 10 Minuten einweichen. Dann gut ausdrücken.

2. Die Frühlingszwiebel putzen und in Ringe schneiden. Zwiebel und Knoblauchzehen schälen und klein würfeln.

3. Das Hackfleisch in eine Schüssel geben und mit allen Zutaten außer der Barbecuesauce gut verkneten. Aus dem Fleischteig einen Hackbraten formen und in eine mit Öl ausgestrichene ofenfeste Form geben. Im heißen Ofen 30 Minuten backen. Dann den Hackbraten mit der Barbecuesauce bestreichen und weitere 15 Minuten backen.

4. Zum Servieren den Braten aus der Form stürzen und in gleichmäßige Scheiben schneiden.

Diese Muffins lassen sich sehr leicht abwandeln: Man rührt statt der Cranberrys Blaubeeren oder Trockenfrüchte, Nüsse oder Schokoladenstücke unter den Teig und verwendet zum Süßen braunen Zucker, Honig oder Ahornsirup.

KANADA

Cranberry-Kürbis-Muffins mit Zimt und Nelkenpulver

Zutaten für 24 kleine Muffins:

300 g Mehl
120 g Vollkornmehl
200 g Zucker
1 1/2 TL gemahlener Zimt
1 Msp. Nelkenpulver
1/2 TL Salz
2 TL Backpulver
350 g gekochtes Kürbisfleisch
250 g Cranberrys
100 g weiche Butter und
Butter für die Formen
2 Eier
Puderzucker zum Bestäuben

Außerdem:
2 Muffinformen mit
12 Vertiefungen

Zubereitung: ca. 45 Minuten

1. Den Backofen auf 180 Grad vorheizen. Das Mehl in eine große Schüssel sieben. Mit Vollkornmehl, Zucker, Zimt, Nelkenpulver, Salz und Backpulver vermischen.

2. Das Kürbisfleisch in kleine Würfel schneiden. Die Cranberrys halbieren. Zum Mehl geben, Butter und Eier und hinzufügen und alles zu einem homogenen Teig verkneten.

3. Die Vertiefungen der Muffinformen ausfetten. Die Vertiefungen zu 2/3 mit Teig füllen. Im heißen Ofen ca 25 Minuten backen.

4. Die Muffins in den Formen etwas abkühlen lassen. Dann auf ein Kuchengitter legen und erkalten lassen. Vor dem Servieren mit Puderzucker überstäuben.

Im August beginnt in Kanada die Beerensaison. Dann sind die Wälder voll von tiefblauen „Blueberries" – Blaubeeren –, die nicht nur hocharomatisch im Geschmack sind, sondern auch sehr vitaminreich und gesund.

KANADA

Gebackener Blaubeerauflauf aus Neufundland

Zutaten für 4 Personen:

Butter für die Form
500 g Blaubeeren
45 g Mehl
2 Eier
115 g Zucker
125 ml Milch
1 TL Vanillemark
1 Prise Salz
2 EL Puderzucker

Zubereitung: ca. 1 Stunde

1. Den Backofen auf 180 Grad vorheizen. Eine ofenfeste Auflaufform mit Butter ausfetten.

2. Die Blaubeeren verlesen, waschen und gut abtropfen lassen. Die Beeren in die Auflaufform geben.

3. Das Mehl in eine Schüssel sieben. 1 Ei trennen. Das andere Ei mit dem Eigelb, dem Zucker, der Milch und dem Vanillemark schaumig schlagen. Mit dem Mehl zu einem glatten Teig verrühren.

4. Das Eiweiß mit dem Salz steif schlagen und unter den Teig heben. Über die Blaubeeren verteilen. Im heißen Ofen 45 Minuten backen.

5. Den Blaubeerauflauf etwas abkühlen lassen und vor dem Servieren mit Puderzucker bestreuen.

Sandwiches sind ein unverzichtbarer Teil der amerikanischen Snack-Kultur. Zu den Klassikern gehört das Käse-Steak-Sandwich, das in Philadelphia stilecht nicht auf einem Teller serviert wird, sondern in Alufolie oder einer Papiertüte.

USA

Philadelphia Käse-Steak-Sandwich mit Zwiebelringen

Zutaten für 4 Personen:

450 g Cheddar-Schmelzkäse, in Scheiben
1/8 l Kondensmilch
1 TL Essig
1/2 TL Senf
Salz
Tabasco
2 Zwiebeln
5 EL Pflanzenöl
600 g Rumpsteak
frisch gemahlener Pfeffer
4 kleine Ciabattabrote

Vorbereitung: ca. 10 Minuten
Zubereitung: ca. 25 Minuten

1. Den Käse klein schneiden und mit Kondensmilch in einen Topf geben. Langsam erhitzen und rühren, bis der Käse geschmolzen ist. Essig und Senf einrühren und mit Salz und Tabasco abschmecken. Sauce warm halten.

2. Die Zwiebeln schälen und in dünne Scheiben schneiden. 2 Esslöffel Öl in einer gusseisernen Pfanne erhitzen und die Zwiebeln darin goldbraun braten. Herausnehmen und beiseitestellen.

3. Fleisch waschen und trockentupfen. Fleisch in dünne Steaks schneiden und etwas flach klopfen. Salzen und pfeffern. Restliches Öl in der Pfanne erhitzen und die Steaks portionsweise bei großer Hitze von beiden Seiten medium braten.

4. Ciabattabrote aufschneiden, aber nicht durchschneiden. Brote aufklappen und die Steaks darauf verteilen. Mit Zwiebeln belegen und die Käsesauce darüberträufeln. Brote zusammenklappen und servieren.

Zu Unrecht wird die amerikanische Küche in Europa nur mit Fastfood in Verbindung gebracht. Die vielen Kulturen und Traditionen der Einwanderer aus allen Teilen der Welt haben eine bunte und abwechslungsreiche Küche hervorgebracht.

USA

Gegrillter Büffel-Burger mit Ketchup und Worcestersauce

Zutaten für 4 Personen:

500 g Büffel-Hackfleisch
1 Knoblauchzehe
1/2 TL Salz
1 EL hausgemachter Ketchup
1 TL Worcestersauce
frisch gemahlener Pfeffer
Öl zum Grillen oder Pfanne

Zubereitung: ca. 15 Minuten
Vorbereitung: ca. 30 Minuten

1. Das Hackfleisch in eine Schüssel geben. Knoblauch schälen und mit dem Salz in einem Mörser musig zermahlen. Mit Ketchup, Worcestersauce und Pfeffer zum Hackfleisch geben und alles zu einem Fleischteig mischen.

2. Aus dem Teig 4 runde Burger formen und abgedeckt im Kühlschrank kalt stellen. Einen Holzkohlengrill erhitzen, Grillrost mit Öl einstreichen. Die Burger auf den Grill legen und auf beiden Seiten knusprig braun grillen.

Washington DC ist eine der wenigen Städte der USA, die nach einem festen Plan gebaut wurde. In der weltoffenen Stadt gibt es eine Vielzahl von Restaurants mit sehr guter und raffinierter Küche für in- und ausländische Feinschmecker.

USA

Hausgemachter Ketchup mit Apfelessig und Knoblauch

Zutaten für 150 ml:

2 Knoblauchzehen
120 ml Ketchup
2 EL Apfelessig
1 TL brauner Zucker
2 TL Worcestersauce
1/4 TL Tabasco

Zubereitung: ca. 10 Minuten
Reifen: ca. 12 Stunden

1. Die Knoblauchzehen schälen und klein hacken. Mit dem Ketchup, dem Apfelessig und dem Zucker in einer Schüssel mischen und mit Worcestersauce und Tabasco abschmecken.

2. Den Ketchup mit Frischhaltefolie abdecken und über Nacht im Kühlschrank durchziehen lassen.

Hummer-Brötchen kann man in Neu-England an fast jeder Straßenecke kaufen. Hier ist der Hummer keine kostspielige Delikatesse, sondern fast schon ein Grundnahrungsmittel. Sogar Hot-Dog-Brötchen werden damit gefüllt.

USA

New England Hummer-Brötchen mit Mayonnaise

Zutaten für 4 Personen:

Vorbereitung: ca. 15 Minuten
Zubereitung: ca. 5 Minuten

5 EL Mayonnaise
1 TL abgeriebene Zitronenschale
1 TL frisch gehackter Dill
Salz
frisch gemahlener Pfeffer
edelsüßes Paprikapulver
2 Stangen Sellerie
500 g gekochtes Hummerfleisch
Butter zum Braten
4 Baguettebrötchen

1. Die Mayonnaise in einer Schüssel glatt rühren und mit Zitronenschale und Dill mischen. Mit Salz, Pfeffer und Paprikapulver pikant abschmecken.

2. Selleriestangen putzen, waschen und in kleine Würfel schneiden. Hummerfleisch klein schneiden und mit der Mayonnaise und dem Sellerie mischen.

3. Baguettebrötchen durchschneiden. Butter in einer Pfanne zerlassen. Die Brötchen aufklappen und mit der Schnittfläche nach unten in die Pfanne legen und goldbraun rösten.

4. Die Hummermayonnaise auf die Brötchen verteilen und mit etwas Paprikapulver bestreuen. Die Brötchen zusammenklappen und sofort servieren.

Das Originalrezept wurde 1964 in der Anchor Bar in Buffalo „erfunden“. Die knusprigen, würzigen Hähnchenflügel machten schnell in ganz Amerika Furore. Jedes Jahr feiert Buffalo am 29. Juli den „Chicken Wing Day“.

USA

Marinierte Hähnchenflügel Buffalo goldbraun frittiert

Zutaten für 6 Personen:

Vorbereitung: ca. 50 Minuten
Zubereitung: ca. 25 Minuten

- 24 Hähnchenflügel
- 2 EL grobes Salz
- 1 EL Zucker
- 2 EL edelsüßes Paprikapulver
- 1 EL Zwiebelpulver
- 1 EL Knoblauchpulver
- 2 TL frisch gemahlener Pfeffer
- 2 TL Cayennepfeffer
- 100 g Butter
- 100 ml Chilisauce
- Öl zum Frittieren

1. Die Hähnchenflügel waschen und in 2 Teile schneiden. Salz, Zucker und 1 Liter kaltes Wasser in einer Schüssel mischen und das Fleisch darin 15 Minuten marinieren lassen.

2. Flügel aus der Marinade nehmen und trockentupfen. Paprika-, Zwiebel- und Knoblauchpulver, Pfeffer und Cayennepfeffer in einer großen Schüssel vermischen. Hähnchenflügel in den Gewürzen wenden, bis sie ganz damit überzogen sind.

3. Butter und Chilisauce in einer Pfanne erhitzen, verrühren und warm halten. Einen Topf oder eine tiefe Pfanne ca. 3 cm hoch mit Öl füllen, das Öl erhitzen. Zuerst die dünneren Flügelteile ca. 10 Minuten frittieren. Herausnehmen und auf Küchenpapier abtropfen lassen. Dann die restlichen Hühnerflügel etwa 12 Minuten frittieren.

4. Hähnchenflügel in die Chilibutter geben und darin wenden. Auf einer Platte anrichten und servieren.

Hot-Dogs verdanken ihren Namen dem Karikaturisten Tad Dorgan. Bei einem Polospiel wurde der Snack als „Dachshund-Würstchen“ angeboten. Dorgan zeichnete daraufhin einen Dackel im Brötchen und erfand das Wort „Hot-Dog“.

USA

Hot-Dog-Würstchen in Teighülle ausgebacken

Zutaten für 6 Personen:

175 g Maismehl
125 g Weizenmehl
2 EL Zucker
1 TL Senfpulver
1 TL Backpulver
1/2 TL Salz
1/8 l Milch
1 Ei
Öl zum Frittieren
6 Hot-Dog-Würstchen
Ketchup und Senf zum Servieren

Außerdem:
6 Bambusstäbchen

Vorbereitung: ca. 15 Minuten
Zubereitung: ca. 5 Minuten

1. Die beiden Mehlsorten in einer Schüssel mit dem Zucker, Senf, Backpulver und Salz mischen. Mit Milch, Ei und 1 Esslöffel Öl zu einem glatten Teig rühren.

2. Einen tiefe Pfanne ca. 3 cm hoch mit Öl füllen, das Öl erhitzen. Die Hot Dogs trockentupfen und mit einer Gabel durch den Teig ziehen. Teig etwas abtropfen lassen und die Würstchen im heißen Öl ca. 3 Minuten goldbraun frittieren.

3. Die Hot-Dog-Würstchen herausnehmen und auf Küchenpapier abtropfen lassen. Noch heiß auf Bambusstäbchen stecken und mit Ketchup und Senf servieren.

Nicht nur in den USA sind gebackene Bohnen ein beliebtes Gericht. Bekannt geworden ist es vor allem durch die Stadt Boston, die auch den Spitznamen „Beantown" hat. Hier serviert man die Bohnen traditionell zu Kabeljau.

USA

Gebackene Bohnen auf Boston-Art mit Räucherspeck

Zutaten für 6 Personen:

500 g getrocknete weiße Bohnen
250 g geräucherter Speck
1 Zwiebel
120 g Rübenkraut
50 g brauner Zucker
50 ml Ketchup
1 EL Senf
Salz
frisch gemahlener Pfeffer
1 Msp. Nelkenpulver

Einweichen: über Nacht
Zubereitung: ca. 4 Stunden

1. Die Bohnen über Nacht in kaltem Wasser einweichen.

2. Bohnen abtropfen lassen und in einem Topf mit frischem Wasser bedecken. Aufkochen und die Bohnen bei kleiner Hitze 45 Minuten garen. Bohnen in ein Sieb abgießen und abtropfen lassen, Kochwasser auffangen.

3. Backofen auf 125 Grad vorheizen. Speck in kleine Würfel schneiden. Zwiebel schälen und klein würfeln. Das Öl in einem Schmortopf erhitzen und den Speck darin knusprig braten. Zwiebeln zufügen und glasig andünsten.

4. Bohnen und 1 Liter Kochflüssigkeit dazugeben. Rübenkraut, Zucker, Ketchup und Senf einrühren und mit Salz, Pfeffer und Nelkenpulver würzen. Aufkochen, zudecken und im heißen Ofen 3 Stunden backen. Sollten die Bohnen zu trocken werden, noch etwas Kochflüssigkeit zufügen. Die Bohnen im Schmortopf servieren.

Aus den amerikanischen Südstaaten stammt dieses Gericht. Es ist typisch für die rustikale und einfache Cajun-Küche der französischstämmigen Einwanderer im US-Bundesstaat Louisiana, die vor allem regionale Zutaten verwenden.

USA

Gefüllte Paprikaschoten mit Krebsfleisch und Reis

Zutaten für 6 Personen:

1 Zwiebel
4 Stangen Sellerie
1 kleine grüne Chilischote
6 grüne Paprikaschoten
Salz
6 EL Butter
200 g Reis
3/4 l Hühnerbrühe
4 Lorbeerblätter
250 g Hähnchenlebern
450 g Krebsfleisch, gegart, ausgelöst
2 Frühlingszwiebeln
Salz
frisch gemahlener Pfeffer
1 TL Tabascosauce

Vorbereitung: ca. 30 Minuten
Backen: ca. 20 Minuten

1. Zwiebel schälen, Sellerie putzen und beides klein würfeln. Chilischote längs halbieren, entkernen und klein hacken. Paprikaschoten waschen, einen Deckel abschneiden und die Kerne entfernen. Paprikaschoten und Deckel 2 Minuten in Salzwasser kochen und in Eiswasser abschrecken. Abtropfen lassen.

2. 4 Esslöffel Butter in einem Topf erhitzen und Zwiebel, Sellerie und Chilischote darin dünsten. Den Reis zufügen und glasig dünsten. Hühnerbrühe angießen und aufkochen. Lorbeerblätter zufügen, Topf zudecken und 15 Minuten bei kleiner Hitze köcheln lassen.

3. Lebern waschen, trockentupfen und klein hacken. Krebsfleisch klein schneiden. Frühlingszwiebeln putzen und klein hacken. Restliche Butter in einer Pfanne zerlassen und Zwiebeln und Lebern darin andünsten. Krebsfleisch zufügen, verrühren und alles zum Reis geben. Mit Salz, Pfeffer und Tabascosauce abschmecken, Lorbeerblätter entfernen.

4. Backofen auf 160 Grad vorheizen. Paprikaschoten mit Reismischung füllen und die Deckel aufsetzen. Schoten in eine ofenfeste Form setzen, 1 Tasse Wasser angießen und ca. 20 Minuten im Ofen garen.

Eisbergsalat stammt ursprünglich aus dem sonnigen Kalifornien. Er wurde im 19. Jahrhundert erstmals gezüchtet. Heute steht der knackige Salat mit den hellgrünen, an den Rändern gekräuselten Blättern bei Fitness-Bewussten hoch im Kurs.

USA

Blattsalate mit Buttermilch-Dressing und Hähnchenfleisch

Zutaten für 6 Personen:

1/2 Eisbergsalat
1/2 Lollo Rosso
1/2 Bund Brunnenkresse
3 Tomaten
100 g Blauschimmelkäse
6 Scheiben gekochter Schinken
2 Stangen Lauch
2 hart gekochte Eier
300 g gekochte Hühnchenbrust
1 große Avocado
1 Schalotte
1 Knoblauchzehe
150 ml Buttermilch
4 EL Mayonnaise
Salz
frisch geriebener Pfeffer
2 EL Schnittlauchröllchen
2 EL fein gehackte Petersilie

Zubereitung: ca. 30 Minuten

1. Die Salate putzen, waschen, trockenschleudern und die Blätter in mundgerechte Stücke zupfen. Brunnenkresse fein hacken. Tomaten waschen und in Scheiben schneiden. Alles in eine große Schüssel geben.

2. Blauschimmelkäse zerkrümeln. Schinken klein würfeln. Lauch putzen, waschen und in feine Streifen schneiden. Eier schälen und klein hacken. Hühnchenfleisch würfeln. Avocado schälen, längs halbieren und den Stein entfernen. Fruchtfleisch in Scheiben schneiden. Alles zum Salat in die Schüssel geben.

3. Schalotte und Knoblauch schälen und klein hacken. Mit Buttermilch und Mayonnaise in einer Schüssel verrühren. Mit Salz und Pfeffer abschmecken und die Hälfte der Kräuter unterrühren. Sauce über den Salat gießen und gut untermischen.

4. Den Salat in Servierschalen verteilen und mit den restlichen Kräutern bestreuen.

Michigan liegt im nördlichen Mittelwesten der USA an der Grenze zu Kanada. Neben den typischen amerikanischen Küchen-Klassikern schätzt man hier auch Gemüse in vielerlei Variationen und Beilagen wie Ofenkartoffeln.

USA

Brokkoli-Soufflé mit Pilz-Käse-Sauce aus Michigan

Zutaten für 4 Personen:

1 kleine Zwiebel
150 g gekochter Brokkoli
6 EL Butter
5 EL Mehl
1/2 l heiße Milch
Salz
frisch gemahlener Pfeffer
1 EL Zitronensaft
Mehl für die Form
4 Eier
100 g gemischte Pilze, z.B. Champignon, Pfifferlinge, Austernpilze, Steinpilze
60 g geriebener Cheddar

Zubereitung: ca. 25 Minuten
Garen: ca. 45 Minuten

1. Die Zwiebel schälen und klein würfeln. Brokkoli fein hacken. 3 Esslöffel Butter in einem Topf zerlassen und die Zwiebel darin glasig dünsten. 3 Esslöffel Mehl darüberstäuben und hellgelb anschwitzen. Die Hälfte der Milch zufügen und dicklich kochen. Brokkoli zufügen und mit Salz, Pfeffer und Zitronensaft würzen.

2. Backofen auf 160 Grad vorheizen. Eine Soufflé-form mit 1 Esslöffel Butter ausstreichen und mit Mehl ausstäuben. Eier trennen. Eigelb schaumig rühren, Eiweiß halbsteif schlagen. Eigelb in die Soufflémasse rühren und Eiweiß unterheben. Die Masse in die Soufléform geben und in ein Wasserbad stellen. Im heißen Ofen ca. 45 Minuten garen. Während dieser Zeit die Backofentür nicht öffnen.

3. Pilze putzen und in dünne Scheiben schneiden. Die restliche Butter in einer Pfanne zerlassen und mit dem restlichen Mehl eine Mehlschwitze anrühren. Die übrige Milch unterrühren, Sauce dicklich einkochen. Pilze und Käse zufügen und den Käse unter Rühren in der Sauce schmelzen. Mit Salz und Pfeffer abschmecken und zum Soufflé servieren.

Der Bundesstaat Oklahoma liegt im zentralen Süden der USA. Der Hauptwirtschaftszweig ist die Landwirtschaft, vor allem der Anbau von Getreide und Baumwolle. Auch die Küche ist bäuerlich geprägt, wie dieser Salat zeigt.

USA

Bäuerlicher Kartoffelsalat Oklahoma mit harten Eiern

Zutaten für 4 Personen:

- 500 g festkochende Kartoffeln
- Salz
- 1 kleine Zwiebel
- 1/2 Salatgurke
- 2 hart gekochte Eier
- 200 g saure Sahne
- 4 EL Mayonnaise
- 3 EL Weißweinessig
- 1 TL Senf
- frisch gemahlener Pfeffer
- 1 TL Selleriesamen
- 2 EL fein gehackte Petersilie

Zubereitung: ca. 45 Minuten
Kühlen: ca. 1 Stunde

1. Die Kartoffeln waschen und in der Schale in Salzwasser weichkochen. Abgießen und ausdampfen lassen. Kartoffeln schälen und in Scheiben schneiden. Zwiebel und Gurke schälen, Zwiebel klein würfeln, Gurke in Scheiben schneiden. Alles in einer Schüssel mischen.

2. Eier schälen. Eiweiß klein hacken, Eigelb mit einer Gabel in einer Schüssel zerdrücken. Mit saurer Sahne, Mayonnaise, Weißweinessig und Senf verrühren. Salzen und pfeffern und Selleriesamen zufügen. Eiweiß und Sauce zum Gemüse geben und mischen. Zugedeckt im Kühlschrank mindestens 1 Stunde ziehen lassen.

3. Den Salat vor dem Servieren gut durchmischen und nochmals mit Salz und Pfeffer abschmecken. In Servierschalen verteilen und mit Petersilie bestreut auftragen.

Der leicht birnenförmige Butternusskürbis hat einen besonders hohen Anteil an Fruchtfleisch, das eine butterweiche Konsistenz und ein feines, nussiges Aroma hat. Er eignet sich besonders gut für Suppen und zum Backen von Kuchen.

USA

Butternusskürbis-Suppe mit Ingwer und Orangensaft

Zutaten für 6 Personen:

1 Butternusskürbis, ca. 1 kg
1 Süßkartoffel
1 Gemüsezwiebel
1 kleines Stück Ingwer
1,5 l Hühnerbrühe
1 reife Birne
120 ml Madeira
100 g süße Sahne
2 EL Orangensaft
Salz
1 TL Chilisauce

Zubereitung: ca. 50 Minuten

1. Den Kürbis schälen, halbieren, Kerne entfernen und Fruchtfleisch würfeln. Die Süßkartoffel schälen und in kleine Würfel schneiden. Zwiebel und Ingwer schälen und klein würfeln. Alles in einen Topf geben, die Hühnerbrühe angießen und zum Kochen bringen. Bei kleiner Hitze ca. 20 Minuten köcheln lassen.

2. Inzwischen die Birne schälen, vierteln und entkernen. Das Fruchtfleisch klein würfeln und in einem Topf mit dem Madeira 10 Minuten bei kleiner Hitze köcheln lassen. Vom Herd nehmen und warm halten.

3. Die Suppe mit dem Stabmixer pürieren. Sahne und Orangensaft in die Suppe rühren und bis zum Siedepunkt erhitzen. Mit Salz und Chilisauce abschmecken. Die Kürbissuppe in Suppenteller verteilen und die Birnen daruntergeben.

Montana, der „bergige Staat“, liegt im Nordwesten der USA. Im Westen des Bundesstaats liegt der Glacier Nationalpark mit seinen mächtigen Gletschern und Bergen. Die Küche ist dem Klima entsprechend deftig und nahrhaft.

USA

Überbackener Bohnen-Wurst-Eintopf mit Paprika

Zutaten für 6 Personen:

500 g getrocknete Limabohnen
1 Knoblauchzehe
Salz
4 Zwiebeln
1 grüne Paprikaschote
2 EL Öl
500 g Bratwurst
1 Dose Tomatensuppe (400 ml)
1/8 l Weißwein
Salz
1 EL brauner Zucker
frisch gemahlener Pfeffer
1/2 TL getrockneter Thymian
1 TL Senf
Öl für die Form
60 g geriebener Cheddar

Vorbereitung: ca. 75 Minuten
Zubereitung: ca. 90 Minuten

1. Die Bohnen in einem Sieb abbrausen und abtropfen lassen. In einen Topf geben, mit Wasser bedecken, aufkochen und 3 Minuten sprudelnd kochen lassen. Vom Herd nehmen und zugedeckt 1 Stunde quellen lassen.

2. Bohnen erneut mit Wasser bedecken. Knoblauch schälen und mit 1 Teelöffel Salz zu den Bohnen geben. Aufkochen und bei kleiner Hitze in ca. 1 Stunde weich kochen. Bohnen abgießen, Knoblauch entfernen.

3. Zwiebeln schälen und in Ringe schneiden. Paprikaschote putzen, entkernen und klein würfeln. Öl in eine Pfanne erhitzen und die Bratwürste darin knusprig braun braten. Würste herausnehmen und auf Küchenpapier abtropfen lassen.

4. Zwiebeln und Paprika in die Pfanne geben und andünsten. Bohnen, Tomatensuppe und Weißwein zufügen. Aufkochen und mit Salz, Zucker, Pfeffer, Thymian und Senf würzen. Backofengrill auf 220 Grad vorheizen.

5. Eine ofenfeste Form mit Öl ausstreichen und die Würste hineinlegen. Bohnen einfüllen und mit Käse bestreuen. 10 Minuten unter dem Grill überbacken.

„Jambalaya" heißt diese Reispfanne aus der Cajun-Küche im Original. Der Name leitet sich wahrscheinlich vom französischen Wort „jambon" (deutsch: Schinken) ab, der manchmal anstelle von Würstchen in die Pfanne kommt.

USA

Südstaaten-Reispfanne mit Garnelen und Hähnchenbrust

Zutaten für 4 Personen:

2 Zwiebeln
6 Stangen Sellerie
1 grüne Paprikaschote
200 g Garnelenschwänze, roh, geschält
250 g Hähnchenbrust
200 g Andouille (Wurst aus Innereien)
2 EL Butter
3/4 l Hühnerbrühe
400 g Tomatenwürfel
Salz
frisch gemahlener Pfeffer
1 TL Tabascosauce
300 g Reis
1 Lorbeerblatt

Zubereitung: ca. 1 Stunde

1. Die Zwiebeln schälen, Sellerie putzen und beides klein würfeln. Paprikaschote putzen, entkernen und in feine Streifen schneiden. Die Garnelen waschen und trockentupfen. Mit einem Messer am Rücken entlang einschneiden und den Darm entfernen.

2. Hähnchenbrust waschen, trockentupfen und in Würfel schneiden. Wurst in Scheiben schneiden. Butter in einer großen Pfanne zerlassen und Zwiebeln, Sellerie und Paprika darin andünsten. Garnelen, Fleisch und Wurst zufügen und 5 Minuten unter Rühren schmoren.

3. Mit Hühnerbrühe ablöschen und die Tomaten zufügen. Aufkochen und mit Salz, Pfeffer und Tabasco würzen. Reis und Lorbeerblatt zufügen, zudecken und ca. 20 Minuten bei kleiner Hitze garen. Vor dem Servieren das Lorbeerblatt entfernen, den Reis mit einer Gabel etwas auflockern und in der Pfanne servieren.

Delaware liegt an der Ostküste der Vereinigten Staaten und ist der zweitkleinste Staat der USA. Entlang der über 600 Kilometer langen Küste gehören frischer Fisch und Meeresfrüchte zu den Grundpfeilern der lokalen Küche.

USA

Fischsuppe Delaware mit Tomatenwürfeln und Safran

Zutaten für 4 Personen:

1 Zwiebel
3 Knoblauchzehen
2 EL Öl
400 g gewürfelte Tomaten
2 EL Tomatenmark
3/4 l Fischbrühe
2 Lorbeerblätter
1 EL frische Thymianblätter
1 g Safranfäden
500 g Fischfilet
Salz
frisch gemahlener Pfeffer
1 EL Balsamico-Essig
1 EL roter Pfeffer
8 Baguettescheiben
100 g Aioli (Fertigprodukt)

Zubereitung: ca. 45 Minuten

1. Zwiebel und Knoblauch schälen und klein würfeln. Öl in einem großen Topf erhitzen, Zwiebel und Knoblauch darin glasig dünsten. Tomaten und Tomatenmark zufügen und die Fischbrühe angießen. Aufkochen und mit Lorbeer, Thymian und Safran würzen. 15 Minuten bei kleiner Hitze köcheln lassen.

2. Den Fisch waschen, trockentupfen und in 2 cm große Würfel schneiden. Die Suppe mit Salz, Pfeffer und Balsamico-Essig abschmecken und die Fischwürfel zufügen. 5 Minuten bei kleiner Hitze gar ziehen lassen.

3. Roten Pfeffer im Mörser grob zerstoßen. Die Baguettescheiben rösten. Aioli in eine Servierschale geben. Lorbeerblatt entfernen und die Suppe in vorgewärmte Suppenschalen verteilen. Mit dem roten Pfeffer bestreuen und mit Baguette und Aioli servieren.

Monterey Jack ist ein halbweicher, relativ milder Käse, der ursprünglich im Bundesstaat Oregon hergestellt wurde und heute in ganz Amerika beliebt für Sandwiches, Salate und Suppen ist. Man kann ihn durch Butterkäse ersetzen.

USA

Käsesuppe Tucson mit Chili und Tomatenwürfeln

Zutaten für 4 Personen:

1 Zwiebel
2 EL Olivenöl
1 EL Mehl
400 g gewürfelte Tomaten mit Saft
2 TL Chilipulver
1 TL getrockneter Oregano
1,25 l Fleischbrühe
200 g geriebener Monterey Jack, ersatzweise Cheddar
Salz
1 TL edelsüßes Paprikapulver

Zubereitung: ca. 45 Minuten

1. Die Zwiebel schälen und klein würfeln. Das Öl in einem Schmortopf erhitzen und die Zwiebel darin glasig dünsten.

2. Das Mehl darüberstäuben und unter Rühren hellgelb anschwitzen. Die Tomaten samt Saft zufügen und mit Chilipulver und Oregano würzen. 5 Minuten bei kleiner Hitze dünsten.

3. Die Fleischbrühe angießen, aufkochen und bei kleiner Hitze 15 Minuten köcheln lassen. Den Käse unter Rühren zufügen und in der Suppe schmelzen. Nicht mehr kochen. Die Suppe mit Salz abschmecken und in tiefe Teller verteilen. Mit Paprikapulver überstäuben und servieren.

Botanisch gesehen ist Wildreis kein Reis, sondern ein Wassergras. Er wächst in Michigan, Minnesota, Wisconsin und im Mississipi-Delta und war ein Grundnahrungsmittel der indianischen Ureinwohner, die ihn vom Kanu aus ernteten.

USA

Wildreis-Putenfleisch-Eintopf mit Gemüse

Zutaten für 4 Personen:

200 g Wildreis
Salz
1 Zwiebel
2 Möhren
1 große Kartoffel
2 Stangen Sellerie
3 EL Butter
je 1 TL fein gehackte Thymianblättchen und Rosmarinnadeln
1,75 l Hühnerbrühe
250 g gekochtes Putenfleisch
frisch gemahlener Pfeffer

Zubereitung: ca. 75 Minuten

1. Wildreis in einen Topf geben, mit 1 Liter Wasser bedecken, leicht salzen und 10 Minuten sprudelnd kochen. Dann in ein Sieb abgießen und abtropfen lassen.

2. Zwiebel, Möhren und Kartoffel schälen und klein würfeln. Sellerie putzen und in feine Streifen schneiden. 2 Esslöffel Butter in einem Topf zerlassen und das Gemüse mit den Kräutern darin ca. 10 Minuten unter Rühren dünsten.

3. Die Hühnerbrühe angießen, aufkochen und den Wildreis zufügen. Bei kleiner Hitze ca. 30 Minuten köcheln lassen, bis der Reis bissfest ist.

4. Das Putenfleisch in Würfel schneiden, unter die Suppe rühren und darin erwärmen. Die Suppe mit Salz und Pfeffer abschmecken und heiß servieren.

Die Restaurants entlang der Küste von Rhode Island sind landesweit berühmt für ihre hervorragenden Meeresfrüchte-Gerichte. Besonders beliebt sind deftige Suppen und Eintöpfe mit Steamers, wie man die Muscheln hier auch nennt.

USA

Muschelsuppe Rhode Island mit Milch und Speck

Zutaten für 4 Personen:

100 g geräucherter Speck
1 Zwiebel
1 EL Butter
400 ml Fischbrühe
250 g Venusmuscheln
2 Kartoffeln
4 Salzkräcker
200 ml Milch
150 g süße Sahne
Salz
frisch gemahlener Pfeffer
200 g gewürfelte Tomaten
1 TL fein gehackter Oregano

Zubereitung: ca. 1 Stunde

1. Den Speck in kleine Würfel schneiden. Zwiebel schälen und klein würfeln. Butter in einem Topf zerlassen, Speck und Zwiebel darin glasig dünsten. Die Fischbrühe angießen, aufkochen und 5 Minuten bei kleiner Hitze köcheln lassen.

2. Die Muscheln waschen und tropfnass in einen Topf geben. Zugedeckt und unter mehrmaligem Rütteln garen, bis sich die Muscheln öffnen. Muschelfleisch aus den Schalen lösen und klein hacken. Geschlossene Muscheln wegwerfen.

3. Die Kartoffeln waschen, schälen und klein würfeln. Zur Suppe geben und in ca. 10 Minuten weich kochen.

4. Die Salzkräcker zerkrümeln und in die Milch rühren. Milch und Sahne in die Suppe rühren und bis zum Siedepunkt erhitzen. Die Suppe mit Salz und Pfeffer abschmecken.

5. Tomatenwürfel, Oregano und Muschelfleisch in die Suppe geben und 2 Minuten köcheln lassen. Suppe in tiefe Teller verteilen und servieren.

In den Staaten entlang der Atlantikküste wird traditionell an Weihnachten oder Thanksgiving ein Austern Stew serviert. Traditionell werden dafür ganz frische Austern mit ihrem Saft in Milch und Sahne gedünstet und sanft gewürzt.

USA

Gebratene Austern in Sahne mit Worcestersauce

Zutaten für 4 Personen:

Vorbereitung: ca. 30 Minuten
Zubereitung: ca. 20 Minuten

32 frische Austern
1 l süße Sahne
120 ml Fischfond
100 g Butter
1 EL Worcestersauce
Salz
frisch gemahlener Pfeffer
Paprikapulver

1. Die Austern waschen und mit einem Messer den Schließmuskel durchtrennen. Die Schalen öffnen und das Fleisch auslösen, dabei die Muschelflüssigkeit auffangen.

2. Sahne, Fischfond und Muschelflüssigkeit in einem Topf verrühren und bis zum Siedepunkt erhitzen. Abdecken und warm halten.

3. Die Butter in einer großen Pfanne zerlassen und die Austern darin 5 Minuten bei kleiner Hitze unter Rühren braten. Alles zur Sahnemischung geben und mit Worcestersauce, Salz, Pfeffer und Paprikapulver abschmecken. In Suppenschalen verteilen und servieren.

Zu Unrecht wird die amerikanische Küche in Europa nur mit Fastfood in Verbindung gebracht. Die vielen Kulturen und Traditionen der Einwanderer aus allen Teilen der Welt haben eine bunte und abwechslungsreiche Küche hervorgebracht.

USA

Meeresfrüchte-Chili mit Kidneybohnen und Tomaten

Zutaten für 4 Personen:

- 100 g Bauchspeck
- 2 Zwiebeln
- 3 Knoblauchzehen
- 200 g milde, eingelegte Chilischoten (Glas)
- 2 EL Olivenöl
- 600 g gewürfelte Tomaten
- Salz
- 2 TL Chilipulver
- 1 TL Tabascosauce
- 1/2 TL gemahlener Kreuzkümmel
- 1/2 TL getrockneter Oregano
- 300 ml Rotwein
- 200 g Heilbuttfilet
- 200 g Tintenfischtuben
- 200 g Garnelen, roh, geschält
- 400 g Kidneybohnen (Dose)
- saure Sahne zum Garnieren

Zubereitung: ca. 75 Minuten

1. Den Speck in kleine Würfel schneiden. Zwiebeln und Knoblauch schälen und klein würfeln. Chilischoten abtropfen lassen und klein hacken.

2. 1 Esslöffel Öl in einem Schmortopf erhitzen und die Speckwürfel darin knusprig braten. Herausnehmen und auf Küchenpapier abtropfen lassen. Zwiebeln und Knoblauch in dem Topf glasig dünsten.

3. Chilischoten und Tomaten zufügen und mit Salz, Chili, Tabasco, Kreuzkümmel und Oregano würzen. Wein angießen, aufkochen und ca. 30 Minuten bei kleiner Hitze unter mehrmaligen Rühren köcheln lassen.

4. Fisch, Tintenfisch und Garnelen waschen, trockentupfen und in Stücke schneiden. Mit dem Speck zum Chili geben und ca. 7 Minuten darin garen.

5. Inzwischen die Kidneybohnen in einem Sieb abbrausen und abtropfen lassen. Restliches Olivenöl in einer Pfanne erhitzen und die Bohnen darin 3 Minuten schmoren lassen. Zum Servieren das Chili auf Teller verteilen. Bohnen dazu anrichten und mit 1 Esslöffel saurer Sahne garnieren.

Die amerikanische Südstaaten-Küche basiert auf der Cajun- und der kreolischen Küche. Ihre Grundzutaten sind zwar ähnlich, doch die kreolische Art zu kochen ist feiner und raffinierter als die der bodenständigen Cajun-Küche.

USA

Garnelen auf kreolische Art mit Paprikaschoten und Tomaten

Zutaten für 4 Personen:

4 Zwiebeln
2 grüne Paprikaschoten
100 g Butter
800 g gewürfelte Tomaten
1 l Hühnerbrühe
2 EL Worcestersauce
frisch gemahlener Pfeffer
1 EL fein gehackte italienische Kräuter
300 g Langkornreis
Salz
20 Garnelen, roh, geschält
1/8 l Sherry
2 EL Chilisauce

Zubereitung: ca. 45 Minuten

1. Die Zwiebeln schälen und klein würfeln. Paprikaschoten putzen, entkernen und in Würfel schneiden. Butter in einer Pfanne zerlassen, Zwiebeln und Paprika darin unter Rühren 5 Minuten dünsten.

2. Tomaten zufügen und die Brühe angießen. Aufkochen und mit 2 Esslöffeln Worcestersauce, Pfeffer und Kräutern würzen. 15 Minuten bei kleiner Hitze köcheln lassen. Den Reis in einem zweiten Topf in Salzwasser bissfest kochen.

3. Die Garnelen waschen und trockentupfen. Mit einem Messer am Rücken entlang einschneiden und den Darm entfernen.

4. Sherry und Chilisauce in die Tomatensauce rühren und bis zum Siedepunkt erhitzen. Garnelen zufügen und 5 Minuten bei kleiner Hitze darin köcheln lassen. Garnelen mit Sauce in Servierschalen verteilen und mit dem Reis servieren.

Meeresfrüchte sind die Spezialität des Bundesstaates Florida. Nur hier gibt es frische Steinkrebse, stone crabs, die ein feines Fleisch mit einem zarten süßlichen Geschmack haben. Sie sind das Aushängeschild der „Floribean Cuisine".

USA

Gekochte Steinkrebse Florida mit pikanter Sauce

Zutaten für 4 Personen:

120 g Mayonnaise
1 EL Dijonsenf
1 TL Worcestersauce
1 TL Ketchup
1/2 TL Zucker
1/4 TL Currypulver
Salz
frisch gemahlener Pfeffer
12 gekochte Steinkrebsscheren

Zubereitung: ca. 20 Minuten

1. Die Mayonnaise mit Senf, Worcestersauce, Ketchup, Zucker und Currypulver in einer Schüssel vermischen und mit Salz und Pfeffer pikant abschmecken.

2. Die Krebsscheren 15 Minuten vor dem Servieren aus dem Kühlschrank nehmen. Scheren in ein Küchenhandtuch legen und mit einem Hammer die Schale aufschlagen.

3. Jeweils 3 Krebsscheren auf einen Teller legen und mit der pikanten Sauce servieren.

Flusskrebs ist Louisianas wertvollstes Fischprodukt und eine wichtige Zutat der Cajun-Küche, die auf der ländlichen französischen Küche basiert. Dieser Eintopf mit der klassischen Roux ist die perfekte Verbindung beider Küchen.

USA

Cajun-Flusskrebs-Eintopf mit Paprika und Sellerie

Zutaten für 4 Personen:

je 1 rote und grüne Paprikaschote
2 Stangen Sellerie
2 Zwiebeln
2 Knoblauchzehen
1 frische rote Chilischote
4 EL Butter
Salz
frisch gemahlener Pfeffer
1 TL Cajun-Gewürz
2 Lorbeerblätter
3/4 l Fischbrühe
24 gekochte Flusskrebsschwänze
2 EL Mehl
1 EL Tomatenmark

Zubereitung: ca. 1 Stunde

1. Paprikaschoten putzen und entkernen, Sellerie putzen. Alles in kleine Würfel schneiden. Zwiebeln und Knoblauch schälen und klein würfeln. Chilischote längs halbieren, entkernen und klein hacken.

2. In einem Topf 2 Esslöffel Butter zerlassen. Zwiebeln, Knoblauch und Chili darin glasig dünsten. Paprika und Sellerie zufügen und andünsten. Mit Salz, Pfeffer, Cajun-Gewürz und Lorbeerblättern würzen. Fischbrühe angießen, aufkochen und bei kleiner Hitze 30 Minuten köcheln lassen.

3. Inzwischen die Flusskrebsschwänze aus den Schalen lösen und in mundgerechte Stücke schneiden. Restliche Butter in einem Topf zerlassen und das Mehl darin unter Rühren goldbraun anschwitzen. Tomatenmark zufügen und anrösten. Mit 1 Suppenkelle Fischbrühe ablöschen und glatt rühren. Unter Rühren zum Eintopf geben und dicklich einkochen.

4. Das Flusskrebsfleisch in den Eintopf geben und 4 Minuten bei kleiner Hitze darin erwärmen. Lorbeerblätter entfernen, den Eintopf in Servierschalen verteilen und auftragen.

Texas ist kulinarisch eher für seine Barbecues mit großen Rindersteaks und Burgern bekannt. Doch auch Fischliebhaber kommen in diesem Bundesstaat voll auf ihre Kosten, wie dieses raffinierte Rezept aus Dallas beweist.

USA

Texanischer Schwertfisch mit Austern und Artischocken

Zutaten für 4 Personen:

125 g Artischockenherzen (Dose)
250 g Spinat
20 Austern
4 rote Paprikaschoten
2 TL Chilipaste
Salz
4 Schwertfischsteaks à 200 g
je 1 TL schwarze und weiße Pfefferkörner
1 TL roter Pfeffer
1 EL edelsüßes Paprikapulver
1 TL getrockneter Thymian
100 g Butter
1/2 l Weißwein

Zubereitung: ca. 75 Minuten

1. Artischocken abtropfen lassen und vierteln. Spinat putzen, waschen und abtropfen lassen. Blätter grob hacken. Austern öffnen, Fleisch auslösen und die Muschelflüssigkeit in einer Schüssel auffangen. Paprikaschoten putzen, entkernen, würfeln und im Mixer mit der Chilipaste und 1 Teelöffel Salz pürieren.

2. Backofen auf 175 Grad vorheizen. Fischsteaks waschen und trockentupfen. Pfefferkörner in einem Mörser grob zerstoßen. Mit 1 Teelöffel Salz, Paprikapulver und Thymian vermischen. Steaks auf beiden Seiten mit der Gewürzmischung bestreuen. 6 Esslöffel Butter in einer Pfanne zerlassen und die Fischsteaks darin auf jeder Seite 1 Minute braten. Dann auf ein Backblech legen und mit der Butter aus der Pfanne beträufeln. Im heißen Ofen 15 Minuten garen.

3. Wein in die Pfanne gießen und auf ein Viertel einkochen lassen. In eine Tasse abgießen. Restliche Butter in der Pfanne erhitzen und die Artischocken darin andünsten. Austern und -flüssigkeit zufügen. Wein angießen, aufkochen und Spinat dazugeben. Zudecken und den Spinat zusammenfallen lassen. Gemüse und Austern au[f] Teller verteilen und je 1 Fischsteak darauf anrichten. Auf jedes Steak etwas von dem Paprikapüree geben.

Die kalifornische Küche ist für ihre Vorliebe für leicht bekömmliche, gesunde und frisch zubereitete Gerichte bekannt. Frischer Fisch und aromatische Kräuter sind ein unverzichtbarer Bestandteil der Fitness-Küche am Pazifik.

USA

Kabeljau in Kräuteröl mit Oliven aus dem Backofen

Zutaten für 4 Personen:

1 Bund Petersilie
1 Bund gemischte Kräuter (Majoran, Oregano, Thymian)
4 Kabeljaufilets à 200 g
Salz
frisch gemahlener Pfeffer
8 Knoblauchzehen
1/2 l Olivenöl
100 g schwarze Oliven, entsteint
2 Zitronen, geviertelt

Vorbereitung: ca. 25 Minuten
Garen: ca. 75 Minuten

1. Den Backofen auf 110 Grad vorheizen. Kräuter waschen, trockenschütteln und die Hälfte davon in einer großen, ofenfesten Form verteilen. Die Fischfilets waschen, trockentupfen und mit Salz und Pfeffer bestreuen. Nebeneinander auf die Kräuter in die Form legen.

2. Den Knoblauch schälen, halbieren und über dem Fisch verteilen. Mit Olivenöl begießen, bis alles gut bedeckt ist. 1 Stunde im heißen Ofen garen. Dann aus dem Ofen nehmen und 10 Minuten ruhen lassen.

3. Die restlichen Kräuterblätter von den Stängeln zupfen und fein hacken. Oliven in Ringe schneiden und auf 4 Teller verteilen. Fischfilets aus der Form nehmen, abtropfen lassen und auf den Oliven mit dem Knoblauch anrichten. Mit Kräutern bestreuen und mit den Zitronenvierteln garnieren.

Oregon, das Land der unberührten Natur, ist eines der letzten bisher noch nicht überlaufenen Anglerparadiese. Neben Forellen kann man hier in den klaren Bächen und Flüssen auch Schwarzbarsche, Welse und Lachse fangen.

USA

Frittierte frische Oregon-Forellen mit Tatarsauce

Zutaten für 4 Personen:

Für die Tatarsauce:
2 Frühlingszwiebeln
1 kleine rote Chilischote
1 hart gekochtes Ei
1 EL Kapern
175 g Mayonnaise
1 TL Zitronensaft
Salz
frisch gemahlener Pfeffer
1 EL fein gehackte Petersilie
1 TL fein gehackter Dill
4 Forellen, küchenfertig
1 Ei
1/4 l Buttermilch
60 g Mehl
Salz
frisch gemahlener Pfeffer
150 g Maismehl
Erdnussöl zum Frittieren
1 Bund krause Petersilie

Zubereitung: ca. 1 Stunde

1. Für die Sauce die Frühlingszwiebeln putzen und fein hacken. Chilischote längs halbieren, entkernen und klein würfeln. Das Ei schälen, die Kapern abtropfen lassen und beides hacken. Mayonnaise mit Zitronensaft glatt rühren, salzen und pfeffern. Gehackte Kräuter, Ei, Kapern, Frühlingszwiebeln und Chilischote zufügen und verrühren. Backofen auf 100 Grad vorheizen.

2. Die Fische waschen und trockentupfen. Ei und Buttermilch in einem tiefen Teller verquirlen. Mehl mit Salz und Pfeffer vermischen und auf einen flachen Teller streuen. Maismehl auf einen zweiten flachen Teller streuen. Die Fische zuerst in Mehl, dann in der Ei-Buttermilch und zuletzt in Maismehl wenden.

3. Eine tiefe große Pfanne ca. 3 cm hoch mit Öl füllen Das Öl nicht zu stark erhitzen und die Fische darin portionsweise auf jeder Seite ca. 5 Minuten goldbraun frittieren. Herausnehmen und auf Küchenpapier abtropfen lassen. Im Ofen warm stellen.

4. Die Petersilie waschen, trockenschleudern und die dicken Stängel abschneiden. Petersilie im heißen Öl 1–2 Minuten frittieren. Auf Küchenpapier abtropfen lassen. Die Forellen auf vorgewärmten Tellern mit der Petersilie und der Tatarsauce anrichten.

Die USA werden oft als „Melting Pot“, als Schmelztiegel bezeichnet. Dieses Rezept ist ein köstliches Beispiel dafür, wie sich Zutaten aus der europäischen Küche wie Crème fraîche mit lokalen Produkten wie dem Stör kulinarisch verbinden.

USA

Gedünstete Störfilets mit Pilzen in Madeira-Creme-Sauce

Zutaten für 4 Personen:

4 Störfilets à 200 g
1 Stange Lauch
1/4 l Weißwein
400 ml Fischfond
3 Zweige Thymian
3 Zweige Petersilie
350 g frische Pilze (Pfifferlinge Shiitake, Austernpilze)
60 ml Madeira
200 g Crème double
200 g Crème fraîche
Salz
frisch gemahlener Pfeffer
1 kleines Bund Sauerampfer

Zubereitung: ca. 45 Minuten

1. Die Störfilets waschen und trockentupfen. Lauch putzen, waschen und in dünne Ringe schneiden. Wein, Fischfond, Kräuterzweige und Lauch in einen Topf geben und aufkochen. Fischfilets einlegen und bei kleiner Hitze 5 Minuten zugedeckt garen. Den Backofen auf 100 Grad vorheizen.

2. Die Fischfilets herausheben und auf Küchenpapier abtropfen lassen. Dann auf einer Platte im Backofen warm halten. Die Garflüssigkeit durch ein Sieb in einen anderen Topf abgießen. Pilze mit Küchenpapier abreiben, Stiele entfernen und die Pilze klein würfeln.

3. Die Pilze in den Topf geben und aufkochen. Den Madeira, Crème double und Crème fraîche zufügen und auf die Hälfte einkochen. Mit Salz und Pfeffer abschmecken.

4. Den Sauerampfer waschen, trockenschleudern und in feine Streifen schneiden. In die Sauce geben und 5 Minuten bei kleiner Hitze darin dünsten. Den Fisch auf vorgewärmte Teller verteilen und mit der Pilzsauce anrichten.

In Alaska gibt es fünf Lachsarten. Der größte ist der Königslachs, King Salmon. Der silberne Staatsfisch Alaskas ist wegen seiner Schönheit und Kampfeslust berühmt und erreicht ein Gewicht von zehn bis zwanzig Kilogramm.

USA

Alaska-Lachs mit Zwiebel-Brombeer-Kompott und Kerbel

Zutaten für 4 Personen:

250 g Brombeeren
3 Schalotten
3 EL Olivenöl
3 EL Zucker
60 ml Himbeeressig
3 EL Mehl
1 EL fein gehackter Kerbel
2 EL fein gehackte Petersilie
4 Lachsfilets à 250 g
Salz
frisch gemahlener Pfeffer

Zubereitung: ca. 1 Stunde

1. Brombeeren waschen und abtropfen lassen. Die Schalotten schälen und klein würfeln.

2. In einer Pfanne 1 Esslöffel Öl erhitzen und die Schalotten darin anbraten. Den Zucker zugeben und karamellisieren lassen. Mit Essig ablöschen und kochen, bis sich der Karamell aufgelöst hat. Brombeeren zufügen, kurz in der Sauce schwenken und in eine Schüssel geben. Abkühlen lassen.

3. Mehl mit Kerbel und Petersilie mischen und auf einen Teller streuen. Lachsfilets waschen, trockentupfen und mit Salz und Pfeffer würzen. Im Kräutermehl wenden, überschüssiges Mehl abklopfen.

4. Restliches Öl in einer Pfanne erhitzen und die Fischfilets im heißen Öl auf beiden Seite ca. 4 Minuten braten. Pfanne vom Herd nehmen und die Filets zugedeckt 4 Minuten ziehen lassen. Lachsfilets auf 4 vorgewärmte Teller verteilen und mit dem Brombeer-Zwiebel-Kompott anrichten.

Maryland an der amerikanischen Ostküste ist für seine vielen historischen Monumente und alten Gebäude aus der Zeit der Pilgerväter bekannt. Die Landwirtschaft ist neben der Fischereiindustrie ein wichtiger Erwerbszweig.

USA

Brathähnchen Maryland mit Speck in Sahnesauce

Zutaten für 4 Personen:

2 kleine Brathähnchen
1 EL Mehl
Salz
frisch gemahlener Pfeffer
4 EL Pflanzenöl
60 g Räucherspeck
4 EL Butter
geriebene Muskatnuss
400 g süße Sahne
edelsüßes Paprikapulver
1 Bund Petersilie

Zubereitung: ca. 1 Stunde

1. Die Hähnchen waschen, trockentupfen und jedes Hähnchen in 4 Teile schneiden. Das Mehl mit Salz und Pfeffer würzen und mit dem Öl verrühren. Die Hähnchenteile damit bestreichen.

2. Den Speck in Würfel schneiden. Die Butter in einem Schmortopf zerlassen und den Speck darin andünsten. Die Hähnchen zufügen, in der Butter wenden und mit Muskatnuss betreuen. Zugedeckt ca. 30 Minuten bei kleiner Hitze garen.

3. Die Hähnchenteile aus dem Schmortopf nehmen und warm stellen. Die Sahne in den Topf gießen und auf die Hälfte einkochen lassen. Mit Salz und Pfeffer ab schmecken. Hähnchenteile auf eine vorgewärmte Platte legen und mit der Sauce begießen. Mit Paprikapulver bestäuben und mit Petersilie garnieren.

Kalifornische Mandeln haben Weltruf. Sie werden ausschließlich im Central Valley angebaut, das für sein mildes Klima und fruchtbare Böden bekannt ist. Hier angebaute Mandeln sind im Geschmack leicht süßlich und mild-aromatisch.

USA

Gefüllte Hähnchenbrustfilets mit Aprikosen und Mandeln

Zutaten für 4 Personen:

4 Hähnchenbrustfilets
1 Stange Sellerie
5 Aprikosenhälften (Dose)
1 Zweig Petersilie
1 Ei
1 EL Semmelbrösel
50 g gehackte Mandeln
Salz
frisch gemahlener Pfeffer
4 EL Honig
200 ml Orangensaft

Vorbereitung: ca. 20 Minuten
Zubereitung: ca. 40 Minuten

1. Die Hähnchenbrustfilets waschen und trockentupfen. In jedes Brustfilet der Länge nach eine Tasche schneiden.

2. Sellerie putzen und klein würfeln. Aprikosen abtropfen lassen, trockentupfen und klein hacken. Die Petersilie waschen, trockenschütteln und die Blätter fein hacken. Alles in einer Schüssel mit Ei, Semmelbröseln und Mandeln vermengen, salzen und pfeffern.

3. Den Backofen auf 220 Grad vorheizen. Die Masse in die Fleischtaschen füllen, die Öffnung mit Zahnstochern verschließen. Brustfilets salzen und pfeffern. Hähnchenbrüste nebeneinander in eine ofenfeste Form setzen, mit 1 Esslöffel Honig bestreichen und 150 ml Orangensaft angießen.

4. Restlichen Honig mit übrigem Orangensaft erwärmen, bis sich der Honig aufgelöst hat. Hähnchenbrüste im Backofen ca. 40 Minuten backen. Dabei mehrmals mit dem Honig-Orangensaft bestreichen. Filets auf vorgewärmte Teller verteilen, mit etwas Sauce beträufeln und servieren.

Missouri ist eine landwirtschaftlich geprägte Region. Aus den Äpfeln, die hier geerntet werden, stellen die Farmer nicht nur Apfelsaft her, sondern lassen ihn auch zu Cider, der amerikanischen Version des französischen Cidre, vergären.

USA

Gebratene Putenkeule in Apfelwein mit Kartoffeln

Zutaten für 4 Personen:

2 Putenkeulen, ca. 1 kg
1 EL Mehl
Salz
frisch gemahlener Pfeffer
1/2 TL gemahlene Muskatblüte
2 Möhren
3 Zwiebeln
3 Knoblauchzehen
4 EL Sonnenblumenöl
1/2 l Fleischbrühe
1/4 l Cidre
4 EL Apfelschnaps
1 EL fein gehackter Thymian
3 Kartoffeln
3 EL fein gehackte Petersilie

Zubereitung: ca. 90 Minuten

1. Die Putenkeulen waschen und trockentupfen. Das Mehl mit Salz, Pfeffer und Muskatblüte mischen und die Keulen damit einreiben. Möhren, Zwiebeln und Knoblauch schälen und klein würfeln.

2. Das Öl in einem Schmortopf erhitzen und die Keulen darin rundum braun anbraten. Möhren, Zwiebeln und Knoblauch zufügen und 10 Minuten mitschmoren.

3. Mit Brühe, Cidre und Apfelschnaps ablöschen und den Thymian zufügen. Aufkochen und zugedeckt bei kleiner Hitze ca. 75 Minuten garen, bis das Fleisch sich von den Knochen löst.

4. Inzwischen die Kartoffeln waschen, schälen, klein würfeln und 20 Minuten vor Ende der Garzeit in den Schmortopf geben. Die Keulen herausheben und auf einer vorgewärmten Servierplatte anrichten, mit der Petersilie bestreuen. Bratenfond erneut aufkochen und mit dem Stabmixer pürieren. Mit Salz und Pfeffer abschmecken und getrennt zum Fleisch servieren.

Als die ersten Iren nach Kentucky einwanderten und dort mit dem Whiskey-Brennen begannen, mussten sie bald feststellen, dass dafür nicht ausreichend Gerste vorhanden war. Sie ersetzten sie größtenteils durch Mais und Roggen.

USA

Gegrillte Wachteln mit Pilzen in Whiskey-Creme

Zutaten für 4 Personen:

1/4 l Hühnerbrühe
2 EL rotes Johannisbeergelee
1 TL roter Pfeffer, grob zerstoßen
1 Schalotte
je 120 g Steinpilze, Champignons und Pfifferlinge
8 Wachteln, küchenfertig
Salz
frisch gemahlener Pfeffer
2 EL Erdnussöl
2 EL Butter
1 EL Mehl
50 ml Whiskey
150 g süße Sahne
1 EL fein gehackte Petersilie

Zubereitung: ca. 45 Minuten

1. Die Hälfte der Hühnerbrühe mit Johannisbeergelee und rotem Pfeffer in einem Topf zum Kochen bringen. Bei kleiner Hitze auf die Hälfte zu Sirup einkochen, dann beiseitestellen.

2. Die Schalotte schälen und klein würfeln. Pilze mit einem Küchenpapier abreiben und in kleine Würfel schneiden.

3. Backofengrill vorheizen. Die Wachteln waschen, trockentupfen, innen und außen salzen und pfeffern. Mit Öl einpinseln und auf ein Backblech legen. Im heißen Ofen ca. 15 Minuten unter mehrmaligem Wenden grillen und mit dem Sirup bestreichen. Backofengrill ausschalten und die Wachteln im Ofen noch etwas nachziehen lassen.

4. Butter in einer Pfanne zerlassen, Schalotte darin gla sig dünsten. Die Pilze zufügen, salzen und pfeffern und 5 Minuten unter Rühren dünsten. Mit Mehl bestäuben, kurz anschwitzen und mit dem Whiskey und der restlichen Brühe ablöschen. Dicklich einkochen, Sahne unterrühren und Petersilie zufügen. Sauce und Pilze au vier Teller verteilen, je zwei Wachteln darauf anrichten und servieren.

Wer zum ersten Mal auf die Idee gekommen ist, Hähnchenteile nicht wie auf klassische Weise zu panieren, sondern einfach in einer Papiertüte, ist nicht bekannt. Aber diese umkomplizierte Technik findet immer mehr Anhänger.

USA

Knusprige Hähnchenteile Montana scharf gewürzt

Zutaten für 4 Personen:

2 kleine Brathähnchen
1 TL Salz
1/2 TL gemahlener Pfeffer
1/2 TL Chilipulver
100 g Mehl
Butterschmalz zum Frittieren
2 Zitronen, geachtelt

Vorbereitung: ca. 20 Minuten
Zubereitung: ca. 20 Minuten

1. Die Hähnchen waschen, trockentupfen und zerteilen. Dazu Flügel und Schenkel abtrennen und an den Gelenken einmal durchschneiden. Hähnchenkörper in 8 Stücke zerteilen.

2. Gewürze in einer Schüssel mit dem Mehl mischen. Hähnchenteile und gewürztes Mehl in eine Papier- oder Kunststofftüte füllen. Die Tüte verschließen und so lange schütteln, bis alle Fleischteile gleichmäßig von dem Mehl überzogen sind.

3. Einen Topf oder eine tiefe Pfanne ca. 3 cm hoch mit Butterschmalz füllen und nicht zu stark erhitzen. Die Hähnchenteile darin portionsweise goldbraun frittieren. Herausnehmen und auf Küchenpapier abtropfen lassen. Auf einer Servierplatte anrichten und mit Zitronenachteln garnieren.

Der Fasan ist ein typischer Einwanderer. Anfang des letzten Jahrhunderts importierte ein reicher Amerikaner Fasane nach South Dakota. Nachdem die Vögel hier kaum natürliche Feinde vorfanden, haben sie sich stark ausgebreitet.

USA

Gebratener Fasan in Pilzsahnesauce mit Petersilie

Zutaten für 4 Personen:

60 g Frühstücksspeck
1 Fasan, ca. 1,2 kg, küchenfertig
Salz
frisch gemahlener Pfeffer
Mehl zum Wenden
4 EL Butter
125 g Champignons
2 Tomaten
1 Zwiebel
1/2 l Hühnerbrühe
200 g süße Sahne
2 EL fein gehackte Petersilie

Vorbereitung: ca. 25 Minuten
Garen: ca. 45 Minuten

1. Den Speck würfeln und ohne Fett in einem Schmortopf knusprig braten. Herausnehmen und auf Küchenpapier abtropfen lassen.

2. Fasan waschen, trockentupfen und mit Salz und Pfeffer würzen. Mehl auf eine Platte streuen und den Fasan darin wenden. Überschüssiges Mehl abschütteln. 2 Esslöffel Butter im Speckfett zerlassen und den Fasan darin von allen Seiten ca. 15 Minuten anbraten. Fasan herausnehmen und warm stellen.

3. Pilze mit Küchenpapier abreiben und halbieren. Tomaten häuten, vierteln, entkernen und in kleine Würfel schneiden. Zwiebel schälen und klein würfeln. Restliche Butter im Schmortopf zerlassen und die Zwiebel darin glasig dünsten. Pilze zufügen, salzen und pfeffern und 5 Minuten braten. Den Backofen auf 180 Grad vorheizen.

4. Tomaten zufügen, Brühe und Sahne angießen und aufkochen lassen. Fasan wieder in den Schmortopf legen, zudecken und ca. 45 Minuten im Ofen garen. Zum Servieren den Fasan auf eine Platte legen und mit Pilzen, Sauce und Petersilie anrichten.

Cranberrys stellen hohe Ansprüche an Boden und Klima. Sie gedeihen nur auf sehr sauren Hochmoorböden, brauchen viel Wasser und ein günstiges Klima. Die gesunden, leicht herben Beeren haben von September bis Januar Saison.

USA

Marinierte Wildenten mit Cranberrys und Nussfüllung

Zutaten für 4 Personen:

2 Wildenten, küchenfertig
250 g Cranberrys
1 Birne
3 EL Honig
120 ml Orangensaft
je 1/4 TL Nelkenpulver und gemahlene Zimtblüte
Salz
frisch gemahlener Pfeffer
1 Zwiebel
1 Stange Sellerie
4 EL Butter
75 g gehackte Haselnüsse
150 g geröstete Brotwürfel
350 ml Geflügelfond
Öl zum Bestreichen

Marinieren: ca. 2 Stunden
Zubereitung: ca. 75 Minuten

1. Die Enten waschen, trockentupfen und in eine Schüssel legen. Cranberrys waschen und abtropfen lassen. Birne schälen, vierteln, entkernen und grob würfeln. Die Hälfte der Birne und der Cranberrys mit Honig und Orangensaft im Mixer pürieren. Mit Nelkenpulver, Zimtblüte, Salz und Pfeffer würzen. Marinade über die Enten gießen und 2 Stunden marinieren.

2. Zwiebel schälen, Sellerie putzen und beides klein würfeln. Butter in einer Pfanne zerlassen, Zwiebel und Sellerie darin andünsten. Restliche Cranberrys und Birne zufügen, kurz dünsten und die Pfanne vom Herd nehmen. Salzen, Nüsse und Brotwürfel untermischen.

3. Backofen auf 225 Grad vorheizen. Enten aus der Marinade nehmen, abspülen und trockentupfen, Marinade aufheben. Füllung in die Bauchhöhlen geben und mit Zahnstochern verschließen. Enten mit Öl bepinseln in einen Bräter legen und im Ofen 15 Minuten anbraten. Temperatur auf 175 Grad reduzieren und weitere 30 Minuten braten. Herausnehmen und warm stellen. Bratensatz mit Fond und 3–4 Esslöffeln Marinade loskochen. Mit Salz und Pfeffer abschmecken. Die Enten in 4 Teile schneiden und 10 Minuten in der Sauce ziehen lassen. Mit der Sauce auf einer Platte anrichten.

Der Truthahn steht in den USA als Symbol für Familienglück und darf an Thanksgiving auf keinem Tisch fehlen. Schon die Indianer aßen zu feierlichen Anlässen gebratenen Truthahn. Klassische Beilagen sind Kürbis und Süßkartoffeln.

USA

Truthahn-Topf Idaho mit Knoblauch und Tomaten

Zutaten für 4 Personen:

1,5 kg Truthahnbrust
2 Zwiebeln
6 Knoblauchzehen
Salz
frisch gemahlener Pfeffer
1 grüne Paprikaschote
2 Kartoffeln
2 EL Pflanzenöl
2 EL Mehl
150 g passierte Tomaten
1 TL Zucker
1 TL getrockneter Oregano
1/4 TL gemahlener Kreuzkümmel

Zubereitung: ca. 90 Minuten

1. Das Fleisch waschen und trockentupfen. 1 Zwiebel und 4 Knoblauchzehen schälen und grob würfeln. Mit dem Fleisch in einen Topf geben, mit Wasser bedecken. Salzen und pfeffern, aufkochen und die Brust bei ganz kleiner Hitze ca. 1 Stunde garen.

2. Fleisch aus dem Topf nehmen und zugedeckt abkühlen lassen. Restliche Zwiebel und Knoblauchzehen schälen und klein würfeln. Paprikaschote putzen, entkernen und in kleine Würfel schneiden. Kartoffeln waschen, schälen und würfeln.

3. Öl in einem Schmortopf erhitzen, Zwiebeln und Knoblauch darin glasig dünsten. Mehl darüberstäuben, Paprikaschoten und Tomaten untermischen. Mit Salz, Zucker, Pfeffer, Oregano und Kreuzkümmel würzen. 3/4 Liter Truthahnbrühe angießen und aufkochen. Kartoffeln zufügen und ca. 15 Minuten bei kleiner Hitze darin garen.

4. Inzwischen das Fleisch häuten und in Würfel schneiden. Fleisch zum Gemüse geben und 5 Minuten darin ziehen lassen. Im Topf servieren.

Washington DC ist eine der wenigen Städte der USA, die nach einem festen Plan gebaut wurde. In der weltoffenen Stadt gibt es eine Vielzahl von Restaurants mit sehr guter und raffinierter Küche für in- und ausländische Feinschmecker.

USA

Feinschmecker-Poularde mit Krebsfleisch gefüllt

Zutaten für 4 Personen:

1 Poularde, ca. 1,25 kg
8 EL Butter
Salz
frisch gemahlener Pfeffer
geriebene Muskatnuss
200 g Pilze
4 EL Wodka
50 ml Chilisauce
1 EL fein gehackte Petersilie
350 g Krebsfleisch
1 TL Dijonsenf
1 TL getrockneter Thymian

Zubereitung: ca. 75 Minuten

1. Den Backofen auf 175 Grad vorheizen. Poularde waschen, trockentupfen und halbieren. 2 Esslöffel Butter mit Salz, Pfeffer und Muskatnuss mischen und die Poulardenhälften damit einreiben. Mit der Hautseite nach oben auf ein Backblech legen und im Ofen ca. 45 Minuten braten.

2. Pilze mit einem Küchenpapier abreiben und in Scheiben schneiden. 2 Esslöffel Butter in einer Pfanne erhitzen und die Pilze darin andünsten. Wodka, Chilisauce und Petersilie zufügen und beiseitestellen.

3. Krebsfleisch fein hacken und in einer Schüssel mit der restlichen Butter, Senf, Salz, Pfeffer und Thymian vermischen.

4. Die Poulardenhälften mit der Bauchhöhle nach oben drehen und mit der Krebsmasse füllen. Die Pilzmischung darauf verteilen, mit Alufolie abdecken und die Poularde weitere 15 Minuten backen.

Die Küche im Südwesten der USA wurde stark von den kulinarischen Traditionen der Indianer und spanischer Einwanderer aus Mexiko geprägt. Tex Mex ist heute auch außerhalb des Landes ein Begriff für diese würzige Küche.

USA

Tex-Mex-Riesenburger mit Kidneybohnen und Mais-Chips

Zutaten für 4 Personen:

1 Brötchen vom Vortag
400 g Kidneybohnen
100 g Cheddar
1 große Zwiebel
2 Knoblauchzehen
2 grüne Chilischoten
750 g Rinderhackfleisch
2 Eier
Salz
Cayennepfeffer
1 TL gemahlener Koriander
Öl für die Form
100 g geröstete Mais-Chips
200 ml Mais-Zwiebel-Relish (Fertigprodukt)
4 EL saure Sahne

Vorbereitung: ca. 30 Minuten
Backen: ca. 45 Minuten

1. Das Brötchen in Scheiben schneiden und in einer Schüssel mit 1/8 Liter heißem Wasser übergießen. Ca. 15 Minuten quellen lassen.

2. Die Bohnen abtropfen lassen. Den Cheddar in kleine Würfel schneiden. Zwiebel und Knoblauch schälen und klein würfeln. Chilischote längs halbieren, entkernen und klein hacken. Alles mit Hackfleisch, Eiern und ausgedrücktem Brot verkneten. Mit Salz, Cayennepfeffer und Koriander würzen. Backofen auf 200 Grad vorheizen.

3. Aus dem Fleischteig eine Halbkugel formen und in eine gefettete ofenfeste Form setzen. Im Backofen ca. 45 Minuten backen. Den fertigen Burger auf eine Servierplatte setzen und mit den Mais-Chips umlegen. Relish und saure Sahne auf dem Fleisch anrichten und servieren.

Nicht nur in North Carolina, wo dieses Rezept zuhause ist, liebt man saftige Schweinerippchen, die zuerst liebevoll mariniert und anschließend langsam gegrillt oder im Ofen gebraten werden. Dazu serviert man gegrillte Maiskolben.

USA

Marinierte Schweinerippen aus dem Ofen mit Barbecue-Sauce

Zutaten für 4 Personen:

1,5 kg Schweinerippchen
1 große Zwiebel
60 ml Rotweinessig
Salz
frisch gemahlener Pfeffer
3 eingelegte rote Chilischoten
350 ml Barbecuesauce
Saft von 1/2 Zitrone

Zubereitung: ca. 95 Minuten

1. Den Backofen auf 200 Grad vorheizen. Die Rippchen waschen, trockentupfen und in Portionsstücke schneiden. Zwiebel schälen, in Ringe schneiden und in einer großen ofenfesten Form verteilen.

2. Die Rippchen darauflegen und mit Essig beträufeln. Mit Salz und Pfeffer würzen und mit Alufolie abdecken. Im heißen Ofen ca. 1 Stunde backen, bis sich das Fleisch gut von den Knochen lösen lässt.

3. Chilischoten abtropfen lassen und klein hacken. In einer Schüssel mit der Barbecue Sauce und dem Zitronensaft vermischen. Rippchen mit der Sauce bestreichen und ohne Alufolie weitere 30 Minuten im Ofen braten. Die Rippchen sind fertig, wenn die Sauce eingebacken ist.

Die Küche Neu Englands ist deftig und gehaltvoll. Neben der Nationalspeise Hummer, die in fast jedem Stehimbiss angeboten wird, kocht man an Feiertagen einen kräftigen Schmortopf aus Rindfleisch, Kartoffeln und Gemüse.

USA

New Englands Sonntagsessen mit gepökeltem Rindfleisch

Zutaten für 6 Personen:

1,5 kg gepökeltes Rindfleisch
1 l Rinderbrühe
1/4 dunkles Bier, z.B. Guinness Stout
3 EL Dijonsenf
150 g brauner Zucker
2 EL Zuckerrübensirup
1 EL getrockneter Dill
2 Lorbeerblätter
3 Gewürznelken
6 schwarze Pfefferkörner
3 Kartoffeln
3 Möhren
250 g Grünkohl
2 Pastinaken
16 Perlzwiebeln
Salz
frisch gemahlener Pfeffer

Zubereitung: ca. 150 Minuten

1. Das Fleisch waschen und mit Brühe und Bier in einen Topf geben. Senf, Zucker, Zuckerrübensirup und Dill zufügen. Lorbeerblätter, Nelken und Pfefferkörner in ein Mullsäckchen füllen und zum Fleisch geben. Bis zum Siedepunkt erhitzen und zugedeckt bei kleiner Hitze ca. 2 Stunden köcheln lassen.

2. Kartoffeln und Möhren schälen und in Würfel schneiden. Grünkohl putzen und die harten Teile entfernen. Grünkohlblätter grob hacken. Pastinaken schälen und in Würfel schneiden, Perlzwiebeln schälen.

3. Fleisch aus der Brühe heben und warm stellen. Gemüse in die Brühe geben, aufkochen und zugedeckt 20 Minuten bei kleiner Hitze köcheln lassen. Mit Salz und Pfeffer abschmecken.

4. Das Fleisch in Scheiben schneiden. Gemüse auf eine Platte geben und das Fleisch darauf anrichten. Mit etwas Kochflüssigkeit beträufeln und servieren.

Nicht nur im Südosten der Vereinigten Staaten wird gerne und häufig gegrillt. Dicke saftige Rindersteaks sind fast schon ein Nationalgericht. Dazu wird Gemüse wie Erbsen oder Kürbis und frisches Maisbrot gegessen.

USA

Rindersteaks und Kürbisspalten vom Holzkohlengrill

Zutaten für 4 Personen:

1 Butternusskürbis, ca. 1 kg
Olivenöl für die Folie
Salz
frisch gemahlener Pfeffer
1 EL brauner Zucker
100 g Butter
4 Ribeye-Steaks
grobes Meersalz
4 Zweige Thymian

Zubereitung: ca. 45 Minuten

1. Einen Holzkohlengrill anheizen. Kürbis mit der Schale in ca. 3 cm dicke Spalten aufschneiden. Kerne entfernen. Jede Spalte auf ein geöltes Stück Alufolie legen, salzen und pfeffern und mit Zucker bestreuen. Butter in Flöckchen daraufsetzen und die Alufolie über den Kürbisspalten locker schließen. Auf den heißen Grill legen und bei mittlerer Glut 20–30 Minuten garen.

2. Die Steaks waschen und trockentupfen. Das Fleisch mit Olivenöl bestreichen, salzen und pfeffern. Steaks 2–3 Minuten grillen, dann wenden, mit Thymianzweigen belegen und weitere 2–3 Minuten grillen.

3. Zum Servieren die Kürbisspalten aus der Alufolie nehmen, auf 4 Teller verteilen und mit der Garflüssigkeit beträufeln. Die Steaks dazulegen und servieren.

Gute Küche muss nicht immer kompliziert sein. Dieses geschmorte Kaninchengericht ist mit wenigen Zutaten einfach zuzubreiten und gelingt auch Kochanfängern. Eine ideale Beilage sind Eiernudeln oder frisches Brot.

USA

Geschmortes Kaninchen Line Camp mit Cayennepfeffer

Zutaten für 4 Personen:

60 ml Apfelessig
Salz
1 Kaninchen, ca. 1,2 kg
Mehl zum Wenden
80 ml Pflanzenöl
350 ml ungesüßte Kondensmilch
frisch gemahlener Pfeffer
Cayennepfeffer
1 EL getrockneter Estragon

Vorbereitung: ca. 75 Minuten
Zubereitung: ca. 1 Stunde

1. Essig mit 1 Esslöffel Salz und 1/4 Liter Wasser verrühren. Kaninchen waschen und in Portionsstücke schneiden. In eine Schüssel legen, mit der Essigmarinade übergießen und 1 Stunde marinieren.

2. Das Fleisch aus der Marinade heben und trockentupfen. Das Mehl auf eine Platte streuen und die Kaninchenstücke darin wenden.

3. Das Öl in einem Schmortopf erhitzen und die Kaninchenstücke darin rundum braun anbraten. Fleisch herausnehmen und das Bratfett wegschütten. Kondensmilch in den Schmortopf gießen, aufkochen und den Bratensatz loskochen. Mit Salz, Pfeffer, Cayennepfeffer und Estragon würzen.

4. Die Kaninchenstücke in die Sauce legen, zudecken und bei kleiner Hitze ca. 30 Minuten köcheln lassen. Kaninchenstücke auf einer Servierplatte anrichten. Die Sauce etwas einkochen, über das Fleisch gießen und danach servieren.

Holländische Einwanderer haben nicht nur die Rezepte für Gebäck, Waffeln und Pfannkuchen nach Neu England mitgebracht, sondern auch für deftige Eintöpfe und Saucen mit Austern und Muscheln, gekocht mit Milch oder Sahne.

USA

Kalbsbraten vom Rost mit Austern in Sahnesauce

Zutaten für 6 Personen:

1,5 kg Kalbsbraten
2 Knoblauchzehen
1 Zweig Thymian
2 Zweige Dill
Salz
frisch gemahlener Pfeffer
6 Scheiben Räucherspeck
60 ml Madeira
2 EL Butter
2 EL Mehl
1/4 l Fischfond
12 Austern
120 g süße Sahne
2 Eigelb

Zubereitung: ca. 140 Minuten

1. Backofen auf 160 Grad vorheizen. Fleisch waschen und trockentupfen. Knoblauch schälen, Kräuter von den Zweigen streifen und alles fein hacken. Mit Salz und Pfeffer mischen und das Fleisch damit einreiben.

2. Das Fleisch auf den Rost über der Fettpfanne legen und mit Speckscheiben belegen. Madeira darüberträufeln und im heißen Ofen ca. 2 Stunden braten. Dabei mehrmals mit Bratensaft begießen.

3. Fleisch in Alufolie wickeln und warm stellen. Bratenfond in einen Topf abgießen und entfetten. Butter in einem Topf zerlassen und das Mehl darin anschwitzen. Braten- und Fischfond angießen und die Sauce unter Rühren dicklich kochen.

4. Die Austern aus den Schalen lösen. Sahne und Eigelb verquirlen und in die Sauce rühren. Bis zum Siedepunkt erhitzen und die Austern darin 1 Minute ziehen lassen. Mit Salz und Pfeffer abschmecken, nicht mehr kochen lassen. Zum Servieren Fleisch in Scheiben schneiden, auf Tellern anrichten und mit der Austernsauce begießen.

Im Norden Amerikas, vor allem in Alaska und an der Grenze zu Kanada, werden Elche gejagt. Ihr Fleisch ist mager und enthält weniger Cholesterin als Geflügel oder Rind. Es eignet sich für viele Gerichte, vom Hamburger bis zum großen Braten.

USA

Vermonter Elchfilet mit Pastinaken und Möhren

Zutaten für 4 Personen:

- 800 g Elchfilet
- 1 TL Wacholderbeeren
- Öl zum Bestreichen
- 2 Zwiebeln
- 2 Knoblauchzehen
- 2 Stangen Sellerie
- 60 g fetter Speck
- Salz
- frisch gemahlener Pfeffer
- 2 EL Öl
- 1/4 l Rotwein
- 1/4 l Fleischbrühe
- 6 Möhren
- 2 Pastinaken
- 2 EL Butter
- 1 EL Speisestärke
- 2 cl Brandy

Marinieren: ca. 1 Stunde
Zubereitung: ca. 1 Stunde

1. Elchfilet waschen und trockentupfen. Wacholderbeeren im Mörser zerdrücken und das Fleisch damit einreiben. Mit Öl bestreichen und in Frischhaltefolie gewickelt 1 Stunde im Kühlschrank ziehen lassen.

2. Zwiebeln und Knoblauch schälen, Sellerie putzen und alles klein würfeln. Speck in Streifen schneiden und das Fleisch damit spicken. Filet salzen und pfeffern. Öl in einem Schmortopf erhitzen und das Filet darin rundum anbraten.

3. Fleisch herausnehmen. Zwiebeln, Knoblauch und Sellerie im Schmortopf anbraten. Mit Wein ablöschen, etwas einkochen und die Fleischbrühe angießen. Fleisch wieder einlegen, zudecken und bei kleiner Hitze ca. 20 Minuten köcheln lassen.

4. Möhren und Pastinaken schälen und in Scheiben schneiden. Butter in einem Topf zerlassen, Gemüse un 2–3 Esslöffel Wasser zufügen, salzen und bei mittlerer Hitze zugedeckt 15 Minuten schmoren. Fleisch aus dem Schmortopf nehmen, in Scheiben schneiden und auf einer Platte anrichten. Speisestärke mit Brandy verrühren, Sauce damit binden und über das Fleisch gießen. Mit Möhren-Pastinaken-Gemüse servieren.

In keinem Land der Welt wird so viel Rindfleisch produziert wie in den USA. Im Gegensatz zu den Europäern verwenden die Amerikaner den gesamten Rinderrücken für Steaks. Doch man kennt auch andere Rindfleischgerichte.

USA

Geschmortes glasiertes Rindfleisch mit Aprikosen

Zutaten für 4 Personen:

1 kg Rindfleisch (flache Rippe)
Salz
frisch gemahlener Pfeffer
30 g Mehl
200 g getrocknete Aprikosen
2 EL Pflanzenöl
1/4 l Rinderbrühe
2 EL brauner Zucker
2 EL Apfelessig
je 1/4 TL gemahlener Zimt, Nelkenpulver und Piment

Vorbereitung: ca. 20 Minuten
Zubereitung: ca. 2 Stunden

1. Das Fleisch waschen und trockentupfen. In 4 Portionsstücke schneiden, salzen und pfeffern und in Mehl wenden. Aprikosen klein würfeln. Öl in einem Schmortopf erhitzen und Fleisch darin von beiden Seiten anbraten. Fleisch herausnehmen, Bratfett wegschütten.

2. Aprikosen und Brühe in den Topf geben und den Bratensatz loskochen. Mit Zucker, Essig, Zimt, Nelkenpulver und Piment würzen. Fleisch in den Topf geben, in der Sauce wenden und zudecken.

3. Bei kleiner Hitze ca. 2 Stunden garen. Währenddessen mehrmals wenden. Das Fleisch ist fertig, wenn sich die Sauce als dicke Glasur um das Fleisch gelegt hat. Auf eine Servierplatte legen und auftragen.

GENUINE

Selleriesamen werden meistens getrocknet angeboten. Das leicht bittere aromatische Gewürz kann für Schmorgerichte und Suppen verwendet werden und ist ein Bestandteil des in den USA sehr beliebten Selleriesalzes.

USA

Lammragout New Jersey in Dillsauce mit Wurzelgemüse

Zutaten für 4 Personen:

750 g Lammfleisch (Keule)
2 Knoblauchzehen
2 EL Pflanzenöl
Salz
frisch gemahlener Pfeffer
3 EL Mehl
2 TL fein gehackter Dill
1 TL Selleriesamen
1/4 l Hühnerbrühe
60 ml Sherry
3 Kartoffeln
3 Möhren
12 Perlzwiebeln
1 EL Zitronensaft
200 g Naturjoghurt
3 EL fein gehackte Petersilie

Zubereitung: ca. 2 Stunden

1. Das Fleisch waschen, trockentupfen und in Würfel schneiden. Knoblauch schälen und klein würfeln. Öl in einem Schmortopf erhitzen und die Fleischwürfel darin rundum anbraten. Salzen und pfeffern, Knoblauch zufügen und unter Rühren mit Mehl bestäuben.

2. Fleisch mit Dill und Selleriesamen bestreuen und mit Brühe und Sherry ablöschen. Aufkochen und zugedeckt bei kleiner Hitze ca. 1 Stunde köcheln lassen.

3. Kartoffeln und Möhren schälen und in Würfel schneiden. Perlzwiebeln schälen. Alles zum Fleisch geben und zugedeckt weitere 30 Minuten köcheln lassen.

4. Zum Servieren das Lammragout mit Salz, Pfeffer und Zitronensaft abschmecken. Joghurt und Petersilie einrühren und im Schmortopf auftragen.

Landschinken aus Virginia ist wegen seiner hohen Qualität und seines hervorragenden Geschmacks berühmt. An Feiertagen wird der ganze Schinken gebraten und glasiert. In dünne Scheiben geschnitten schmeckt er am besten.

USA

Virginia-Schinkenbraten mit Karamell glasiert

Zutaten für 8 Personen:

2 kg Schinkenbraten
Salz
4 EL brauner Zucker
1 EL Orangensaft
150 g Sahnemeerrettich (Glas)
100 g milder Senf
1 Krustenbrot, in Scheiben geschnitten

Vorbereitung: ca. 15 Minuten
Backen: ca. 2 Stunden

1. Den Backofen auf 160 Grad vorheizen. Fleisch waschen, trockentupfen und mit Salz einreiben. Schinken mit der Fettseite nach oben auf einen Rost setzen. Die Fettpfanne des Ofens etwa 3 cm hoch mit Wasser füllen. Schinken im Ofen ca. 90 Minuten braten. Mehrmals mit Wasser aus der Fettpfanne begießen.

2. Fleisch aus dem Ofen nehmen, die Schwarte und das Fett entfernen. Zucker und Orangensaft in einem Topf erhitzen, bis der Zucker geschmolzen ist. Schinken mit der Glasur bestreichen und im Ofen weitere 30 Minuten bräunen.

3. Zum Servieren den Schinken in Scheiben schneiden und mit Sahnemeerrettich, mildem Senf und Krustenbrot auftragen.

New Yorker Käsekuchen gilt unter Kuchen-Liebhabern als einer der besten der Welt. In der Metropole hat sich eine regelrechte Käsekuchen-Tradition entwickelt. Bäckereien wetteifern darum, den einzig „richtigen" Kuchen zu backen.

USA

Klassischer Käsekuchen New York mit Sahnequark

Zutaten für 8 Personen:

Zubereitung: ca. 90 Minuten
Abkühlen: ca. 1 Stunde

200 g Zwieback
120 g Zucker
Salz
200 g weiche Butter
Butter für die Form
1 EL Vanillezucker
4 Eier
4 EL Mehl
350 g Sahnequark
125 g saure Sahne

1. Den Backofen auf 180 Grad vorheizen. Zwieback in einer Schüssel fein zerkrümeln und mit 50 g Zucker, 1 Prise Salz und 80 g Butter zu einem Teig kneten. Eine Springform ausbuttern und den Boden der Form mit dem Teig auskleiden.

2. Restlichen Zucker und Butter mit Vanillezucker und 1 Prise Salz schaumig rühren. Eier trennen und Eigelb unter die Buttercreme rühren. Mehl darüberstäuben und Quark und Sahne unterziehen. Eiweiß steif schlagen und unterheben.

3. Die Quarkmasse auf den Teig geben und glatt streichen. Kuchen im Ofen ca. 1 Stunde backen. Den Kuchen in der Form erkalten lassen. Aus der Form nehmen und auf einer Kuchenplatte servieren.

Pies, gedeckte Kuchen mit und ohne Früchte, sind ein Aushängeschild der amerikanischen Küche und weit über die Landesgrenzen hinaus berühmt. Während der kurzen Kirschsaison duftet ganz Michigan nach leckeren Kirschpies.

USA

Gedeckter Kirschkuchen Michigan-Art mit Blätterteig

Zutaten für 4 Personen:

- 500 g Sauerkirschen (Glas)
- 200 g Zucker
- 3 EL Maisstärke
- 1/2 TL Mandelextrakt
- 450 g Blätterteig (Tiefkühlware)
- 2 EL Butter
- Butter für die Form
- 1 Eigelb

Zubereitung: ca. 90 Minuten
Abkühlen: ca. 1 Stunde

1. Kirschen in einem Sieb abtropfen lassen. Saft anderweitig verwenden. Die Kirschen in einer Schüssel mit Zucker, Maisstärke und Mandelextrakt vermischen und abgedeckt 15 Minuten durchziehen lassen.

2. Backofen auf 175 Grad vorheizen. Den Blätterteig auftauen lassen. Eine Springform ausbuttern. 2/3 des Teigs auf einer bemehlten Arbeitsfläche dünn ausrollen und die Form damit auskleiden. Die Kirschmischung einfüllen und die Butter in Flöckchen daraufsetzen.

3. Den restlichen Blätterteig ausrollen und als Deckel auf die Kirschen legen. Ränder zusammendrücken und die Oberfläche mit einer Gabel mehrmals einstechen. Den Teigdeckel mit Eigelb bestreichen und ca. 45 Minuten im heißen Ofen backen. Kuchen vor dem Servieren mindestens 1 Stunde abkühlen lassen.

Apple Crumble, wie dieses Gericht in den USA heißt, ist ein beliebter und köstlicher Nachtisch. Anstelle von Äpfeln kann man auch Kirschen, Birnen, Pfirsiche, Aprikosen oder frische Beeren mit Haferflocken-streuseln überbacken.

USA

Apfelspalten unter der Knusperkruste mit Haferflocken

Zutaten für 4 Personen:

Butter für die Springform
4 säuerliche Äpfel
60 g Zucker
Saft von 1 Zitrone
60 g Mehl
75 g brauner Zucker
25 g Haferflocken
1/2 TL gemahlener Zimt
Salz
60 g Butter

Vorbereitung: ca. 25 Minuten
Backen: ca. 30 Minuten

1. Eine Springform ausbuttern. Äpfel schälen, vierteln und entkernen. Äpfel in Spalten schneiden. Mit Zucker und Zitronensaft vermischen und in der Springform ver teilen.

2. Den Backofen auf 175 Grad vorheizen. Mehl, braunen Zucker und Haferflocken mit Zimt und Salz im Mixer vermengen. Butter in Stücken dazugeben und die Mischung einige Minuten weiterrühren. Sobald die Mischung zu klumpen beginnt, über die Äpfel verteilen.

3. Apfelspalten im heißen Ofen ca. 30 Minuten goldbraun überbacken. Vor dem Servieren abkühlen lassen.

Wie in allen lateinamerikanischen Andenregionen ist auch in Argentinien die Kartoffel eine beliebte Beilage. Kein Wunder, denn ursprünglich stammt die nahrhafte Knolle aus dieser Gegend. Von hier aus begann ihr Siegeszug um die Welt.

ARGENTINIEN

Argentinischer Kartoffelsalat mit cremigem Dressing

Zutaten für 4 Personen:

1 kg festkochende Kartoffeln
Salz
1 Knoblauchzehe
1 frische Chilischote (Aji)
3 EL Schweineschmalz
2 EL gemahlene Kurkuma
1/2 TL getrockneter Oregano
1/2 l Milch
1 EL Butter

Vorbereitung: ca. 45 Minuten
Zubereitung: ca. 30 Minuten

1. Kartoffeln waschen und in der Schale in Salzwasser garen. Abgießen und ausdampfen lassen. Die Kartoffeln schälen und in große Würfel schneiden.

2. Den Knoblauch schälen und klein würfeln. Die Chilischote längs halbieren, entkernen und klein hacken.

3. Die Milch in einem Topf erwärmen. Das Schmalz in einer Pfanne erhitzen und den Knoblauch darin anbraten. Salz, Chilischote, Kurkuma und Oregano zufügen und unterrühren. Die heiße Milch nach und nach angießen und köcheln lassen, bis eine cremige Sauce entsteht.

4. Die Butter in die Sauce rühren und die Kartoffeln hinzufügen. 10 Minuten bei kleiner Hitze darin ziehen lassen. In eine Servierschüssel umfüllen und etwas abkühlen lassen. Lauwarm servieren.

Die Argentinier gehen gerne zum Essen aus. Neben der traditionellen Gaucho-Küche findet man in den zahlreichen Restaurants auch viele spanisch, deutsch, französisch, chinesisch, jüdisch und arabisch beeinflusste Gerichte.

ARGENTINIEN

Chilischarfe Chimichurri-Sauce in der Flasche gereift

Zutaten für 4 Personen:

8 getrocknete Chilischoten
10 Knoblauchzehen
1 EL Meersalz
1 kleines Bund Petersilie
75 ml Weinessig
75 ml Öl

Zubereitung: ca. 25 Minuten
Reifen: ca. 1 Woche

1. Die Chilischoten mit den Kernen hacken. Den Knoblauch schälen und würfeln. Beides mit dem Salz in einem Mörser zu einer musigen Paste zermahlen. In eine Schüssel geben.

2. Die Petersilie waschen, trockenschütteln und die Blätter fein hacken. Unter die Chilischotenpaste mischen.

3. Den Essig mit 75 ml Wasser aufkochen und über die Gewürze gießen. Das Öl unterrühren. Die Sauce in eine saubere Flasche umfüllen, gut verschließen und 1 Woche an einem dunklen, kühlen Ort reifen lassen.

Gutes Essen hat in Argentinien einen hohen Stellenwert. Täglich werden drei bis vier Mahlzeiten gegessen. Die wichtigste ist das Abendessen, das meist sehr spät im Kreis der Familie oder mit guten Freunden eingenommen wird.

ARGENTINIEN

Kreolische Würzsauce mit Tomaten und Zwiebeln

Zutaten für 4 Personen:

200 g reife Tomaten
1 kleine Stange Lauch
2 weiße Zwiebeln
3 Knoblauchzehen
60 g Olivenöl
1/2 TL gemahlener Kümmel
1/2 TL gemahlener Koriander
1/2 TL getrockneter Oregano
2 EL Tomatenmark
1 EL Meersalz

Zubereitung: ca. 1 Stunde
Abkühlen: ca. 1 Stunde

1. Die Tomaten häuten, vierteln, entkernen und grob hacken. Den Lauch putzen, waschen und mit einem Teil des Grüns in feine Ringe schneiden.

2. Zwiebeln und Knoblauch schälen und klein würfeln. Das Olivenöl in einer Pfanne erhitzen, Zwiebeln und Knoblauch darin anbraten. Kümmel, Koriander und Oregano einrühren, kurz anrösten und mit 1/8 Liter Wasser ablöschen.

3. Tomatenmark einrühren, Lauch und Tomaten zufügen. Salzen und ca. 30 Minuten bei kleiner Hitze zu einer dickflüssigen Sauce einkochen lassen. Sauce in eine saubere Flasche umfüllen, verschließen und abkühlen lassen. Angebrochene Flasche im Kühlschrank aufbewahren.

Auch wenn Argentinien als Paradies für Fleischliebhaber gilt, so hat die heimische Küche doch auch für Vegetarier einiges zu bieten. Salate, Nudeln mit einer Vielfalt an Saucen und Käsegerichte werden in vielen Restaurants angeboten.

ARGENTINIEN

Geschichteter Mais-Käse-Auflauf aus dem Backofen

Zutaten für 8 Personen:

Vorbereitung: ca. 45 Minuten
Backen: ca. 1 Stunde

200 ml Öl
3 große Zwiebeln
1 kg Maismehl
1 TL Backpulver
Salz
1 EL weiche Butter
3/4 l Milch
7 Eier
Öl für die Form
500 g Butterkäse, in Scheiben geschnitten
1 Eigelb
2 EL süße Sahne

1. Zwiebeln schälen und in dünne Scheiben schneiden. Öl in einer Pfanne erhitzen und die Zwiebeln dari goldbraun anbraten. Erkalten lassen.

2. In einer Schüssel Maismehl, Backpulver und Salz vermischen. Mit Butter, Milch und Eiern zu einem glat ten Teig rühren und die Zwiebeln unterheben. Die Eier verquirlen und unter den Teig rühren.

3. Backofen auf 175 Grad vorheizen. Eine ofenfeste Form mit Öl ausstreichen und mit Mehl bestreuen. 1/4 der Masse einfüllen, glatt streichen und mit Käsescheiben belegen. Darauf wieder etwas Masse füllen, mit Käse belegen und so fortfahren, bis alles verbrauch ist. Eigelb mit Sahne verquirlen und über den Auflauf gießen. Die Form in die Mitte des Backofens stellen ur 1 Stunde im Ofen backen. In der Form servieren.

Fleisch zählt in Argentinien wie Mehl und Eier zu den Grundnahrungsmitteln und ist auch entsprechend preiswert. Die Fleischportionen sind dementsprechend groß. Neben Rindfleisch wird auch gerne Schweinefleisch gegessen.

ARGENTINIEN

Ländlicher Fleischeintopf mit Chorizos und Kürbis

Zutaten für 6 Personen:

400 g getrocknete Maiskörner
150 g geräucherter Speck mit Schwarte
1 Schweinefuß
1 Schweineschwanz
500 g Schweinenacken
3 Chorizos, ersatzweise Paprika-Knoblauchwurst
1 Stange Lauch
250 g Kürbisfruchtfleisch
Salz
frisch gemahlener Pfeffer
4 Frühlingszwiebeln
1 EL Kümmel
1 EL Kreuzkümmel
1 EL Schweineschmalz
2 EL edelsüßes Paprikapulver

Einweichen: ca. 12 Stunden
Zubereitung: ca. 2 Stunden

1. Die Maiskörner über Nacht in Wasser einweichen. Am nächsten Tag den Mais abgießen. Speck in Streifen schneiden. Schweinefuß und Schweineschwanz mit Mais und Speck in einen Topf geben und mit Wasser bedecken. 30 Minuten bei kleiner Hitze kochen lassen

2. Restliches Fleisch dazugeben, 10 Minuten weiterkochen lassen. Abschäumen. Inzwischen die Würste in Scheiben schneiden. Lauch putzen und mit dem Kürbis in kleine Würfel schneiden. Alles zum Eintopf geben, mit Salz und Pfeffer würzen und ca. 1 Stunde kochen.

3. Sobald das Fleisch weich gekocht ist, herausnehmen und auf einer Servierplatte abgedeckt warm stellen. Schweinefuß zerteilen, Schweineschwanz entfernen.

4. Frühlingszwiebeln putzen und klein hacken. Kümmel und Kreuzkümmel in einem Mörser grob zerstoßen. Schweineschmalz in einer Pfanne erhitzen und die Frühlingszwiebeln anbraten. Gewürze zufügen und kurz anrösten. Mit 3 Esslöffeln Wasser ablöschen und in den Eintopf rühren. Mit Paprikapulver, Salz und Pfeffer abschmecken, in eine Servierschüssel umfüllen und zu dem Fleisch servieren.

Argentinien ist ein Schlaraffenland für Fleischesser. Neben dem Asado, dem argentinischen Barbecue, bei dem viele verschiedene Fleischteile gegrillt werden, legt man zwischendurch auch einfach nur Rindersteaks auf den Holzkohlengrill.

ARGENTINIEN

Gegrillte Rinderhüftsteaks Ranchero mit Salz und Pfeffer

Zutaten für 4 Personen:

4 Hüftsteaks, in 4 cm dicke Scheiben geschnitten
Öl für den Rost
grobes Meersalz
2 EL grob zerstoßene Pfefferkörner

Zubereitung: ca. 30 Minuten

1. Einen Holzkohlengrill anzünden. Das Fleisch waschen und trockentupfen. Den Grillrost mit Öl einpinseln.

2. Sobald der Holzkohlengrill sehr heiß ist, die Steaks auf den Rost legen und auf der höchsten Schiene langsam 15–20 Minuten grillen. Dabei das Fleisch mehrfach wenden, ohne das Fleisch einzustechen.

3. Vor dem Servieren die Steaks mit Salz und Pfeffer bestreuen.

Auch die italienischen Einwanderer haben die argentinischen Essgewohnheiten beeinflusst. Köstliche Auberginen, die rund um das Mittelmeer ein wesentlicher Bestandteil der Alltagsküche sind, werden heute auch in Argentinien gerne gegessen.

ARGENTINIEN

Gewürzte Auberginenscheiben vom Holzkohlengrill

Zutaten für 4 Personen:

3 kleine Auberginen
2 Knoblauchzehen
1 TL Salz
100 ml Olivenöl
1 EL rote Pfefferbeeren
1 TL getrockneter Oregano
1 TL getrockneter Thymian
1/2 TL edelsüßes Paprikapulver

Zubereitung: ca. 30 Minuten

1. Einen Holzkohlengrill anzünden. Auberginen waschen, trockentupfen und längs in 1 cm dicke Scheiben schneiden. Knoblauch schälen und mit 1 Teelöffel Salz im Mörser musig zermahlen. Öl hinzufügen und verrühren.

2. Pfefferbeeren in einem Mörser zerstoßen. Mit Oregano, Thymian und Paprikapulver vermischen.

3. Die Auberginenscheiben auf beiden Seiten mit dem Knoblauchöl bepinseln. Auf den Grillrost legen und auf einer Seite goldbraun grillen. Auberginen wenden, mit der Gewürzmischung bestreuen und fertiggrillen.

Matambre heißt sowohl das Fleischstück, ein magerer Schweinebauch, als auch das beliebte Gericht daraus. Es wird in ganz Argentinien sehr geschätzt. Langsam in Milch geschmort wird das Fleisch besonders zart.

ARGENTINIEN

Schweinerollbraten, in Milch gegart und pikant gefüllt

Zutaten für 6 Personen:

Vorbereitung: ca. 30 Minuten
Garen: ca. 90 Minuten

2 Möhren
10 Knoblauchzehen
1 große Zwiebel
1 Bund Petersilie
1,5 kg magerer Schweinebauch
Salz
1 EL weißer Essig
3 eingelegte Chilischoten (Aji)
1 l Milch

1. Die Möhren schälen und fein raspeln. Knoblauch und Zwiebel schälen und klein würfeln. Petersilie waschen, trockentupfen und die Blätter fein hacken.

2. Schweinebauch waschen, trockentupfen und mit der Fettseite nach unten auf einer Arbeitsfläche ausbreiten. Fleisch salzen, Möhren, Knoblauch, Zwiebel und Petersilie darauf verteilen und mit Essig beträufeln. Die Chilischoten darauflegen. Den Schweinebauch aufrollen und mit Küchengarn zu einem Rollbraten in Form binden.

3. Den Rollbraten in eine ofenfeste Form legen und mit der Milch begießen. Backofen auf 175 Grad schalten, den Braten in die Mitte des kalten Ofens schieben und ca. 90 Minuten backen, bis der Braten knusprig und die Milch fast vollständig eingekocht ist.

4. Den Braten aus dem Ofen nehmen und kurz ruhen lassen. Das Küchengarn entfernen, den Rollbraten in Scheiben schneiden und auf einer vorgewärmten Servierplatte anrichten.

Die Kombination von Fleisch und frischen Früchten ist auch in Argentinien beliebt. Zu diesem aromatischen Gulasch passt ein fruchtiger Rotwein aus Patagonien. Hier werden erst seit wenigen Jahren preisgekrönte Weine gekeltert.

ARGENTINIEN

Felippes Rindergulasch mit Früchten und Süßkartoffeln

Zutaten für 4 Personen:

500 g Rindfleisch (Hüfte)
2 Tomaten
1 Zwiebel
1 Knoblauchzehe
4 EL Öl
1/4 l Weißwein
2 Lorbeerblätter
Salz
frisch gemahlener Pfeffer
1 TL Zucker
500 g Maniok
500 g Süßkartoffeln
2 Frühlingszwiebeln
1 kleines Bund Petersilie
2 Nektarinen
4 Maracujas

Zubereitung: ca. 90 Minuten

1. Das Fleisch waschen, trockentupfen und in 3 cm große Würfel schneiden. Die Tomaten häuten, vierteln, entkernen und hacken. Zwiebel und Knoblauch schälen und klein würfen.

2. Das Öl in einem großen Schmortopf erhitzen und das Fleisch darin von allen Seiten anbraten. Zwiebel und Knoblauch dazugeben und goldbraun anrösten. Mit Wein und 1/4 Liter Wasser ablöschen. Tomaten, Lorbeerblätter, Salz, Pfeffer und Zucker zufügen und zugedeckt 30 Minuten bei kleiner Hitze kochen lassen.

3. Inzwischen Maniok und Süßkartoffeln schälen und klein würfeln. Die Frühlingszwiebeln putzen und klein hacken. Petersilie waschen, trockenschütteln und die Blätter fein hacken. Alles zum Fleisch geben und zugedeckt weitere 30 Minuten kochen.

4. Nektarinen schälen, halbieren, entkernen und das Fruchtfleisch in Spalten schneiden. Maracujas halbieren, Fruchtfleisch und Kerne mit einem Löffel herauslösen. Den Eintopf mit Salz und Pfeffer abschmecken, Nektarinen und Maracuja untermischen und in Servierschalen füllen.

Die Argentinier gehen gerne zum Essen aus. Neben der traditionellen Gaucho-Küche findet man in den zahlreichen Restaurants auch viele spanisch, deutsch, französisch, chinesisch, jüdisch und arabisch beeinflusste Gerichte.

ARGENTINIEN

Ochsenschwanzeintopf mit Kürbis und Queso Blanco

Zutaten für 6 Personen:

Vorbereitung: ca. 45 Minuten
Garen: ca. 150 Minuten

1,5 kg Ochsenschwanz, in Stücke geschnitten
2 große Zwiebeln
2 Knoblauchzehen
2 EL Butterschmalz
Salz
frisch gemahlener Pfeffer
1/2 l Fleischbrühe
500 g Kürbisfruchtfleisch
250 g Queso Blanco, ersatzweise Kuhmilchfeta

1. Ochsenschwanzstücke waschen und trockentupfen Zwiebeln und Knoblauch schälen und klein würfeln. Butterschmalz in einem großen Schmortopf erhitzen und die Fleischstücke darin rundum anbraten.

2. Das Fleisch salzen und pfeffern. Zwiebeln und Knoblauch zufügen und anbraten. Mit der Brühe ablöschen und das Fleisch zugedeckt bei kleiner Hitze 2 Stunden köcheln lassen.

3. Das Kürbisfruchtfleisch raspeln. Die Fleischstücke aus dem Topf heben, die Schmorflüssigkeit durch ein Sieb in einen anderen Topf gießen. Ochsenschwanzfleisch vom Knochen lösen und klein schneiden. Mit den Kürbisraspeln in die Schmorflüssigkeit geben und weitere 30 Minuten köcheln lassen.

4. Den Käse in kleine Würfel schneiden. Eintopf mit Salz und Pfeffer abschmecken und in Servierschalen verteilen. Mit Käsewürfeln bestreuen und auftragen.

„Asado“, wörtlich übersetzt „Grillen“, ist mehr als nur eine Garmethode. Es ist geselliger Treffpunkt für Familie und Freunde. Während die Männer für das Fleisch zuständig sind, kümmern sich die Frauen um Salate und Dessert.

ARGENTINIEN

Christians Ochsenkoteletts vom Grill in Gewürzmarinade

Zutaten für 4 Personen:

10 getrocknete Chilischoten
10 Knoblauchzehen
1 EL Meersalz
1 kleines Bund Petersilie
75 ml Weinessig
4 EL Öl
4 Ochsenkoteletts à 400 g
Salz

Marinieren: 12 Stunde
Zubereitung: ca. 45 Minuten

1. Die Chilischoten mit den Kernen grob hacken. Den Knoblauch schälen und klein würfeln. Beides mit dem Salz in einem Mörser musig zermahlen. In eine Schüssel geben. Petersilie waschen, trockenschütteln, die Blätter fein hacken und unter die Knoblauchpaste mischen. Essig in einem Topf mit 75 ml Wasser aufkochen und über die Paste gießen. Das Öl unterrühren.

2. Die Ochsenkoteletts waschen und trockentupfen. Fleisch nebeneinander in eine Form legen und rundum mit der Gewürzpaste einstreichen. Mit Frischhaltefolie abdecken und im Kühlschrank über Nacht marinieren lassen.

3. Einen Holzkohlegrill anfeuern. Sobald die Glut sehr heiß ist, die Ochsenkoteletts auf den Rost legen und auf der höchsten Schiene langsam 15–20 Minuten grillen. Dabei das Fleisch mehrfach wenden, dabei aber nicht anstechen. Das Fleisch vor dem Servieren mit Salz bestreuen.

Argentiniens gemäßigtes Klima ist ideal für den Weinbau. Die Winzertradition geht auf die Spanier zurück. Das größte Anbaugebiet liegt in Mendoza, am Fuße der Anden. Neben Rotwein wird hier auch trockener Weißwein erzeugt.

ARGENTINIEN

Mariniertes Zickleinragout Latino style in Weißwein geschmort

Zutaten für 4 Personen:

1 kg Zickleinragout (Keule)
frisch gemahlener Pfeffer
1 große Zwiebel
3 Knoblauchzehen
je 1 kleiner Zweig Thymian und Oregano
3 Lorbeerblätter
3 EL Öl
80 g Butter
Salz
1/4 l trockener Weißwein

Marinieren: über Nacht
Zubereitung: ca. 1 Stunde

1. Das Fleisch waschen, trockentupfen und in Würfel schneiden. In eine Porzellanschüssel geben und mit Pfeffer würzen.

2. Zwiebel und Knoblauch schälen, Zwiebel in feine Ringe schneiden, Knoblauch klein würfeln. Thymian- und Oreganoblättchen von den Stängeln streifen. Alles mit den Lorbeerblättern zum Fleisch geben, mit Öl beträufeln, gut vermischen und abgedeckt über Nacht im Kühlschrank marinieren lassen.

3. Die Butter in einem Schmortopf erhitzen. Fleischwürfel mit der Marinade hineingeben, salzen und rund um bei mittlerer Hitze anbraten. Mit 1/8 Liter Wasser und dem Wein ablöschen. Den Schmortopf mit einem Deckel verschließen. Bei kleiner Hitze ca. 45 Minuten köcheln lassen, bis das Fleisch weich ist. Zum Servieren das Ragout in eine vorgewärmte Servierschüssel füllen

Gutes Essen hat in Argentinien einen hohen Stellenwert. Täglich werden drei bis vier Mahlzeiten gegessen. Die wichtigste ist das Abendessen, das meist sehr spät im Kreis der Familie oder mit guten Freunden eingenommen wird.

ARGENTINIEN

Geschmorter Rehrücken aus dem Ofen mit Kirschsauce

Zutaten für 4 Personen:

1 Rehrücken, ca. 1 kg, küchenfertig
Salz
frisch gemahlener Pfeffer
2 Zwiebeln
2 Möhren
2 Stangen Sellerie
je 1 kleiner Zweig Thymian und Rosmarin
6 Wacholderbeeren
10 weiße Pfefferkörner
3 EL Öl
3 EL weiche Butter
Saft von 1 Zitrone
100 g geräucherter Schinken, in Scheiben geschnitten
1/4 l heiße Fleischbrühe
1/4 l trockener Weißwein
500 g frische Kirschen, entsteint

Zubereitung: ca. 30 Minuten
Schmoren: ca. 1 Stunde

1. Rehrücken waschen und trockentupfen. Mit Salz und Pfeffer einreiben. Zwiebeln und Möhren schälen. Zwiebeln in feine Ringe, Möhren in dünne Scheiben schneiden. Sellerie putzen und in Streifen schneiden.

2. Den Backofen auf 175 Grad vorheizen. Einen Bräter mit Zwiebeln, Möhren und Sellerie auslegen. Thymian- und Rosmarinzweige, Wacholderbeeren und Pfefferkörner zufügen und alles mit Öl beträufeln. Den Rehrücken darauflegen.

3. Butter und Zitronensaft in einer Schüssel vermischen. Den Rehrücken damit bestreichen und mit den Schinkenscheiben belegen. Ca. 1 Stunde im heißen Ofen schmoren lassen. Immer wieder mit der heißen Brühe übergießen.

4. Den Rehrücken auf eine Platte legen und im abgeschalteten Backofen warm halten. Den Schmorfond m Wein ablöschen, Bratensatz loskochen. Sauce etwas einkochen lassen. Kirschen hinzufügen, in der Sauce e wärmen und mit Salz und Pfeffer abschmecken. Fleisc auslösen, schräg in Scheiben schneiden. Kirschsauce getrennt dazu reichen.

Nachtische können den Argentiniern gar nicht süß genug sein. Die Basis vieler Desserts ist „Dulce de leche", eine zähflüssige Masse aus Milch und sehr viel Zucker, die lange eingekocht wird. Sie wird auch oft wie Honig auf Brot gestrichen.

ARGENTINIEN

Marias feiner Zuckermais-schaum im Ofen gebacken

Zutaten für 4 Personen:

6 Zuckermaiskolben
3/4 l Milch
1/2 TL Salz
2 EL Zucker
4 EL Butter
4 EL Mehl
frisch geriebene Muskatnuss
6 Eier, getrennt
Öl für die Form

Vorbereitung: ca. 45 Minuten
Backen: ca. 45 Minuten

1. Den Mais auf einer Gemüsereibe fein reiben. Mit 1/2 Liter Milch, Salz und Zucker in einen Topf geben, aufkochen und 5 Minuten bei kleiner Hitze köcheln lassen. Mais durch ein Sieb in eine Schüssel passieren.

2. Butter in einem Topf zerlassen, Mehl einrühren un hellgelb anschwitzen. Die restliche Milch unter Rühre angießen. Bei mittlerer Hitze unter ständigem Rühren kochen, bis die Milch eindickt.

3. Die Maismilch unterrühren. Vom Herd nehmen und mit Zucker, Salz und Muskatnuss abschmecken. Etwas abkühlen lassen. Den Backofen auf 175 Grad vorheizen.

4. Eigelb nach und nach unter die Maismasse rühren Das Eiweiß sehr steif schlagen und unterheben. Eine tiefe ofenfeste Form mit Öl ausstreichen und die Mass einfüllen. Im heißen Ofen ca. 45 Minuten backen. De Backofen ausschalten und den Auflauf noch 5 Minute ruhen lassen.

Eis genießt in Argentinien zu Recht Kultstatus. Ebenso wie Mate, der aromatische Tee aus den Blättern des immergrünen Matestrauchs. Früher wurde er von den Indios als magischer Trank gegen Hitze, Hunger und Erschöpfung geschätzt.

ARGENTINIEN

Mate-Eiscreme nach Art der Indios mit Papayakugeln

Zutaten für 4 Personen:

1/2 l Milch
5 g Mate-Pulver
7 Eigelb
200 g brauner Zucker
250 g süße Sahne
2 kleine reife Papayas

Vorbereitung: ca. 45 Minuten
Gefrieren: ca. 1 Stunde

1. Die Milch in einem Topf einmal aufkochen. Vom Herd nehmen und das Mate-Pulver einrühren. Etwas abkühlen lassen.

2. Eigelb mit Zucker cremig aufschlagen und unter die lauwarme Mate-Milch mischen. Wieder erwärmen, aber nicht kochen lassen. Die Masse sämig rühren, in eine Schüssel umfüllen und im kalten Wasserbad rühren, bis die Creme erkaltet ist.

3. Die Sahne steif schlagen und unter die kalte Creme heben. Die Masse in eine Eismaschine füllen und fest werden lassen.

4. Papayas halbieren und die Kerne entfernen. Fruchtfleisch mit einem Kugelausstecher in kleinen Bällchen auslösen. Mit dem Eisportionierer Mate-Eiskugeln ausstechen und in die Papayahälften geben. Papayabällchen darauf anrichten und sofort servieren.

Die Küche von Belize ist von kreolischen, karibischen und britischen Einflüssen geprägt. Aus der Kolonialzeit stammt dieses Rezept der auch in England beliebten Fleischpastete, die in Belize mit Mais und Chilischoten eingebürgert wurde.

BELIZE

Würzige Fleischpastete mit Käse und geröstetem Mais

Zutaten für 4 Personen:

250 g Mehl und
Mehl zum Bearbeiten
125 g Butter und
Butter für die Form
3 Eier
Salz
1 Zwiebel
2 frische grüne Chilischoten
100 g gekochter Mais
1 EL Öl
500 g Rinderhackfleisch
100 g geriebener Käse,
z.B. Gouda

Zubereitung: ca. 80 Minuten
Backen: ca. 90 Minuten

1. Das Mehl auf eine Arbeitsfläche sieben und in die Mitte eine Mulde drücken. Die Butter in Stückchen, 1 Ei, 3 Esslöffel Wasser und 1 Teelöffel Salz hineingeben und alles zu einem glatten Teig verkneten. Den Teig abgedeckt 1 Stunde im Kühlschrank ruhen lassen.

2. Die Zwiebel schälen, die Chilischoten längs halbieren. Zwiebel und Chilischoten fein hacken. Den Mais im heißen Öl goldbraun anrösten. Zwiebel und Chilischoten zufügen und kurz andünsten. Vom Herd nehmen und abkühlen lassen.

3. Das Hackfleisch mit der Maismischung, den restlichen Eiern und dem Käse vermischen. Mit Salz und Pfeffer würzen. Den Backofen auf 150 Grad vorheizen.

4. Teig auf einer bemehlten Fläche ausrollen. Kastenform mit Butter ausfetten und mit dem Teig auslegen. Teig am Rand so hochziehen, dass er über die Form hängt. Fleischmasse einfüllen, Teig darüberklappen. Mit dem restlichen Teig belegen. Ränder zusammendrücken. In der Mitte des Teigs ein Loch ausschneiden.

5. Pastete im heißen Ofen ca. 90 Minuten backen. Aus der Form stürzen. Lauwarm oder kalt servieren.

Das Nationalgericht von Belize ist „Reis und Bohnen". Diese beiden Grundzutaten werden in vielen Variationen zubereitet und gewürzt. Besonders schmackhaft ist diese Version mit Kokosmilch und herzhaftem Räucherspeck.

BELIZE

Pinto-Bohnen und Reis in Kokosmilch mit Speck

Zutaten für 6 Personen:

500 g getrocknete Pinto-Bohnen
300 g geräucherter Bauchspeck
2 Zwiebeln
3 Knoblauchzehen
2 EL Schmalz
200 ml Kokosmilch
200 g gekochter Reis
1 TL getrockneter Thymian
frisch gemahlener Pfeffer
Salz

Vorbereitung: ca. 12 Stunden
Zubereitung: ca. 1 Stunde

1. Die Bohnen über Nacht mit Wasser bedeckt quellen lassen. Am nächsten Tag abgießen, mit kaltem Wasser abbrausen und mit 1 Liter Wasser in einen Topf geben. Den Speck einlegen. Zum Kochen bringen und zugedeckt bei mittlerer Hitze 20 Minuten köcheln lassen.

2. Die Zwiebeln und den Knoblauch schälen und in kleine Würfel schneiden. Schmalz in einer Pfanne erhitzen, Zwiebeln und Knoblauch darin goldgelb braten. Mit dem Schmalz unter die Bohnen rühren und weitere 20 Minuten köcheln.

3. Den Speck aus den Bohnen nehmen und ohne Schwarte in mundgerechte Würfel schneiden. Zurück zu den Bohnen geben, die Kokosmilch und 1/8 Liter Wasser angießen. Zum Kochen bringen und den Reis untermischen. Mit Thymian und Pfeffer würzen. Zugedeckt bei kleiner Hitze so lange köcheln lassen, bis der Reis gar ist. Eventuell noch etwas Wasser zufügen. Vor dem Servieren mit Salz und Pfeffer abschmecken.

Rund ein Drittel der Einwohner Belizes sind Kreolen, Nachfahren der frühen englischen Siedler und afrikanischer Sklaven, die von Jamaika auf das Festland kamen. Neben Englisch, der Amtssprache, ist Kreolisch die am weitesten verbreitete Sprache im Land.

BELIZE

Kreolisches Fischragout mit Tomaten und Knoblauch

Zutaten für 4 Personen:

1 kg Rotbarschfilet
4 Zwiebeln
6 Tomaten
4 Knoblauchzehen
1 kleines Stück Ingwer
5 frische grüne Chilischoten
1 EL grobes Meersalz
100 ml Öl
1 TL gemahlene Kurkuma
200 ml Fischfond
1 EL fein gehackte Petersilie

Zubereitung: ca. 25 Minuten

1. Den Fisch waschen, trockentupfen und in ca. 4 cm breite Streifen schneiden. Die Zwiebeln schälen, halbieren und in dünne Scheiben schneiden. Die Tomaten häuten, vierteln, entkernen und würfeln.

2. Den Knoblauch schälen und grob hacken. Den Ingwer schälen und fein reiben. Die Chilischoten längs halbieren, entkernen und hacken. Knoblauch, Ingwer und Chilischoten im Mörser mit dem Meersalz musig zermahlen.

3. Das Öl in einer tiefen Pfanne erhitzen und die Zwiebeln darin goldbraun anbraten. Knoblauch-Chili-Paste einrühren und kurz anrösten. Tomaten und Kurkuma zufügen und etwas köcheln lassen.

4. Den Fischfond angießen und zum Kochen bringen. Den Fisch einlegen und zugedeckt 5–6 Minuten gar ziehen lassen. Mit der Petersilie überstreuen, vom Herd nehmen und noch 2 Minuten ziehen lassen. Danach in eine vorgewärmte Servierschüssel umfüllen.

Belize ist ein kleines fruchtbares Land mit tropischem Klima. Viele der knapp 300.000 Einwohner arbeiten in der Landwirtschaft. Zu den wichtigsten Exportartikeln gehören Süßkartoffeln, Bananen, Zitrusfrüchte und Zucker.

BELIZE

Süßkartoffelauflauf mit Vanillemark und Rosinen

Zutaten für 12 Stücke:

1 kg Süßkartoffeln
1 großes Stück Ingwer
200 g Rosinen
200 g brauner Vollrohrzucker
Mark von 2 Vanilleschoten
frisch geriebene Muskatnuss
1/2 l Milch
1/2 l Kokosmilch
2 EL flüssige Butter und
Butter für die Form

Außerdem:
1 Auflaufform, ca. 25 x 35 cm

Zubereitung: ca. 15 Minuten
Backen: ca. 1 Stunde

1. Den Backofen auf 225 Grad vorheizen. Die Süßkartoffeln waschen, schälen und auf einer Gemüsereibe grob reiben. Den Ingwer schälen und fein reiben.

2. Süßkartoffeln und Ingwer mit den Rosinen, dem Zucker, dem Vanillemark und der Muskatnuss gut vermischen. Die Milch, die Kokosmilch und die Butter unterrühren.

3. Die Auflaufform mit Butter ausfetten und die Süßkartoffelmasse einfüllen. Die Oberfläche glatt streichen. In den heißen Ofen auf die untere Schiene stellen und 30 Minuten backen. Danach die Temperatur auf 175 Grad reduzieren und den Auflauf auf die obere Schiene des Ofens stellen. Weitere 30 Minuten backen, bis der Auflauf goldbraun ist. Garprobe machen: Mit einem sauberen Spieß in die Mitte des Auflaufs stechen und den Spieß wieder herausziehen. Falls etwas Teig daran klebt, den Auflauf weiterbacken.

4. Süßkartoffelauflauf in der Form heiß oder lauwarm servieren.

Die Babaco ist eine sehr vitaminreiche Frucht, die ursprünglich aus Ecuador stammt. Sie ist 20–30 cm lang, leuchtend gelb und kann bis zu 1,5 Kilogramm wiegen. Babaco ist sehr saftig, schmeckt leicht säuerlich und wird mit Schale gegessen.

BELIZE

Babacokompott mit Mango und Ananas in Honigsauce

Zutaten für 4 Personen:

Zubereitung: ca. 30 Minuten
Kühlen: ca. 1 Stunde

- 1 Babyananas
- 1 reife Mango
- 1 mittelgroße Babaco
- 200 g Kapstachelbeeren
- 1/4 l Orangensaft
- 1/4 l Maracujasaft
- Saft von 2 Limetten
- 3 EL flüssiger Honig
- 2 EL Speisestärke
- 4 EL Crème double

1. Die Ananas schälen und würfeln. Die Mango schälen, das Fruchtfleisch vom Stein schneiden und ebenfalls würfeln. Die Babaco waschen, trockentupfen und in Scheiben schneiden. Die Kapstachelbeeren aus den Blatthüllen lösen. Alles in eine Schüssel geben.

2. Orangen-, Maracuja- und Limettensaft mit dem Honig aufkochen. Die Speisestärke mit etwas Wasser verquirlen und unter die Honigsauce rühren. Einmal aufkochen lassen, dann vom Herd nehmen und über das Obst gießen. Vorsichtig untermischen. Das Kompott auskühlen lassen, dabei gelegentlich umrühren. Abgedeckt 1 Stunde im Kühlschrank ziehen lassen.

3. Das Kompott in 4 Glasschalen verteilen und jeweil 1 Esslöffel Crème double in die Mitte geben.

„Acarajé", Bohnenplätzchen, werden in Bahia an jeder Straßenecke verkauft. Sie werden von den „Baianas", dunkelhäutigen Frauen in weißer Spitzentracht, an kleinen Imbiss-Ständen direkt am Straßenrand in Palmöl frisch ausgebacken.

BRASILIEN

Bohnenplätzchen mit Pfeffersauce in Palmöl frittiert

Zutaten für 4 Personen:

Einweichen: ca. 12 Stunden
Zubereitung: ca. 30 Minuten

Für die Plätzchen:
500 g Augenbohnen oder braune Bohnen
1 Zwiebel
1 Knoblauchzehe
1 TL Salz
frisch gemahlener Pfeffer
Dendé (Palmöl) oder Kokosfett zum Frittieren

Für die Sauce:
2 Knoblauchzehen
1 kleine Zwiebel
5 eingelegte Malaguetta-Pfefferschoten, ersatzweise Chilischoten
Salz
Saft von 4 Limetten

1. Die Bohnen über Nacht in kaltem Wasser einweichen. Am nächsten Tag abgießen und abtropfen lassen.

2. Für die Sauce Knoblauch und Zwiebel schälen und klein schneiden. Den Stiel samt Stielansatz der Pfefferschoten entfernen. Schoten, Knoblauch, Zwiebel, Salz und Limettensaft im Mixer pürieren. Die Sauce 30 Minuten ziehen lassen.

3. Für die Plätzchen Zwiebel und Knoblauch schälen und sehr klein würfeln. Die Bohnen zwischen den Händen so reiben, dass sich die äußeren Schalen von den Bohnen lösen. Bohnen im Mixer mit 1/8 Liter Wasser und Salz pürieren. Zwiebel und Knoblauch unterrühren. Backofen auf 100 Grad vorheizen.

4. Palmöl in einem Topf erhitzen. Vom Bohnenteig mit einem Esslöffel kleine Portionen abstechen und im heißen Öl 2 Minuten auf einer Seite ausbacken. Wenden und weitere 2 Minuten frittieren. Plätzchen auf Küchenpapier abtropfen lassen. Im Backofen warm stellen. Auf diese Weise den gesamten Teig verarbeiten.

5. Bohnenplätzchen auf eine Servierplatte legen und mit der Pfeffer-Limetten-Sauce auftragen.

„Cachaça" ist ein Zuckerrohrschnaps – nicht zu verwechseln mit Rum –, der so nur in Brasilien destilliert wird. Er findet in vielen Cocktails Verwendung, am bekanntesten jedoch als „Caipirinha" mit Zucker, Limette und Eis.

BRASILIEN

Flambierte Knoblauchwurst mit gebackenen Käsehäppchen

Zutaten für 4 Personen:

30 g Cashewkerne
1 Knoblauchzehe
1 kleine Zwiebel
1 eingelegte Malaguetta-Pfefferschote, ersatzweise Chilischote
250 g geriebener Hartkäse
frisch gemahlener Pfeffer
1/2 TL edelsüßes Paprikapulver
3 EL Olivenöl
400 g Linguica, ersatzweise spanische Chorizo
4 Scheiben Weißbrot
60 ml Cachaça, ersatzweise weißer Rum

Zubereitung: ca. 20 Minuten

1. Die Cashewkerne in einer Pfanne ohne Öl rösten und klein hacken. Knoblauch und Zwiebel schälen und mit der abgetropften Pfefferschote sehr fein hacken. In eine Schüssel geben und mit Käse, Pfeffer, Paprika und 1 Esslöffel Öl mischen. Den Backofengrill einschalten.

2. Die Würste in dicke Scheiben schneiden. In einer Pfanne das restliche Öl erhitzen, die Wurstscheiben darin auf beiden Seiten knusprig braten. Auf Küchenpapier abtropfen lassen und in eine feuerfeste Form geben.

3. Weißbrotscheiben nebeneinander auf ein Backblech legen und mit der Käsemasse bestreichen. Unter dem Backofengrill goldbraun backen. Brote herausnehmen und in Dreiecke schneiden. Auf eine Servierplatte legen und mit den Cashewnüssen bestreuen.

4. Wurstscheiben mit Cachaça begießen, anzünden und flambieren. Mit den Käsehäppchen servieren.

Cashewkerne sind botanisch gesehen keine Nüsse, sondern der herauswachsende Samen des Caju-Apfels, aus dem schon die Indios ein vergorenes Getränk bereiteten. In Brasilien wird die Frucht für Desserts und Getränke benutzt.

BRASILIEN

Ananassalat von der Copa Cabana mit Cashewkernen

Zutaten für 4 Personen:

1 Ananas
2 Möhren
1 Stück Ingwer, geschält
Saft von 1 Limette
1 TL Zucker
1/2 TL Salz
frisch gemahlener Pfeffer
3 EL saure Sahne
2 EL Mayonnaise
1 Kopfsalat
150 g gekochter Schinken
50 g Cashewkerne

Zubereitung: ca. 30 Minuten

1. Die Ananas der Länge nach halbieren und den Strunk herausschneiden. Das Fruchtfleisch auslösen, in kleine Stücke schneiden und in eine Schüssel geben. Ausgehöhlte Ananashälften beiseitestellen.

2. Die Möhren schälen und grob raspeln. Die Frühlingszwiebeln putzen und in feine Ringe schneiden. Mit den Möhren zu der Ananas geben. Den Ingwer darüber reiben, Limettensaft, Zucker, Salz und Pfeffer dazugeben und alles mischen.

3. Die Sahne mit der Mayonnaise verrühren. Schinken in kleine Würfel schneiden. Über den Ananassalat geben und sorgfältig untermischen. Den Salat 15 Minuten ziehen lassen.

4. Inzwischen den Kopfsalat putzen, waschen und trockenschleudern. Eine Servierplatte mit den Salatblättern auslegen. Die Cashewkerne in einer Pfanne ohne Öl rösten und hacken.

5. Den Ananassalat in die ausgehöhlten Fruchthälften füllen, mit Cashewkernen bestreuen und auf den Salatblättern anrichten.

Kokosmilch kann man auch selber machen. Dazu das weiße Kokosfleisch fein raspeln, in ein Tuch geben, mit heißem Wasser übergießen und 15 Minuten ziehen lassen. Über einer Schüssel auspressen und dabei die „Milch“ auffangen.

BRASILIEN

Pikante Kokosnusssuppe

mit Garnelen

Zutaten für 4 Personen:

250 g kleine rohe Garnelen, geschält
1 Zwiebel
2 EL Maisstärke
1/4 l Milch
1/2 l Kokosmilch
1/4 l Hühnerbrühe
1 EL Maisöl
Salz
Cayennepfeffer
1 kleines Bund Koriander

Zubereitung: ca. 30 Minuten

1. Die Garnelen waschen und in einem Sieb abtropfen lassen. Die Zwiebel schälen und klein würfeln.

2. Maisstärke mit 2–3 Esslöffeln Milch verrühren. Restliche Milch, Kokosnussmilch und Hühnerbrühe in einem Topf zum Kochen bringen. Aufgelöste Maisstärke unter Rühren dazugeben und bei kleiner Hitze ca. 10 Minuten kochen.

3. Das Öl in einer Pfanne erhitzen und die Zwiebel darin glasig dünsten. Garnelen hinzufügen und dünsten, bis sich ihr Fleisch rot verfärbt. Alles in die Suppe geben und mit Salz und Cayennepfeffer pikant abschmecken.

4. Den Koriander waschen, trockenschütteln und die Blätter fein hacken. Die Suppe in Suppenschalen verteilen und mit Koriander bestreut servieren.

In Brasilien ist das grobkörnige Maniokmehl eine beliebte Fertigwürze. In vielen einheimischen Restaurants steht geröstetes Maniokmehl auf den Tischen, mit dem die Gäste ihr Essen nach eigenem Geschmack nachwürzen können.

BRASILIEN

Spitzkohlstreifen in Palmöl gebraten mit geröstetem Maniokmehl

Zutaten für 4 Personen:

1 kleiner Spitzkohl, ca. 900 g
1 Zwiebel
1 Knoblauchzehe
2 EL Dendé (Palmöl) oder Kokosfett
Salz
frisch gemahlener Pfeffer
200 g Maniokmehl

Zubereitung: ca. 20 Minuten

1. Die Spitzkohlblätter vom Strunk lösen, waschen, trockenschütteln und die harten Blattrippen entfernen. Blätter in feine Streifen schneiden. Zwiebel und Knoblauch schälen und klein würfeln.

2. Das Palmöl in einer Pfanne erhitzen, Zwiebel und Knoblauch darin andünsten. Spitzkohl hinzufügen, salzen, pfeffern und 5 Minuten dünsten.

3. Das Maniokmehl einstreuen und fünf Minuten unter ständigem Rühren rösten. Auf einer Servierplatte auftragen.

Bohnen kannten die Indios schon vor 3.000 Jahren. Sie sind noch heute eines der wichtigsten Nahrungsmittel in Brasilien. Es gibt Dutzende verschiedener Arten, aber am beliebtesten sind die kleinen schwarzen Bohnen.

BRASILIEN

Vegetarischer Eintopf mit Kürbis und schwarzen Bohnen

Zutaten für 6 Personen:

600 g Kürbis
500 g Tomaten
2 Zwiebeln
2 Knoblauchzehen
1 eingelegte Malaguetta-Pfefferschote, ersatzweise Chilischote
1 Bund Basilikum
3 EL Olivenöl
500 g schwarze Bohnen aus der Dose, abgetropft
Salz
1/2 l Gemüsebrühe
300 g Maiskörner aus der Dose, abgetropft
100 g Maniokmehl

Zubereitung: ca. 45 Minuten

1. Den Kürbis schälen, entkernen und in 2 cm große Würfel schneiden. Die Tomaten häuten, vierteln, entkernen und das Fruchtfleisch hacken. Zwiebeln und Knoblauch schälen und klein würfeln. Stiel und Stielansatz der Pfefferschote entfernen, die Schote klein hacken. Basilikum waschen, trockenschütteln und die Blätter in Streifen schneiden.

2. Öl in einem großen Topf erhitzen, Zwiebel und Knoblauch darin glasig dünsten. Kürbis, Tomaten und Bohnen dazugeben, mit Salz, Pfefferschote und Basilikum würzen und mit Brühe ablöschen. Aufkochen und bei kleiner Hitze 20 Minuten köcheln lassen. Maiskörner dazugeben und weitere 5 Minuten garen.

3. Inzwischen das Maniokmehl in einer Pfanne ohne Öl goldbraun rösten.

4. Den Eintopf in Servierschalen verteilen und mit dem Maniokmehl bestreuen.

Die bahianische Küche im Nordosten Brasiliens ist besonders stark von den afrikanischen Sklaven beeinflusst. Die drei wichtigsten Bestandteile dieser Küche sind Kokosnuss, Palmöl und Malaguetta-Pfeffer, eine scharfe Chilisorte.

BRASILIEN

Gedämpfte Rotbarschfilets aus Bahia in Kokosmilch

Zutaten für 4 Personen:

2 Tomaten
1 Zwiebel
1 Knoblauchzehe
1 eingelegte Malaguetta-Pfefferschote, ersatzweise Chilischote
1 kleines Bund Koriander
4 Rotbarschfilets à 200 g
Salz
frisch gemahlener Pfeffer
1/8 l Kokosmilch
2 EL Limettensaft
2 EL Palmöl

Zubereitung: ca. 30 Minuten

1. Tomaten häuten, vierteln und entkernen. Zwiebel und Knoblauch schälen und würfeln. Den Stiel der Pfefferschote samt Stielansatz entfernen. Den Koriander waschen, trockenschütteln und die Blätter von den Stängeln zupfen. Alles im Mixer glatt pürieren.

2. In eine große Pfanne geben, aufkochen und bei kleiner Hitze 5 Minuten köcheln lassen.

3. Die Fischfilets waschen, trockentupfen und mit Salz und Pfeffer würzen. Filets in die Sauce legen und 5 Minuten zugedeckt gar ziehen lassen.

4. Kokosmilch, Limettensaft und Palmöl hinzufügen und den Fisch zugedeckt weitere 5 Minuten garen. Die Fischfilets mit der Sauce anrichten.

Die grünen kantigen fingerdicken Okraschoten sind in Brasilien sehr beliebt. Sie sondern beim Kochen eine milchige Flüssigkeit ab, die Suppen und Eintöpfe bindet und bei Magenproblemen Linderung verschafft.

BRASILIEN

Garnelenpfanne mit Okraschoten und frischem Koriander

Zutaten für 4 Personen:

1 kg Okraschoten
Saft von 2 Zitronen
20 große rohe Garnelen
1 Zwiebel
2 Knoblauchzehen
2 EL Palmöl
100 g getrocknete Garnelen
50 g geröstete Erdnüsse
Salz
frisch gemahlener Pfeffer
1 kleines Bund Koriander
2 eingelegte Malaguetta-Pfefferschoten, ersatzweise Chilischoten

Zubereitung: ca. 60 Minuten

1. Okraschoten waschen, die Stiele entfernen. Schote in 1 cm lange Stücke schneiden. Mit dem Zitronensaft beträufeln und 15 Minuten ziehen lassen.

2. Inzwischen die rohen Garnelen aus der Schale lösen, am Rücken entlang einschneiden und den Darm entfernen. Zwiebel und Knoblauch schälen und klein würfeln.

3. In einer Pfanne 1 Esslöffel Palmöl erhitzen und die Garnelen auf jeder Seite 1 Minute anbraten. Herausnehmen und beiseitestellen. Die getrockneten Garnele mit 4 gebratenen Garnelen und den Erdnüssen im Mixer zu einer glatten Paste pürieren.

4. Restliches Palmöl in der Pfanne erhitzen, Zwiebel und Knoblauch darin anschwitzen. Garnelenpaste und abgetropfte Okrastücke hinzufügen. Salzen und pfeffern, 1/4 Liter Wasser angießen, einmal aufkochen un bei kleiner Hitze 30 Minuten köcheln lassen.

5. Koriander waschen, trockenschütteln, die Blätter von den Stängeln zupfen und mit den Pfefferschoten fein hacken. Mit den restlichen gebratenen Garnelen in die Pfanne geben und 3 Minuten garen. Zum Serviere auf 4 vorgewärmte Teller verteilen.

Maniok ist eine längliche Wurzel, die die Ureinwohner im tropischen Teil Südamerikas schon vor Jahrhunderten als Nahrungsmittel nutzten. Sie enthält viel Eiweiß und Vitamine und ist auch heute noch in Brasilien von großer Bedeutung.

BRASILIEN

Fisch-Garnelen-Pfanne mit Maniok und Kokosmilch

Zutaten für 4 Personen:

600 g Maniok
2 Zwiebeln
2 Knoblauchzehen
5 Tomaten
1 kleines Bund Koriander
2 eingelegte Malaguetta-Pfefferschoten, ersatzweise Chilischoten
2 EL Olivenöl
500 g Fischfilet, z.B. Kabeljau
500 g rohe Garnelen, geschält
Salz
frisch gemahlener Pfeffer
1/8 l Kokosmilch
2 EL Palmöl

Zubereitung: ca. 50 Minuten

1. Die Maniokwurzel schälen und in 2 cm große Würfel schneiden. In einen Topf geben, mit kaltem Wasser bedecken und in ca. 30 Minuten gar kochen.

2. Inzwischen Zwiebeln und Knoblauch schälen und fein würfeln. Tomaten häuten, vierteln, entkernen und grob hacken. Koriander waschen, trockenschütteln und die Blätter mit den Pfefferschoten hacken.

3. Olivenöl in einer Pfanne erhitzen, Zwiebeln und Knoblauch darin andünsten. Tomaten, Koriander und Pfefferschoten zufügen und ca. 10 Minuten köcheln lassen.

4. Inzwischen den Fisch und die Garnelen waschen und trockentupfen. Den Fisch in 3 cm große Würfel schneiden und mit den Garnelen in die Pfanne geben. Mit Salz und Pfeffer würzen und bei kleiner Hitze 5 Minuten garen.

5. Maniok abgießen und mit 1/8 Liter frischem Wasser im Mixer pürieren. Maniokpüree, Kokosmilch und Palmöl in die Fisch-Garnelen-Pfanne einrühren, weiter 5 Minuten garen und servieren.

Koriander ist eines der wichtigsten Gewürze in der brasilianischen Küche. Es ist mit keinem anderen Würzkraut zu vergleichen. In unseren Breiten kennt man eher seine Früchte (Korianderkörner), die jedoch ein anderes Aroma besitzen.

BRASILIEN

Geschmorte Hähnchenkeulen in Gewürzsauce

Zutaten für 4 Personen:

4 große Hähnchenkeulen
1 Zwiebel
2 Knoblauchzehen
4 Tomaten
4 eingelegte Malaguetta-Pfefferschoten, ersatzweise Chilischoten
1/2 TL gemahlener Kreuzkümmel
1/4 TL gemahlener Zimt
2 EL Korianderblätter, gehackt
1 TL Zucker
1 EL Essig
1/2 TL Salz
frisch gemahlener Pfeffer
3 EL Olivenöl
1/4 l Hühnerbrühe

Zubereitung: ca. 1 Stunde

1. Die Hähnchenkeulen waschen, trockentupfen und am Gelenk durchschneiden.

2. Zwiebel und Knoblauch schälen und grob würfeln. Tomaten häuten und entkernen. Pfefferschoten halbieren und entkernen. Alles in einen Mixer geben, mit Kreuzkümmel, Zimt, Koriander, Zucker, Essig, Salz und Pfeffer würzen. Zu einer glatten Paste pürieren.

3. Die Paste in eine große Pfanne geben und bei mittlerer Hitze 5 Minuten dünsten. In einer zweiten Pfanne das Olivenöl erhitzen und die Hähnchenstücke darin rundum braun anbraten. Hähnchenstücke in die große Pfanne zur Paste geben.

4. Das Öl aus der anderen Pfanne abschütten, den Bratensatz mit der Hühnerbrühe loskochen und ebenfalls zum Hähnchen geben. Zugedeckt bei kleiner Hitze ca. 45 Minuten schmoren. Gelegentlich umrühren. Hähnchenteile auf einer Platte anrichten und mit der Sauce übergießen.

„Tapioka" ist die geschmacksneutrale Stärke aus der getrockneten Maniokwurzel. Sie wird in Brasilien hauptsächlich zum Binden von Suppen und Saucen, aber auch für die Herstellung von Süßspeisen, Pudding und Kuchen verwendet.

BRASILIEN

Feines Hühnerfrikassee mit Ananas und Ingwer

Zutaten für 4 Personen:

1 Suppenhuhn
2 Zwiebeln
2 Knoblauchzehen
2 Stangen Sellerie
2 Tomaten
4 EL Olivenöl
1 Zweig Thymian
Salz
1 kleine Ananas
1 kleines Stück Ingwer
1 eingelegte Malaguetta-Pfefferschote, ersatzweise Chilischote
2 EL Tapioka- oder Reisstärke, in 2 EL Wasser aufgelöst
Salz
frisch gemahlener Pfeffer
2 EL fein gehackter Koriander

Zubereitung: ca. 2 Stunden

1. Huhn waschen, trockentupfen und in 6 Teile schneiden. Zwiebeln und Knoblauch schälen, Sellerie putzen und alles klein würfeln. Tomaten häuten, vierteln und entkernen.

2. In einem Topf 2 Esslöffel Öl erhitzen und das Fleisch darin rundum anbraten. Die Hälfte der Zwiebel-, Knoblauch- und Selleriewürfel sowie die Tomaten zufügen und 10 Minuten dünsten. Alles mit Wasser knapp bedecken. Thymianzweig dazugeben, salzen und das Huhn bei kleiner Hitze ca. 1 Stunde kochen.

3. Die Ananas schälen, den Strunk entfernen und das Fruchtfleisch in Würfel schneiden. Ingwer schälen und klein würfeln. Pfefferschote hacken.

4. Hühnerteile aus der Brühe nehmen und etwas abkühlen lassen. Fleisch auslösen und ohne Haut in klein Stücke schneiden. Die Brühe abseihen.

5. Restliches Öl in einem Topf erhitzen. Übrige Zwiebel, Knoblauch und Sellerie mit Ingwer und Pfefferschote andünsten. Ananas hinzufügen und mit der Brühe aufgießen. Tapioka einrühren, einmal aufkochen un das Hühnerfleisch dazugeben. Mit Salz und Pfeffer abschmecken und mit dem Koriander bestreut servieren.

Nach der Unabhängigkeit Brasiliens 1822 siedelten sich vornehmlich Italiener und Deutsche im Süden des Landes an. Hier ist das Klima gemäßigt und die Böden sind fruchtbar. Die Einwanderer brachten ihre Küchentraditionen mit.

BRASILIEN

Schweinegulasch mit Kürbis und Petersilie

Zutaten für 4 Personen:

1 kg Schweinefleisch (Keule)
2 Zwiebeln
2 Knoblauchzehen
3 Tomaten
2 eingelegte Malaguetta-Pfefferschoten, ersatzweise Chilischoten
3 EL Schweineschmalz
Salz
frisch gemahlener Pfeffer
2 Lorbeerblätter
1/2 l Fleischbrühe
600 g Kürbis
1 kleines Bund Petersilie

Zubereitung: ca. 75 Minuten

1. Fleisch waschen, trockentupfen und in ca. 3 cm große Würfel schneiden. Zwiebeln und Knoblauch schälen und klein würfeln. Tomaten häuten, vierteln, entkernen und grob hacken. Pfefferschoten fein hacken.

2. Schweineschmalz in einem Schmortopf erhitzen und das Fleisch darin rundum anbraten. Salzen und pfeffern. Zwiebeln, Knoblauch und Tomaten hinzufügen und 5 Minuten schmoren. Lorbeerblätter und die Hälfte der Brühe dazugeben, einmal aufkochen. Im halb geschlossenen Topf bei kleiner Hitze 30 Minuten köcheln lassen.

3. Den Kürbis schälen, entkernen und in 2 cm große Würfel schneiden. Zum Fleisch geben, restliche Brühe angießen und weitere 20 Minuten köcheln lassen.

4. Petersilie waschen, trockenschütteln und die Blätter fein hacken. Das Gulasch mit Salz und Pfeffer abschmecken und mit Petersilie bestreut servieren.

Bei Rindfleisch aus Südamerika denken viele zuerst an Argentinen. Dabei ist Brasilien nach den USA der zweitgrößte Rindfleischproduzent der Welt und verfüg in den weiten Steppen Südbrasiliens über ein riesiges Potential.

BRASILIEN

Brasilianisches Minutenfleisch mit frischen Kräutern

Zutaten für 4 Personen:

800 g Rindfleisch, Filet oder Lende
frisch gemahlener Pfeffer
1 TL Cayennepfeffer
1/4 TL Nelkenpulver
1/4 TL gemahlener Zimt
1 EL Rotweinessig
1 Zwiebel
2 Knoblauchzehen
1 kleines Stück Ingwer
1 Bund gemischte Kräuter, z.B. Koriander, Petersilie, Minze
3 EL Olivenöl
1 TL Tomatenmark
5 cl Cachaça (brasilianischer Zuckerrohrschnaps)
2 EL Crème double

Vorbereitung: ca. 30 Minuten
Zubereitung: ca. 15 Minuten

1. Das Fleisch waschen, trockentupfen und in sehr feine Streifen schneiden. In eine Schüssel geben. Mit Pfeffer, Cayennepfeffer, Nelkenpulver, Zimt und Essig würzen und 30 Minuten zugedeckt ziehen lassen.

2. Zwiebel, Knoblauch und Ingwer schälen und fein hacken. Die Kräuter waschen, trockenschütteln und die Blätter fein hacken.

3. Das Öl in einer Pfanne stark erhitzen. Das Fleisch salzen und portionsweise je 1 Minute scharf braten. Herausnehmen und warm stellen.

4. Zwiebel, Knoblauch und Ingwer in die Pfanne geben und anschwitzen. Tomatenmark dazugeben, kurz anrösten und mit Cachaça ablöschen. Den Bratensatz loskochen, Crème double einrühren. Fleisch und Kräuter in die Sauce geben und kurz darin ziehen lassen.

„Feijoada" ist das Nationalgericht der Brasilianer und mehr als nur ein Essen. Es ist ein geselliges Beisammensein mit Freunden – oft über mehrere Stunden am Samstagnachmittag zelebriert – zu dem vielerlei Beilagen serviert werden.

BRASILIEN

Klassischer brasilianischer Fleischtopf mit schwarzen Bohnen

Zutaten für 10 Personen:

1 kg getrocknete schwarze Bohnen
500 g Rinderbrust
500 g geräucherte Rippchen
500 g Kasseler
250 g geräucherter Speck
1 Zweig Thymian
2 Lorbeerblätter
500 g Linguiça, ersatzweise Chorizo
2 EL Schweineschmalz
4 Zwiebeln, gewürfelt
4 Knoblauchzehen, gewürfelt
4 Tomaten, gehäutet, entkernt und gehackt
2 eingelegte Malaguetta-Pfefferschoten, ersatzweise Chilischoten, fein gehackt
Salz
frisch gemahlener Pfeffer

Einweichen: 12 Stunden
Zubereitung: ca. 4 Stunden

1. Die Bohnen über Nacht in Wasser einweichen. Am nächsten Tag abgießen, in einem großen Topf geben und mit frischem Wasser bedecken. Bei kleiner Hitze 1 Stunde köcheln lassen.

2. Inzwischen Rinderbrust, Rippchen und Kasseler in ein großes Sieb legen, mit kochendem Wasser übergießen und gut abtropfen lassen.

3. Nach 1 Stunde Kochzeit das Fleisch zu den Bohnen geben. Thymian und Lorbeerblätter einlegen, eventuell noch heißes Wasser dazugeben. 2 Stunden köcheln. Die Linguiça zugeben und weitere 30 Minuten garen.

4. In einem zweiten Topf das Schmalz erhitzen, Zwiebeln und Knoblauch darin anschwitzen. Tomaten und Pfefferschote dazugeben und 5 Minuten dünsten. Eine Suppenkelle gekochte Bohnen zu den Tomaten geben und mit einer Gabel zerdrücken.

5. Fleisch und Würste herausnehmen, in Scheiben schneiden und auf eine Servierplatte legen. Die Tomatenmischung unter die Bohnen rühren und cremig ein kochen lassen. Mit Salz und Pfeffer abschmecken und in eine große Schüssel umfüllen. Zum Fleisch servieren.

Die Kokosnuss ist eines der vielseitigsten und wichtigsten Nahrungsmittel in tropischen Ländern. Das Fruchtwasser wird als Getränk geschätzt und aus dem Fruchtfleisch werden die Kokosflocken und die Kokosmilch gewonnen.

BRASILIEN

Feine Kokosnusscreme-Törtchen im Ofen gebacken

Zutaten für 4 Personen:

Vorbereitung: ca. 15 Minuten
Backen: ca. 30 Minuten

3 Eier
2 Eigelb
150 g Zucker
2 EL weiche Butter
125 g Kokosflocken
Salz
Butter und Zucker für die Formen
Puderzucker zum Bestäuben

Außerdem:
4 kleine Auflaufförmchen

1. Die Eier trennen. Eiweiß beiseitestellen. Das Eigelb mit dem Zucker schaumig rühren. Die Butter und die Kokosflocken einrühren.

2. Den Backofen auf 180 Grad vorheizen. Das Eiweiß mit 1 Prise Salz steif schlagen. Den Eischnee vorsichtig unter die Kokosnusscreme heben.

3. Die Auflaufförmchen ausbuttern und mit Zucker ausstreuen. Die Kokosmasse 3/4 hoch in die Förmchen füllen und ca. 30 Minuten im heißen Backofen goldbraun backen. Die Kokosnusscreme mit Puderzucker bestäuben und in den Formen warm servieren.

Avocados werden in ganz Chile angebaut. Besonders beliebt ist die kleine Sorte „Hass“, die man an ihrer schwarzen Schale erkennt. Sie wurde nach einem Postbeamten benannt, der ein Bäumchen dieser Sorte in seinem Garten fand.

CHILE

Gefüllte Avocados mit Huhn und Garnelen

Zutaten für 4 Personen:

2 reife Avocados
Saft von 2 Limetten
1 kleine Banane
400 g gekochte Hähnchenbrust
4 EL Salatmayonnaise
1 EL süße Sahne
Zucker
Salz
frisch gemahlener Pfeffer
1/2 TL edelsüßes Paprikapulver
4 große Salatblätter
8 große Garnelen, gekocht und geschält

Zubereitung: ca. 20 Minuten

1. Die Avocados längs halbieren und die Hälften vom Stein drehen. Das Fruchtfleisch mit einem Kugelausstecher herauslösen. Avocadobällchen in eine Schüssel geben und sofort mit dem Limettensaft beträufeln. Die Banane schälen, in Scheiben schneiden und unter die Avocados heben. Das Hähnchenbrustfleisch in kleine Würfel schneiden und zufügen.

2. Aus Mayonnaise, Sahne, Zucker, Salz, Pfeffer und Paprikapulver ein würziges Dressing anrühren. Über den Avocadosalat geben und alle Zutaten vorsichtig vermischen. Den Salat in die Avocadoschalen verteilen.

3. Mit den Salatblättern 4 Schalen auslegen und die gefüllten Avocados hineinsetzen. Mit jeweils 2 Garnelen dekorieren.

Kürbis gehört ebenso wie Mais und Kartoffeln zu den Grundnahrungsmitteln in der Region Araukanien, einst die Heimat der Araukaner-Indios. Einige ihrer Gerichte sind bis heute fester Bestandteil der chilenischen Küche.

CHILE

Goldbraun frittierte Kürbisplätzchen mit Chiliwürfeln

Zutaten für 12 Stück:

400 g Kürbisfruchtfleisch
1 kleine Zwiebel
125 g Butter
Salz
500 g Weizenmehl und Mehl zum Bearbeiten
1 TL Backpulver
1 Ei
1 frische rote Chilischote
Pflanzenöl zum Frittieren

Zubereitung: ca. 40 Minuten

1. Das Kürbisfruchtfleisch in Würfel schneiden. Die Zwiebel schälen und fein hacken. Beides in 1 Esslöffel Butter kurz anrösten. 1/8 Liter Wasser angießen, salzen und ca. 25 Minuten weich garen. Danach abgießen, abtropfen lassen und mit dem Stabmixer pürieren.

2. Kürbispüree mit Mehl, Backpulver und Ei verkneten. Eventuell noch etwas Mehl zufügen. Die Chilischote längs halbieren, entkernen und in kleine Würfel schneiden. Unter den Teig kneten. Teig auf einer bemehlten Arbeitsfläche ca. 1 cm dick ausrollen und mit einem Glas Kreise ausstechen. Teigkreise mehrfach mit einer Gabel einstechen.

3. Das Öl in einer Fritteuse auf 175 Grad erhitzen und die Plätzchen auf beiden Seiten je ca. 3 Minuten goldbraun ausbacken. Kurz auf Küchenpapier abtropfen lassen. Heiß servieren.

Empanadas, gefüllte Teigtaschen, gelten als chilenisches Nationalgericht – obwohl sie in ganz Lateinamerika verbreitet sind, wenn auch mit anderen Füllungen. Frittiert und mit Puderzucker überstäubt findet man sie aber nur in Chile.

CHILE

Frittierte Teigtaschen mit Käsefüllung und Puderzucker

Zutaten für 16 Stück:

250 g Mehl
und Mehl zum Bearbeiten
1/2 TL Backpulver
Salz
1 TL abgeriebene Zitronenschale
150 g kalte Butter
1 weiße Zwiebel
200 g Queso Blanco,
ersatzweise Kuhmilch-Feta
Öl zum Frittieren
50 g Puderzucker

Vorbereitung: ca. 45 Minuten
Zubereitung: ca. 30 Stunden

1. Das Mehl auf die Arbeitsfläche sieben, in die Mitte eine Mulde drücken. Backpulver, 3 Esslöffel Wasser, 1 Teelöffel Salz, die Zitronenschale und die gewürfelte Butter hineingeben. Alles rasch zu einem geschmeidigen Teig verkneten, eventuell noch etwas Wasser zufügen. Den Teig zu einer Kugel formen, in Frischhaltefol wickeln und 45 Minuten im Kühlschrank ruhen lassen.

2. Die Zwiebel schälen und fein hacken. Den Käse zwischen den Fingern zerkrümeln und mit der Zwiebel mischen.

3. Den Teig auf der bemehlten Arbeitsfläche ca. 3 mm dick ausrollen. Teigkreise von 12 cm Ø ausschneiden. 2 Teelöffel Käse-Zwiebel-Mischung jeweils in die Mitte setzen. Teigränder mit Wasser befeuchten. Den Teig über der Füllung zu einem Halbkreis zusammenklappen und die Ränder mit einer Gabel zusammendrücken.

4. Das Öl in der Fritteuse auf 175 Grad erhitzen. Die Teigtaschen portionsweise im heißen Öl auf beide Seiten goldbraun ausbacken. Kurz auf Küchenpapier abtropfen lassen, dann auf eine Platte legen, mit Puderzucker überstäuben und heiß servieren.

Sechs verschiedene Nationen haben die chilenische Küche beeinflusst: Spanier, Deutsche, Franzosen, Italiener und Engländer.

CHILE

Spinatpudding mit Schinken und Käse

Zutaten für 6 Personen:

Zubereitung: ca. 20 Minuten
Backen: ca. 45 Minuten

- 1 kg Blattspinat
- 1/8 l Milch
- 5 Eier
- 2 EL Butter und
- Butter für die Form
- 150 g geriebener Cheddar
- 100 g Semmelbrösel
- Salz
- frisch gemahlener Pfeffer
- 150 g gekochter Schinken

1. Den Spinat putzen, waschen und tropfnass in einen Topf geben. Zugedeckt bei mittlerer Hitze dünsten, bis er zusammengefallen ist. Spinat gut abtropfen lassen.

2. Den Spinat im Mixer mit der Milch pürieren. Die Eier und die Butter untermixen. Den Käse und die Semmelbrösel unter das Spinatpüree mischen, mit Salz und Pfeffer würzen. Backofen auf 200 Grad vorheizen.

3. Eine feuerfeste Form mit Butter ausfetten und die Hälfte der Spinatmischung einfüllen. Den Schinken in kleine Würfel schneiden und auf dem Spinat verteilen. Restliche Spinatmischung darübergeben. Form in einen größeren Bräter setzen, kochend heißes Wasser angießen. Im Wasserbad im heißen Ofen 40–45 Minuten backen.

An der über 4.000 Kilometer langen chilenischen Küste sind frischer Fisch und Meeresfrüchte eine abwechslungsreiche Alternative zu den üblicherweise sehr gehaltvollen und eher schweren Gerichten der Landesküche.

CHILE

Marinierte Pazifik-Fischspießchen im Ofen gegrillt

Zutaten für 4 Personen:

Zubereitung: ca. 15 Minuten
Marinieren: ca. 30 Minuten

800 g Pazifik-Fischfilets
2 Knoblauchzehen
1 TL Korianderkörner
2 Lorbeerblätter
Salz und Pfeffer
1/8 l Weißwein
1/8 l Olivenöl

Außerdem:
Bambusspieße

1. Den Fisch waschen, trockentupfen und in ca. 3 cm große Würfel schneiden. Den Knoblauch schälen und fein hacken. Mit den zerstoßenen Korianderkörnern, den Lorbeerblättern, Salz, Pfeffer, Wein und Öl verrühren. Den Fisch darin wenden und mit der Marinade in eine Schale geben. Bei Zimmertemperatur 30 Minuten ziehen lassen.

2. Die Bambusspieße 15 Minuten in Wasser einweichen. Den Grill im Backofen vorheizen.

3. Die Fischwürfel auf die Bambusspieße stecken. Die Spieße in eine flache feuerfeste Form legen. Unter dem heißen Grill ca. 6 Minuten grillen, dazwischen einmal wenden.

An der über 4.000 Kilometer langen chilenischen Küste sind frischer Fisch und Meeresfrüchte eine abwechslungsreiche Alternative zu den üblicherweise sehr gehaltvollen und eher schweren Gerichten der Landesküche.

CHILE

Chilenischer Meeraal aus dem Ofen mit Kartoffeln und Mais

Zutaten für 4 Personen:

1 kg Meeraal, küchenfertig
Salz
frisch gemahlener Pfeffer
Saft von 1 Limette
2 weiße Zwiebeln
2 Knoblauchzehen
4 gekochte Kartoffeln
4 Tomaten
60 ml Olivenöl
200 g gekochter Mais (Dose)
1 TL getrockneter Thymian
2 Lorbeerblätter
1/4 l Fischfond
Mehl zum Wenden

Zubereitung: ca. 35 Minuten
Garen: ca. 20 Minuten

1. Den Meeraal waschen, trockentupfen und in ca. 3 cm dicke Scheiben schneiden. Mit Salz und Pfeffer einreiben, nebeneinander in eine Schale legen, mit Limettensaft beträufeln und 15 Minuten ziehen lassen.

2. Zwiebeln und Knoblauch schälen und in kleine Würfel schneiden. Die Kartoffeln schälen und würfeln. Die Tomaten häuten, vierteln, entkernen und hacken.

3. Die Hälfte des Olivenöls in einer tiefen Pfanne erhitzen, Zwiebeln und Knoblauch darin anschwitzen. Die Kartoffeln zufügen und kurz anrösten. Den abgetropften Mais und die Tomaten untermischen, mit Thymian, Salz und Pfeffer würzen, die Lorbeerblätter einlegen und den Fischfond angießen. 5 Minuten köcheln lassen. Den Backofen auf 175 Grad erhitzen.

4. In einer zweiten Pfanne das restliche Öl erhitzen. Die Fischstücke in Mehl wenden und im heißen Öl auf beiden Seiten goldbraun anbraten.

5. Die Hälfte der Gemüsemischung in eine feuerfeste Form füllen. Fisch darauflegen und mit der restlichen Gemüsemischung samt Garflüssigkeit bedecken. Im heißen Ofen 15–20 Minuten garen.

Feijoas werden in den subtropischen Klimazonen Südamerikas, Asiens und Afrikas angebaut. Sie haben eine feste Schale, die ungenießbar ist, und ein weißes bis lachsfarbenes Fruchtfleisch, das im Geschmack an Ananas erinnert.

CHILE

Festliche Hühnerbrüste mit Feijoas und Maiskolben

Zutaten für 4 Personen:

4 Hühnerbrüste
Salz
frisch gemahlener Pfeffer
1/2 l frisch gepresster Orangensaft
4 Feijoas
2 EL Butter
2 EL Öl
1/4 l Rotwein
4 frische Zuckermaiskolben
1 EL Zucker
1/8 l Milch
2 TL Speisestärke

Marinieren: ca. 4 Stunden
Zubereitung: ca. 35 Minuten

1. Die Hühnerbrüste waschen und trockentupfen. Mit Salz und Pfeffer einreiben, in eine Schüssel legen und mit dem Orangensaft übergießen. Abgedeckt im Kühlschrank 4 Stunden ziehen lassen.

2. Die Hühnerbrüste aus der Marinade heben und gut abtropfen lassen. Die Feijoas waschen, trockentupfen und mit der Schale in dünne Scheiben schneiden.

3. In einer tiefen Pfanne 1 Esslöffel Butter und das Öl erhitzen. Die Hühnerbrüste darin von allen Seiten anbraten. Überschüssiges Bratfett abgießen. Den Rotwein und die Hälfte der Marinade angießen. Die Feijoas zugeben. Zugedeckt bei schwacher Hitze 15 Minuten köcheln lassen.

4. Maiskolben mit der restlichen Butter, dem Zucker, Milch und 1 Liter Wasser 10–15 Minuten kochen. Dann aus dem Wasser heben und abtropfen lassen.

5. Die Speisestärke mit etwas Marinade verquirlen. Hähnchenbrüste aus der Sauce heben, auf eine Servierplatte legen und warm stellen. Speisestärke in die Sauce rühren und einmal aufkochen. Sauce über die Hähnchenbrüste geben. Mit den Maiskolben servieren.

Chilenischer Wein genießt weltweit einen guten Ruf. Bekannt sind vor allem die vollmundigen fruchtigen Rotweine. Inzwischen gibt es auch viele Kooperationen zwischen Weinbauern in Chile mit Kollegen in Frankreich und Kalifornien.

CHILE

Gefüllter Rinderbraten in Rotwein mit Oliven und Kapern

Zutaten für 4 Personen:

Marinieren: ca. 6 Stunden
Zubereitung: ca. 150 Minuten

1 kg Rinderbraten (Bug oder Keule)
Salz
frisch gemahlener Pfeffer
100 g roher Schinken
6 Knoblauchzehen
1 rote Paprikaschote
1 EL Kapern
100 g schwarze Oliven, entsteint
1/2 l Rotwein
3 Zwiebeln
6 Tomaten
2 EL Öl
2 EL Butter

1. Das Fleisch waschen, trockentupfen und waagrech eine Tasche hineinschneiden. Innen und außen mit Sal und Pfeffer einreiben. Den Schinken würfeln. Knoblauch schälen und fein hacken. Paprikaschote halbieren, entkernen und in kleine Würfel schneiden. Kaperr und Oliven hacken. Alles vermischen und in die Fleischtasche füllen. Das Fleisch mit Küchengarn in Form binden und in eine Schale legen. Mit dem Rotwein übergießen und zugedeckt an einem kühlen Ort 6 Stunden ziehen lassen. Mehrmals im Wein wenden.

2. Die Zwiebeln schälen und würfeln. Die Tomaten häuten, vierteln, entkernen und hacken.

3. Fleisch aus dem Wein heben und trockentupfen. Ö und Butter in einem Schmortopf erhitzen und das Fleisch darin rundum anbraten. Zwiebeln zufügen und goldbraun anrosten. Tomaten und Wein dazugeben. Zu gedeckt bei kleiner Hitze ca. 2 Stunden schmoren. Während dieser Zeit den Braten mehrmals wenden. Eventuell etwas Wasser angießen.

4. Das Küchengarn entfernen und das Fleisch in Sche ben schneiden. Die Sauce passieren, mit Salz und Pfeffer abschmecken und über das Fleisch geben.

Sechs verschiedene Nationen haben die chilenische Küche beeinflusst: Spanier, Deutsche, Franzosen, Italiener und Engländer. Der spanische Einfluss zeigt sich vor allem bei Fleischgerichten wie diesen Schweinerippchen.

CHILE

Schweinerippchen mit Bohnen und Mais

Zutaten für 6 Personen:

1 kg Schweinerippchen
2 große Zwiebeln
2 Knoblauchzehen
750 g Tomaten
3 EL Öl
1 TL getrockneter Oregano
Salz
frisch gemahlener Pfeffer
400 g frische weiße Bohnen
1/4 l Weißwein
400 g Kürbisfruchtfleisch
200 g gekochter Mais (Dose)

Zubereitung: ca. 30 Minuten
Garen: ca. 40 Minuten

1. Die Schweinerippchen waschen und trockentupfe Die Rippen einzeln von dem Strang abtrennen und ein mal quer durchhacken. Die Zwiebeln und den Knoblauch schälen, halbieren und in dünne Scheiben schne den. Die Tomaten häuten, vierteln, entkernen und gro würfeln.

2. Das Öl in einem großen Schmortopf erhitzen und die Rippchen darin portionsweise von beiden Seiten a braten. Die Rippchen warm stellen, bis alle gebraten sind. Dann Zwiebeln und Knoblauch im Bratfett anrös ten. Rippchen wieder einlegen, mit Oregano, Salz und Pfeffer würzen. Die Tomaten zufügen und einmal aufkochen. Die Bohnen untermischen, den Weißwein un 1/4 Liter Wasser angießen. Zugedeckt 30 Minuten köcheln lassen.

3. Das Kürbisfruchtfleisch in kleine Würfel schneide Den Mais abtropfen lassen. Beides zu den Rippchen g ben, eventuell etwas Wasser angießen. Weitere 10 Mi nuten garen. Vor dem Servieren nochmals mit Salz un Pfeffer abschmecken.

Cherimoyas haben ein sahniges Fruchtfleisch, das intensiv süß schmeckt und geschmacklich häufig mit „Erdbeeren mit Schlagsahne" verglichen wird. Chile ist neben Spanien der Hauptlieferant dieser Vitamin-C reichen Früchte.

CHILE

Fridas feine Cherimoya-Tarte mit Curuba und Kokosflocken

Zutaten für 12 Stücke:

Für den Teig:
300 g Mehl und
Mehl zum Bearbeiten
3 EL Zucker
1 Ei
200 g kalte Butter und
Butter für die Form
1 TL abgeriebene Zitronenschale

Für den Belag:
500 g Cherimoyafruchtfleisch
750 g Zucker
3 EL Limettensaft
2 Curubas
2 EL Kokosflocken

Außerdem:
1 Tarteform, 29 cm Ø

Vorbereitung: ca. 1 Stunde
Zubereitung: ca. 1 Stunde

1. Das Mehl auf eine Arbeitsfläche sieben und in die Mitte eine Mulde drücken. Den Zucker, das Ei, die Butter in Stücken und die Zitronenschale hineingeben und alles rasch zu einem geschmeidigen Teig verkneten. Teig zu einer Kugel formen, in Frischhaltefolie wickeln und 1 Stunde im Kühlschrank ruhen lassen.

2. Den Backofen auf 175 Grad vorheizen. Den Teig auf einer bemehlten Fläche ca. 1 cm dick ausrollen. Die Tarteform mit Butter ausfetten und mit dem Teig auskleiden, Teig am Rand hochziehen. Den Teigboden mehrmals mit einer Gabel einstechen. Tarte im heißen Ofen ca. 35 Minuten goldbraun backen. Dann auf einem Kuchengitter auskühlen lassen.

3. Inzwischen das Cherimoyafruchtfleisch mit dem Zucker und dem Limettensaft bei mittlerer Hitze zu einem zähflüssigen Sirup aufkochen. Vom Herd nehmen und etwas abkühlen lassen.

4. Die Curubas halbieren und das Fruchtfleisch auslösen. Mit den Kokosflocken unter den Cherimoyasirup rühren. Auf dem Tarteboden verstreichen und erkalten lassen.

Costa Rica hat auch den Beinamen „die Schweiz Mittelamerikas“. Die Küche ist ein Schmelztiegel der verschiedensten kulturellen Einflüsse, wie diese Suppe aus Maniok, Kartoffeln, Chayote und Tapiokamehl zeigt.

COSTA RICA

Möhren-Kartoffel-Suppe mit Milch und Eierkuchen

Zutaten für 4 Personen:

2 mittelgroße Kartoffeln
250 g Maniok
2 Möhren
1 mittelgroße Chayote
1 TL Achiote-Paste
Salz
2 Süßkartoffeln
3 EL Tapiokamehl
3/4 l Milch
frisch gemahlener Pfeffer
4 Eier
1 EL Butter

Zubereitung: ca. 50 Minuten

1. Die Kartoffeln, den Maniok, die Möhren und die Chayote schälen und in kleine Würfel oder Scheiben schneiden. In einen Topf geben, 1/4 Liter Wasser angießen, die Achiote-Paste einrühren und 1 Teelöffel Salz hinzufügen. Zum Kochen bringen und 10 Minuten zugedeckt garen.

2. Die Süßkartoffeln schälen und klein würfeln. Zum Gemüse geben und weitere 10–15 Minuten köcheln lassen, bis das Gemüse weich ist.

3. Das Tapiokamehl mit der Milch verquirlen. Zum Gemüse gießen und unter Rühren aufkochen. So lange köcheln lassen, bis die Suppe gebunden ist. Suppe mit Salz und Pfeffer abschmecken.

4. Die Eier mit Salz und Pfeffer verquirlen. Die Butter in einer kleinen Pfanne zerlassen. Nacheinander 4 kleine Eierkuchen backen. Eierkuchen in Streifen schneiden und in die Suppe geben.

Chayoten sind die Früchte einer bis zu 25 Meter hoch rankenden Kürbisart. Die 10 bis 20 cm langen grünen Früchte haben eine runzelige Schale mit tiefen Furchen. Ihr Fruchtfleisch wird roh als Salat und gekocht als Gemüse verzehrt.

COSTA RICA

Chayotensalat Puntarenas mit Hüttenkäse und Zwiebeln

Zutaten für 4 Personen:

3 mittelgroße Chayoten
1 Batavia-Salat
2 Tomaten
4 EL Öl
2 EL Weinessig
Salz
frisch gemahlener Pfeffer
200 g Hüttenkäse

Zubereitung: ca. 30 Minuten

1. Die Chayoten im Ganzen ca. 20 Minuten in kochendem Wasser garen. Danach aus dem Wasser heben, unter kaltem Wasser abschrecken und etwas abkühlen lassen. Chayoten schälen, halbieren, den Stein entfernen und das Fruchtfleisch in Spalten schneiden.

2. Den Salat putzen, waschen, trockenschleudern und in mundgerechte Stücke zupfen. Tomaten waschen, halbieren und in Spalten schneiden. Salat und Tomaten in eine Schüssel geben.

3. Aus Öl, Essig, Salz und Pfeffer ein Dressing anrühren und über den Salat geben. Salat auf 4 Teller verteilen. Chayotenspalten mit Hüttenkäse darauf anrichten.

Costa Rica, von Kolumbus „entdeckt“ und den Spaniern erobert, nahm vor allem während und nach dem 2. Weltkrieg Deutsche auf. Diese brachten den Grünkohl ins Land. Bei uns zumeist als Eintopf gegessen, kommt er hier als kräftiger Salat daher.

COSTA RICA

Pazifischer Grünkohlsalat mit Thunfisch in Limettendressing

Zutaten für 4 Personen:

1 kleiner Grünkohl
Salz
250 g Thunfisch, in Öl eingelegt
Saft von 4 Limetten
4 EL Olivenöl
Salz
frisch gemahlener Pfeffer
1 weiße Zwiebel

Zubereitung: ca. 30 Minuten

1. Grünkohl putzen, den Strunk und die harten Blattrippen entfernen und die Blätter in möglichst dünne Streifen schneiden.

2. Reichlich Salzwasser zum Kochen bringen. Grünkohl darin 3–4 Minuten blanchieren. Mit einem Schaumlöffel herausheben und in Eiswasser abkühlen lassen. Dann gut abtropfen lassen.

3. Thunfisch abgießen, dabei das Öl auffangen. Öl mit Limettensaft, Olivenöl, Salz und Pfeffer verrühren. Das Dressing über den Grünkohl geben, gut vermischen. Salat in eine Schüssel füllen und den Thunfisch darauf verteilen. Die Zwiebel schälen und in feine Scheiben schneiden. Salat mit den Zwiebelringen garnieren.

Die traditionelle costa-ricanische Küche besteht im Wesentlichen aus Reis, schwarzen oder roten Bohnen, Mais, Gemüse, Rindfleisch, Fisch oder Huhn. Das Nationalgericht „Gebratene Bohnen mit Eiern" gibt es bereits zum Frühstück.

COSTA RICA

Gebratene rote Bohnen mi Reis und Rührei

Zutaten für 4 Personen:

250 g getrocknete rote Bohnen
Salz
1 Zwiebel
1 rote Paprikaschote
1 grüne Paprikaschote
3 EL Öl
250 g gekochter Reis
frisch gemahlener Pfeffer
Worcestersauce
1 EL fein gehackter Koriander
6 Eier
1 EL Butter

Vorbereitung: ca. 12 Stunden
Zubereitung: ca. 70 Minuten

1. Die Bohnen über Nacht mit Wasser bedeckt quelle lassen. Am nächsten Tag mit dem Einweichwasser zun Kochen bringen und bei kleiner Hitze zugedeckt ca. 1 Stunde garen. Kurz vor Ende der Garzeit salzen.

2. Die Zwiebel schälen, halbieren und in dünne Sche ben schneiden. Die Paprikaschoten halbieren, entkernen und in möglichst kleine Würfel schneiden.

3. Das Öl in einer tiefen Pfanne erhitzen. Zwiebel un Paprikaschoten darin andünsten. Den Reis untermischen und anbraten. Die gekochten Bohnen mit etwas Kochsud zufügen und bei großer Hitze scharf anbraten Mit Salz, Pfeffer und Worcestersauce abschmecken un vom Herd nehmen. In eine Schüssel füllen und mit dem Koriander bestreuen.

4. Die Butter in einer Pfanne zerlassen und die verquirlten Eier hineingeben. Bei kleiner Hitze stocken la sen, dabei gelegentlich mit einem Holzlöffel umrührer Eier mit Salz und Pfeffer würzen und in eine Servierschüssel umfüllen.

Die ökologische Landwirtschaft gewinnt in Costa Rica immer mehr an Bedeutung. Unter anderem werden hier ganzjährig Brombeeren angebaut, die sowohl als frische Früchte wie auch als Brombeerfruchtfleisch exportiert werden.

COSTA RICA

Gebratene Schweinelende in Brombeersauce mit Rotwein

Zutaten für 6 Personen:

1,5 kg Schweinelende am Stück
3 Knoblauchzehen
Salz
frisch gemahlener Pfeffer
400 g Brombeerfruchtfleisch (Fertigprodukt)
200 ml Rotwein
1/2 l Fleischbrühe
3 EL Zucker

Vorbereitung: ca. 1 Stunde
Zubereitung: ca. 80 Minuten

1. Das Fleisch waschen, von sichtbarem Fett und Haut befreien und trockentupfen. Den Knoblauch schälen und in einem Mörser mit 1 Teelöffel Salz und Pfeffer musig zermahlen. Das Fleisch mit der Paste einstreichen, in einen Bräter legen und und ca. 50 Minuten bei Zimmertemperatur ziehen lassen.

2. Den Backofen auf 200 Grad vorheizen. Fleisch in den heißen Ofen stellen und 15 Minuten braten. Dann die Temperatur auf 175 Grad reduzieren.

3. Das Brombeerfruchtfleisch mit dem Rotwein und der Fleischbrühe aufkochen, den Zucker einrühren. Die Hälfte der Sauce über das Fleisch gießen. Eine weitere Stunde im Ofen braten, dabei nach und nach mit der restlichen Sauce übergießen.

4. Fleisch aus dem Bräter heben und vor dem Anschneiden einige Minuten ruhen lassen. Inzwischen die Sauce in einen Topf abseihen, etwas einkochen, dann mit Salz, Zucker und Pfeffer abschmecken. Die Schweinelende in gleichmäßige Scheiben schneiden und in der Sauce servieren.

Ceviche, marinierte Meeresfrüchte oder marinierter roher Fisch, wird an den Küsten ganz Lateinamerikas zubereitet. Es schmeckt sehr gut und gilt als Hausmittel gegen einen Kater. In Ecuador isst man Ceviche bereits zum Frühstück.

ECUADOR

Riesengarnelen-Ceviche mit Paprika und Tomate

Zutaten für 4 Personen:

16 rohe Riesengarnelen, ungeschält
1 TL Salz
1 rote Zwiebel
abgeriebene Schale von 2 unbehandelten Limetten
6 EL Limettensaft
100 ml frisch gepresster Orangensaft
1/2 grüne Paprikaschote
1 Tomate
6 EL Tomaten-Ketchup
2 EL Olivenöl
1 EL fein gehackter Koriander

Zubereitung: ca. 20 Minuten
Marinieren: ca. 1 Stunde

1. Garnelen waschen und 4 Minuten zugedeckt in 400 ml kochendem Salzwasser garen. Aus dem Wasser heben, kalt abspülen, bis auf den Schwanz aus den Schalen lösen und den Darm entfernen. Die Hälfte des Kochwassers in eine flache Porzellanschüssel geben.

2. Zwiebel schälen und in feine Würfel schneiden. Mit der Limettenschale unter das Kochwasser mischen und kurz ziehen lassen. Limetten- und Orangensaft unterrühren und die Garnelen einlegen. Die Schüssel mit Frischhaltefolie abdecken. Garnelen 1 Stunde im Kühlschrank durchziehen lassen.

3. Die Paprikaschote entkernen und in kleine Würfel schneiden. Die Tomaten häuten, vierteln, entkernen und fein würfeln.

4. Ketchup mit Olivenöl verrühren und zu den Garnelen geben. Danach Paprika, Tomaten und Koriander untermischen.

Der tropische Orleanstrauch trägt stachelige Fruchtkapseln mit zahlreichen Samen, Achiote genannt. Sie enthalten einen roten Farbstoff, der Glück bringen und Kraft verleihen soll. Samen und Paste sind in Spezialläden erhältlich.

ECUADOR

Marions Bananenpüree mit Milch und eingelegten Zwiebeln

Zutaten für 4 Personen:

Für die eingelegten Zwiebeln:
2 Zwiebeln in dünnen Scheiben
3 EL Salz
1 EL Zitronensaft
1/2 TL Zucker

Für die Suppe:
2 grüne Kochbananen
Salz
1 TL Achiote-Paste
100 ml Brühe
1/8 l Milch
2 EL Butter

Zubereitung: ca. 50 Minuten

1. Die Zwiebeln schälen, halbieren und in dünne Scheiben schneiden. Mit dem Salz mischen und 20 Minuten ziehen lassen. Dann gründlich unter kaltem Wasser abspülen. Gut abtropfen lassen und mit Zitronensaft und Zucker mischen. Ziehen lassen, bis sich die Zwiebeln rötlich färben.

2. In einem Topf 1 Liter Wasser mit Salz und Achiote aufkochen und die geschälten Bananen hineingeben. 30 Minuten weich kochen.

3. Bananen herausnehmen und mit einer Gabel zerdrücken. In eine Rührschüssel geben. Brühe und Milch einmal aufkochen und unter die Bananen rühren. Nach und nach die Butter zufügen.

4. Das Püree in eine Servierschüssel umfüllen und die Zwiebeln daraufgeben.

Quinoa ist eine der ältesten Kulturpflanzen der Menschheit. Sie dient den Ureinwohnern der südamerikanischen Anden schon seit über 6.000 Jahren als wichtige Nahrungsgrundlage. Die Inka schrieben dem kleinen Korn magische Kräfte zu.

ECUADOR

Quinoa-Suppe nach Art der Indios mit Erdnussbutter

Zutaten für 4 Personen:

300 g Quinoa
250 g weiße Zwiebeln
1 EL Butter
1 TL Achiote-Paste
Salz
1 EL edelsüßes Paprikapulver
75 g geröstete und gemahlene Erdnüsse
1/2 l Milch

Zubereitung: ca. 15 Minuten
Garen: ca.1 Stunde

1. Quinoa in ein Sieb schütten und unter fließendem Wasser gründlich abspülen. Dann in einen Schnellkochtopf geben und 1,5 Liter Wasser angießen. 15 Minuten kochen. Dann mit dem Wasser in einen normalen Topf umschütten und weitere 45 Minuten garen, bis sie das Wasser aufgenommen hat und weich ist.

2. Die Zwiebeln schälen und in kleine Würfel schneiden. Die Butter mit Achiote in einer Pfanne schmelzen die Zwiebeln dazugeben und anschwitzen. Salz und das Paprikapulver unterrühren.

3. Ein Drittel der Quinoa mit den Erdnüssen, der Milch und den Zwiebeln mischen. Unter die restliche Quinoa rühren und gut mischen. Bei kleiner Hitze 5 Minuten köcheln lassen.

In Ecuador, wie in einigen anderen Ländern Südamerikas, gehört die Kochbanane zu den Grundnahrungsmitteln. Aus ihr wird neben ganzen Gerichten auch Mehl hergestellt, welches (unter Zugabe von Weizenmehl) zum Backen verwendet wird. Zudem werden Kochbananen mitsamt der Schale zu Bier, Likör und Wein verarbeitet.

ECUADOR

Knusprige Kochbananen-Chips in Erdnussöl frittiert

Zutaten für 4 Personen:

2 große Kochbananen
Erdnussöl zum Frittieren
Salz

Zubereitung: ca. 15 Minuten

1. Das Erdnussöl 1 cm hoch in eine Kasserolle einfüllen und auf 175 Grad erhitzen.

2. Die Bananen schälen und in ca. 15 mm dicke Scheiben schneiden. Bananenscheiben portionsweise auf jeder Seite ca. 1 Minute im heißen Öl gelb ausbraten. Mit einem Schaumlöffel aus dem Öl heben und kurz auf Küchenpapier abtropfen lassen. Wenn alle Bananenscheiben gebacken sind, die Hitze reduzieren.

3. Ein großes Brett mit Salz bestreuen. Bananenscheiben in das Salz legen und mit einem Plattiereisen flach klopfen. Nochmals in das heiße Öl geben und frittieren, bis die Ränder goldbraun sind. Auf Küchenpapier abtropfen lassen und heiß servieren.

„Comida mala con aji resbala" (mit Aji wird jedes Gericht zum Genuss). Fast jeder Haushalt hat sein eignes Aji-Rezept. Meistens basiert es auf der Grundlage von Baumtomaten, mitunter werden die Chilis als Paste nur mit Wasser verdünnt und Zwiebeln zugegeben. Allen gemeinsam ist die unverkennbare Schärfe.

ECUADOR

Scharf-pikante Sauce aus Pfefferschoten und Zwiebeln

Zutaten für 4 Personen:

4 rote Pfefferschoten
4 kleine rote Zwiebeln
1 kleine Möhre
1 EL Öl
2 EL Limettensaft
1/8 l heißes Wasser
Salz
1 EL fein gehackter Koriander

Zubereitung: ca. 10 Minuten

1. Die Pfefferschoten längs halbieren, entkernen und fein hacken. Zwiebeln und Möhre schälen und in ganz kleine Würfel schneiden.

2. Die Hälfte der Pfefferschoten, Zwiebeln und Möhre mit Öl, heißem Wasser und Limettensaft im Mixer pürieren.

3. Die Sauce mit den restlichen Pfefferschoten, Zwiebeln und Möhren vermischen, mit Salz abschmecken und den Koriander unterziehen.

Queso Blanco ist ein milder weißer Schnittkäse aus Kuhmilch, der in ganz Lateinamerika zu fast allen Mahlzeiten gereicht wird. Er eignet sich auch zum Grillen und Braten und hat die Konsistenz von Feta-Käse, ist aber weniger salzig.

ECUADOR

Gefüllte Maisblätter mit weißem Käse und Erdnüssen

Zutaten für 16 Stück

Vorbereitung: ca. 3 Stunden
Zubereitung: ca. 80 Minuten

- 250 g getrocknete Maisblätter
- 1 weiße Zwiebel
- 75 g Maismehl
- 60 g Butter
- 60 g Schweineschmalz
- 4 Eier, getrennt
- 200 g Queso blanco, ersatzweise Kuhmilch-Feta
- 75 g geröstete Erdnüsse, grob gehackt
- Salz

1. Maisblätter 3 Stunden in warmem Wasser einweichen. Die Zwiebel schälen und auf einer Gemüsereibe fein reiben. Butter und Schmalz zerlassen, Zwiebel darin anschwitzen. Noch heiß unter das Maismehl rühren.

2. Knapp 1/3 von der Masse abnehmen und mit dem Eigelb verrühren. Den Käse mit den Händen zerkrümeln und mit den Erdnüssen daruntermengen. Dann mit der restlichen Masse verarbeiten.

3. Das Eiweiß mit einer Prise Salz steif schlagen und vorsichtig mit den Händen unter den Teig heben. Die Maisblätter trockentupfen und jedes so mit einer Portion Teig bestreichen, dass noch ein Rand bleibt. Das Blatt von der breiten Seite her aufrollen und die Röllchen mit der Nahtstelle nach unten nebeneinander in einen Dämpfeinsatz legen.

4. Einen großen Topf etwa 5 cm hoch mit Wasser füllen und das Wasser zum Kochen bringen. Den Dämpfeinsatz in den Topf hängen und die gefüllten Maisblätter im Dampf zugedeckt ca. 50 Minuten garen.

Die regionale Küche in Ecuador unterscheidet sich im Hochland, an der Küste und im Regenwald stark. Hauptnahrungsmittel im Hochland sind Kartoffeln, während in den anderen Gebieten vor allem Reis, Yuka und Mais gegessen werden.

ECUADOR

Ausgebackene Kartoffelplätzchen mit weißem Käse

Zutaten für 6 Personen:

2 kg Kartoffeln
Salz
3 weiße Zwiebeln
250 g Queso Blanco, ersatzweise Kuhmilch-Feta
Schweineschmalz zum Braten

Vorbereitung: ca. 3 Stunden
Zubereitung: ca. 40 Minuten

1. Die Kartoffeln waschen, schälen und in Würfel schneiden. In kochendem Salzwasser ca. 20 Minuten garen, bis sie ganz weich sind. Dann abgießen, dabei etwas Kochwasser auffangen.

2. Die Zwiebeln schälen und in kleine Würfel schneiden. Die Kartoffeln durch die Kartoffelpresse drücken. Mit den Zwiebeln vermischen und so viel Kochwasser untermischen, bis ein glatter Teig entsteht. Abgedeckt an einem warmen Ort 3 Stunden ruhen lassen.

3. Den Käse in kaltem Wasser 2 Stunden einweichen um ihm Salz zu entziehen. Käse gut abtropfen lassen und mit der Hand möglichst klein zerbröckeln.

4. Den Käse unter den Kartoffelteig mischen. Aus dem Teig kleine, ca. 2 cm dicke Plätzchen formen.

5. In einer großen hohen Pfanne reichlich Schweineschmalz erhitzen und die Kartoffelplätzchen portionsweise auf beiden Seiten goldbraun ausbacken.

Als „Encocado“ bezeichnet man in Ecuador Speisen, deren Zutaten in Kokosmilch gegart werden. Neben Huhn sind das Kaninchen, Fisch oder Garnelen. Beliebt ist auch die vegetarische Variante mit Brokkol und gemischten Pilzen.

ECUADOR

Hähnchen Encocado in Kokossauce mit Paprikaschoten

Zutaten für 4 Personen:

4 Hähnchenkeulen
6 Knoblauchzehen
1 rote Zwiebel
1 grüne Paprikaschote
2 EL Butter
Salz
frisch gemahlener Pfeffer
2 EL Achiote-Paste
1/2 l Kokosmilch
2 EL fein gehackte Petersilie

Zubereitung: ca. 15 Minuten
Garen: ca. 30 Minuten

1. Die Hähnchenkeulen waschen und trockentupfen. Jede Keule am Gelenk durchschneiden. Den Knoblauc und die Zwiebel schälen und in kleine Würfel schneiden. Paprikaschote halbieren, entkernen und würfeln.

2. Die Butter in einem Schmortopf erhitzen. Das Fleisch darin von allen Seiten bei mittlerer Hitze anbra ten. Zwiebel, Knoblauch und Paprika zufügen und ku anrösten. Danach mit Salz, Pfeffer und der Achiote-Paste würzen.

3. Die Hälfte der Kokosmilch mit 1/4 Liter Wasser verdünnen und zum Fleisch gießen. 30 Minuten zuge deckt köcheln lassen.

4. Das Fleisch aus der Sauce heben. Die restliche Kokosmilch unterrühren, das Fleisch wieder einlegen un zugedeckt noch 3 Minuten in der Sauce ziehen lassen nicht mehr kochen. Mit Petersilie bestreut servieren.

Fritada ist eines der ecuadorianischen Nationalgerichte. Es wird in schweren Gusseisen-Töpfen auf offenem Feuer direkt am Straßenrand an Imbiss-Ständen zubereitet. Gerne serviert man zur Fritada auch Kartoffelplätzchen.

ECUADOR

Schweinefleisch-Fritada mit Banane und Erdnusssauce

Zutaten für 4 Personen:

Für die Fritada:
1 kg ausgelöstes Kotelettfleisch vom Schwein
4 Knoblauchzehen
2 EL Schweineschmalz
Salz
1 weiße Zwiebel
1 reife Kochbanane

Für die Erdnusssauce:
3 Frühlingszwiebeln
1 TL Achiote-Paste
4 EL Erdnussbutter
Salz
frisch gemahlener Pfeffer

Zubereitung: ca. 1 Stunde

1. Das Fleisch mit dem Fett in ca. 4 cm große Würfel schneiden. Den Knoblauch schälen und halbieren.

2. In einem gusseisernen Topf das Fleisch mit dem Schmalz, 1 Teelöffel Salz und 1/8 Liter Wasser bei großer Hitze so lange unter Rühren kochen, bis das Wasser ganz verdampft ist. Fleisch bei mittlerer Hitze 10 Minuten braten.

3. Die Zwiebel schälen und grob hacken. Die Banane schälen und in ca. 15 mm dicke Scheiben schneiden. Zum Fleisch geben und ca. 20 Minuten weiter braten, bis das Fleisch sehr dunkel ist.

4. Die Frühlingszwiebeln putzen und mit einem Teil des Grüns fein hacken. Mit der Achiote-Paste, der Erdnussbutter und 1/8 Liter Wasser 10 Minuten unter Rühren sämig einkochen. Mit Salz und Pfeffer würzen.

Desserts sind in ganz Südamerika sehr süß. Dieser Pudding wird in den lateinamerikanischen Ländern unter verschiedenen Namen angeboten, wie zum Beispiel „Flan de coco“, „Manjar blanco“, „Dulce de leche“ oder„Leche quemada“.

ECUADOR

Karamellisierter Kokospudding mit Vanillemark

Zutaten für 6 Personen:

400 g gezuckerte Kondensmilch
1/2 l Milch
1/2 TL Natron
200 g Rohrzucker
1 Vanillestange
1 EL Speisestärke
1/4 l Kokosmilch

Zubereitung: ca. 90 Minuten
Kühlen: 2 Stunden

1. Die Kondensmilch mit der Milch und dem Natron unter ständigem Rühren einmal aufkochen, dann vom Herd nehmen.

2. Den Zucker in einem schweren Topf zu einem mittelbraunen Karamell kochen. Mit 75 ml Wasser ablöschen, dann die heiße Milchmischung einrühren und bei kleiner Hitze zum Kochen bringen.

3. Die Vanillestange aufschlitzen und das Mark herauskratzen. Schote und Mark in die Milch rühren. 1 Stunde bei kleiner Flamme köcheln lassen. Gelegentlich umrühren, damit nichts am Topfboden anhängt, eventuell die Temperatur noch weiter reduzieren.

4. Die Vanilleschote entfernen. Die Speisestärke mit der Kokosmilch verquirlen, unter die Vanillemilch rühren und weitere 15 Minuten zu einem dicken Pudding einköcheln lassen. In eine Servierschüssel umfüllen und 2 Stunden im Kühlschrank ruhen lassen.

Kolumbien liegt im Nordwesten von Südamerika und grenzt im Westen an den Pazifischen Ozean, im Osten an die Karibik. Ein Großteil der Bevölkerung lebt in den höher gelegenen Landesteilen. Hier ist das Klima angenehm gemäßigt.

KOLUMBIEN

Weißer Salat aus Kartoffeln und Weißkohl mit Ananas

Zutaten für 6 Personen:

1 kg festkochende Kartoffeln
Salz
1 kleiner Weißkohl
1 kleine süße Ananas
250 g gezuckerte Kondensmilch, ersatzweise süße Sahne
2 EL Obstessig
4 EL Mayonnaise
frisch gemahlener Pfeffer

Zubereitung: ca. 45 Minuten
Ziehen lassen: ca. 1 Stunde

1. Die Kartoffeln waschen und in kochendem Salzwasser ca. 20 Minuten garen. Dann abgießen, kalt abschrecken und ausdämpfen lassen. Kartoffeln schälen und in kleine Würfel schneiden.

2. Die äußeren Blätter vom Weißkohl entfernen. Weißkohl vierteln, den harten Strunk keilförmig ausschneiden und die Blätter in feine Streifen schneiden. In kochendem Salzwasser 1 Minute blanchieren. Anschließend in Eiswasser geben, abgießen und gut abtropfen lassen.

3. Die Ananas schälen und vierteln. Den harten hellen Strunk entfernen und das Fruchtfleisch würfeln. Kartoffeln, Weißkohl und Ananas in eine Salatschüssel geben und vermischen.

4. Kondensmilch mit Obstessig, Mayonnaise, Salz und Pfeffer verrühren, über den Salat gießen und unterheben. Den Salat abgedeckt 1 Stunde im Kühlschrank ziehen lassen. 10 Minuten vor dem Servieren aus dem Kühlschrank nehmen.

Die kolumbianische Küche ist stark regional geprägt und deshalb sehr vielfältig. Typische Gerichte sind die Hühnersuppe mit Kartoffeln und die Maissuppe, die ebenfalls mit den heimischen Kartoffeln zubereitet wird.

KOLUMBIEN

Feine Maiscremesuppe mit Milch und Weißbrotwürfeln

Zutaten für 6 Personen:

300 g gekochter Mais (Dose)
1 kleine Zwiebel
3 mehlig kochende Kartoffeln
2 Stangen Sellerie
5 EL Butter
1 l Gemüsebrühe
1/2 l Milch
Salz
frisch gemahlener Pfeffer
2 Scheiben Toastbrot

Zubereitung: ca. 40 Minuten

1. Den Mais in ein Sieb geben und gut abtropfen lassen. Die Zwiebel schälen und fein würfeln. Die Kartoffeln waschen, schalen und würfeln. Sellerie putzen und in dünne Scheiben schneiden.

2. In einem Topf 2 Esslöffel Butter zerlassen, Zwiebel und Sellerie darin anschwitzen. Kartoffeln zufügen, die Gemüsebrühe und die Milch angießen und einmal aufkochen. Den Mais zugeben, mit Salz und Pfeffer würzen und 20–25 Minuten köcheln lassen, gelegentlich umrühren.

3. Das Toastbrot entrinden und das Brot in kleine Würfel schneiden. In der restlichen Butter knusprig goldbraun ausbraten.

4. Die Suppe vom Herd nehmen und mit dem Stabmixer pürieren. In Suppenschalen verteilen und mit den Brotwürfeln bestreuen.

Hähnchen, ob gekocht, gebraten oder gegrillt, ist in Kolumbien sehr beliebt. Gerne wird das Hähnchenfleisch entweder in Schinkenspeck eingerollt oder wie in diesem Rezept mit Schinken gefüllt. Dazu serviert man traditionell Reis.

KOLUMBIEN

Gefüllte Hähnchenkeulen mit Schinken und Käse

Zutaten für 4 Personen:

Zubereitung: ca. 15 Minuten
Garen: ca. 20 Minuten

8 Hähnchenunterschenkel
Salz
frisch gemahlener Pfeffer
8 Scheiben Schnittkäse
4 Scheiben gekochter Schinken
1 weiße Zwiebel
3 Knoblauchzehen
4 Tomaten
3 EL Öl
200 ml Rotwein
1 Zweig Rosmarin

1. Die Hähnchenschenkel waschen und trockentupfen. Das Fleisch längs bis auf den Knochen einschneiden, Knochen entfernen und das Fleisch mit der Haut flachklopfen.

2. Fleisch mit Salz und Pfeffer würzen. Auf jedes Teil 1 Scheibe Käse und 1/2 Scheibe Schinken legen. Fleisch zu Rouladen aufrollen und mit Küchengarn zusammenbinden.

3. Die Zwiebel und den Knoblauch schälen und fein hacken. Die Tomaten vierteln, entkernen und in kleine Würfel schneiden.

4. Das Öl in einer tiefen Pfanne erhitzen und das Fleisch darin rundum braun anbraten. Zwiebel und Knoblauch zufügen und hellgelb anschwitzen. Tomate dazugeben und kurz anschmoren. Den Rotwein und 1/8 Liter Wasser angießen, den Rosmarin einlegen. Zum Kochen bringen und zugedeckt ca. 20 Minuten köcheln lassen. Vor dem Servieren mit Salz und Pfeffer abschmecken und den Rosmarin entfernen.

Auch wenn viele kolumbianische Gerichte eher einfach sind – bei den verschiedenen Füllungen der Empanadas lassen die Köchinnen ihrer Fantasie freien Lauf. Die Teigtaschen werden meist frittiert oder im Ofen gebacken.

KOLUMBIEN

Gefüllte Empanadas mit Hackfleisch im Ofen gebacken

Zutaten für ca. 16 Stück:

250 g Mehl
und Mehl zum Bearbeiten
1/2 TL Backpulver
Salz
150 g kalte Butter
2 Zwiebeln
2 EL Öl
250 g Rinderhackfleisch
2 EL Sultaninen
2 EL Kapern
1/2 TL edelsüßes Paprikapulver
frisch gemahlener Pfeffer

Zubereitung: ca. 1 Stunde
Backen: ca. 25 Minuten

1. Das Mehl auf die Arbeitsfläche sieben, in die Mitte eine Mulde drücken. Backpulver, 3 Esslöffel Wasser, 1 Teelöffel Salz und die gewürfelte Butter hineingeben. Alles rasch zu einem geschmeidigen Teig verkneten, eventuell noch etwas Wasser zufügen. Teig zu einer Kugel formen, in Frischhaltefolie wickeln und 45 Minuten im Kühlschrank ruhen lassen.

2. Inzwischen die Füllung zubereiten. Die Zwiebeln schälen und in kleine Würfel schneiden. Öl in einer Pfanne erhitzen und die Zwiebeln darin anschwitzen. Das Hackfleisch zufügen und so lange braten, bis es krümelig ist. Sultaninen, Kapern und Paprikapulver untermischen, mit Salz und Pfeffer würzen. Vom Herd nehmen und etwas abkühlen lassen. Den Backofen auf 180 Grad erhitzen.

3. Den Teig auf der bemehlten Arbeitsfläche ca. 3 mm dick ausrollen. Teigkreise von 12 cm Ø ausschneiden. 1 Esslöffel Hackfleischmasse jeweils in die Mitte setzen. Teigränder mit Wasser befeuchten. Den Teig über der Füllung zu einem Halbkreis zusammenklappen und die Ränder mit einer Gabel zusammendrücken. Auf ein mit Backpapier ausgelegtes Backblech legen und im heißen Ofen ca. 25 Minuten backen.

Süße Aufläufe und exotische Früchte bilden häufig de Schlusspunkt eines kolumbianischen Menüs. Typisch für Kolumbien ist auch der Kaffee, der gewöhnlich al „tinto" – als kleiner starker, ungesüßter Kaffee – serviert wird.

KOLUMBIEN

Süßer Milchreisauflauf mit Kokosflocken und Karamell

Zutaten für 6 Personen:

100 g Rundkornreis
Salz
400 ml Milch
300 g Rohrzucker
100 g Kokosflocken
1 TL abgeriebene Zitronenschale
400 ml Kokosmilch
500 g süße Sahne
Mark von 1 Vanillschote
4 Eier

Außerdem:
1 runde Auflaufform, 24 cm Ø

Zubereitung: ca. 2 Stunden
Kühlen: ca. 12 Stunden

1. Den Reis 3 Minuten in kochendem Salzwasser bla chieren. Abgießen und gut abtropfen lassen. Dann mit 400 ml Milch und 3 Esslöffeln Zucker aufkochen und 30 Minuten quellen lassen. Vom Herd nehmen, die Kokosflocken und die Zitronenschale unterrühren.

2. Für den Karamell 150 g Zucker mit 5 Esslöffeln Wasser zu einem haselnussbraunen Karamell aufkochen. Den Boden der Auflaufform mit dem Karamell ausgießen. Den Backofen auf 180 Grad vorheizen und ein heißes Wasserbad für die Auflaufform vorbereiten.

3. Die Kokosmilch mit 200 g süßer Sahne und dem Vanillemark aufkochen. Die Eier mit dem restlichen Zucker verrühren und die heiße Vanillemilch unter Rühren angießen. 2/3 der Eicreme mit dem Kokosreis vermischen und in die Auflaufform füllen. Die Oberfläche glatt streichen und mit der restlichen Eicreme übergießen. Die Form ins heiße Wasserbad setzen. Im Ofen ca. 30 Minuten garen. Dann die Backofentemperatur auf 160 Grad reduzieren. Weitere 30 Minuten garen.

4. Milchreisauflauf in der Form abkühlen lassen. Abgedeckt über Nacht in den Kühlschrank stellen. Zum Servieren aus der Form auf eine Platte stürzen.

Traditionell gibt es in Mexico keine festen Essenszeiten. Gegessen wird, wenn man Appetit hat. Salate wie dieser erfrischende und sättigende Avocadosalat werden sowohl als Zwischenmahlzeit mit Tortillas wie auch als Vorspeise serviert.

MEXIKO

Avocado-Kirschtomaten-Salat mit Baumtomatendressing

Zutaten für 6 Personen:

6 Scheiben Weißbrot
200 ml Olivenöl
Salz
frisch gemahlener Pfeffer
3 Avocados
3 EL frischer Zitronensaft
450 g Kirschtomaten
4 EL fein gehackter Koriander
8 Baumtomaten
3 EL Apfelessig
6 große Salatblätter
5 Frühlingszwiebeln

Zubereitung: ca. 25 Minuten

1. Das Weißbrot in Würfel schneiden. 150 ml Oliven öl in einer Pfanne erhitzen und die Brotwürfel darin knusprig braun rösten. Mit Salz und Pfeffer würzen, aus der Pfanne nehmen und beiseitestellen.

2. Die Avocados schälen, den Kern entfernen und da Fruchtfleisch in etwa 3 cm große Würfel schneiden, i eine Schüssel geben und mit 2 Esslöffeln Zitronensaft beträufeln. Die Kirschtomaten waschen, halbieren un zu den Avocados geben. Den Koriander untermische

3. Die Baumtomaten waschen, schälen und halbiere Mit dem restlichen Zitronensaft, Apfelessig und dem restlichen Olivenöl pürieren. Mit Salz und Pfeffer abschmecken, mit Avocados und Kirschtomaten mische

4. Salat portionsweise auf den Salatblättern anrichte Die Frühlingszwiebeln putzen, in Ringe schneiden u mit den Brotwürfeln auf dem Salat verteilen.

Die Cantina ist eine feste Institution in Mexiko. Für Touristen wirken viele Cantinas auf den ersten Blick wie eine Mischung aus Imbiss, Vereinsheim und Bar. Für viele Einheimische ist sie ein wichtiger geselliger Treffpunkt.

MEXIKO

Herzhafter Bohnensalat Cantina mit dreierlei Bohnen

Zutaten für 4 Personen:

je 120 g getrocknete Kidney-, Pinto- und schwarze Bohnen
je 1 rote, grüne und gelbe Paprikaschote
2 Poblano Chilischoten
2 rote Zwiebeln
100 ml Malzessig
200 ml Olivenöl
Salz
frisch gemahlener Pfeffer

Zubereitung: ca. 15 Minuten
Garen: ca. 60 Minuten

1. Die Bohnen abspülen und getrennt in reichlich kochendem Wasser etwa 1 Stunde weich kochen. In einem Sieb abtropfen und abkühlen lassen.

2. Die Paprika- und Chilischoten halbieren, entkerne und in kleine Würfel schneiden. Die Zwiebeln schäler und fein hacken. Alles mit den Bohnen in eine Schüss geben.

3. Den Essig mit dem Öl und den Gewürzen verrühren. Das Dressing unter den Salat mischen.

Die Halbinsel von Yucatan war das Zentrum der Maya. Hier künden noch viele Ruinenstädte und Bauwerke wie die Pyramide El Castillo von der einstigen Größe dieses alten Kulturvolks. Heute ist Yucatan eine beliebte Ferienregion.

MEXIKO

Blutorangen-Ananassalat Yucatan mit frischen Kräutern

Zutaten für 6 Personen:

2 Jicamawurzeln, ca. 500 g
4 Blutorangen
1 Papaya
1 Mango
1 Stück frische Ananas, ca. 200 g
2 rote Zwiebeln
1 TL grobes Meersalz
1 TL Cayennepfeffer
5 EL Olivenöl
4 EL Zitronensaft
2 EL fein gehackter Koriander
2 EL fein gehackte Minze

Zubereitung: ca. 25 Minuten
Ziehen lassen: ca. 2 Stunden

1. Die Jicamawurzeln schälen, die harten Teile entfernen. Die Wurzeln in feine Streifen schneiden und in eine Schüssel geben.

2. Die Blutorangen schälen und filetieren. Den Saft auffangen. Papaya und Mango schälen, entkernen und das Fruchtfleisch würfeln. Die Ananas schälen und in Würfel schneiden. Alles zu den Wurzelstreifen geben.

3. Die Zwiebeln schälen und fein hacken. Mit den restlichen Zutaten zu einem Dressing verrühren und über den Salat geben. Vor dem Servieren etwa 2 Stunden im Kühlschrank ziehen lassen.

Trotz des teilweise tropischen Klimas und der hohen Temperaturen ist Mayonnaise ein beliebtes Dressing für Salate. Im Land sollte man sie nur in guten Restaurants essen, wo man sicher ist, dass die Mayonnaise frisch zubereitet wird.

MEXIKO

Kalte Gemüsesuppe mit Mayonnaise und Chili

Zutaten für 6 Personen:

Zubereitung: ca. 40 Minuten
Kühlen: ca. 8 Stunden

Für die Suppe:
4 Scheiben Weißbrot vom Vortag
4 Stangen Sellerie
8 Baumtomaten
2 grüne Paprikaschoten
3 kleine Gurken
2 Jalapeno Chilischoten
4 Knoblauchzehen
Salz
6 EL Zitronensaft
3 EL fein gehackter Koriander
1 l Gemüsebrühe

Für die Mayonnaise:
4 Eigelb
3 EL Kräuteressig
Salz
frisch gemahlener Pfeffer
200 ml Olivenöl
1 Bund Schnittlauch

1. Das Weißbrot etwa 10 Minuten in etwas Wasser einweichen. Sellerie putzen und klein schneiden. Baumtomaten schälen und in Scheiben schneiden. Die Paprikaschoten halbieren, entkernen und würfeln. Die Gurken schälen, längs halbieren, entkernen und würfeln. Die Chilischoten längs halbieren, entkernen und hacken. Den Knoblauch schälen und fein hacken.

2. Das eingeweichte Brot gut ausdrücken und mit dem Gemüse, Salz, Zitronensaft und Koriander pürieren. Nach und nach die Gemüsebrühe untermixen. Die Suppe in eine große Schüssel umfüllen.

3. Eigelb mit Essig, Salz und Pfeffer verrühren. Das Öl in einem dünnen Strahl langsam einfließen lassen und so lange rühren, bis die Mayonnaise eine cremige Konsistenz hat. Den Schnittlauch in feine Röllchen schneiden und unterheben.

4. Die Mayonnaise nach und nach in die Gemüsesuppe rühren. Nach Bedarf noch etwas Gemüsebrühe zugeben. Die Suppe abgedeckt mindestens 8 Stunden im Kühlschrank durchziehen lassen.

Die Hauptanbaugebiete für Avocados liegen rund um Atlixco, eine Stadt im Hochland des mexikanischen Bundesstaates Pueblo. In dem milden subtropischen Klima gedeihen die nährstoff- und ölhaltigen Früchte besonders gut.

MEXIKO

Hühnersuppe mit frischen Avocadoscheiben und Käse

Zutaten für 4 Personen:

Zubereitung: ca. 40 Minuten

1 l Hühnerbrühe
2 Hähnchenbrustfilets
1 rote Paprikaschote
1 gelbe Paprikaschote
2 Jalapeno Chilischoten
1 weiße Zwiebel
1 EL Butter
200 g gekochte Kichererbsen
1 reife Avocado
100 g geriebener Gouda

1. Hühnerbrühe in einem Topf zum Kochen bringen. Die Hähnchenbrustfilets einlegen und bei mittlerer Hitze 20 Minuten köcheln lassen.

2. Die Paprika- und die Chilischoten halbieren, entkernen und in dünne Streifen schneiden. Die Zwiebel schälen, halbieren und in feine Scheiben schneiden.

3. Die Butter in einer Pfanne zerlassen und die Zwiebel darin hellgelb anschwitzen. Paprikaschoten und Chilischoten dazugeben und unter Rühren 5 Minuten dünsten. Anschließend in die Hühnersuppe geben.

4. Die Hähnchenbrustfilets aus der Suppe heben und in mundgerechte Würfel schneiden. Mit den abgetropften Kichererbsen in die Suppe geben. Bei kleiner Hitze ca. 10 Minuten köcheln lassen.

5. Die Avocado halbieren, entkernen und das Fruchtfleisch im Ganzen aus der Schale lösen. Fruchtfleisch in Scheiben schneiden. Hühnersuppe in 4 tiefe Teller füllen, Avocadoscheiben darauf verteilen und mit dem Käse bestreuen. Sofort servieren.

Die Hauptanbaugebiete für Avocados liegen rund um Atlixco, eine Stadt im Hochland des mexikanischen Bundesstaates Pueblo. In dem milden subtropischen Klima gedeihen die nährstoff- und ölhaltigen Früchte besonders gut.

MEXIKO

Scharfe Avocadocreme mit Petersilie und Tomate

Zutaten für 4 Personen:

1 weiße Zwiebel
2 Knoblauchzehen
2 frische rote Chilischoten
1 Bund Petersilie
2 Tomaten
2 reife Avocados
Saft von 2 Limetten
Salz
frisch gemahlener Pfeffer
1 Prise Zucker

Zubereitung: ca. 15 Minuten

1. Die Zwiebel und den Knoblauch schälen und sehr fein hacken. Die Chilischoten längs halbieren, entkernen und fein hacken. Petersilie waschen, trockenschütteln und die Blättchen ohne grobe Stiele fein hacken. Die Tomaten häuten, vierteln, entkernen und in möglichst kleine Würfel schneiden.

2. Die Avocados schälen, halbieren und den Kern entfernen. Avocados würfeln, in eine Schüssel geben, mit dem Limettensaft übergießen und mit einer Gabel zerdrücken.

3. Die übrigen Zutaten unter die Avocadocreme rühren. Mit Salz, Pfeffer und Zucker abschmecken und sofort servieren.

Jalapeno Chilischoten gehören zu den bekanntesten Chilisorten. Sie sind etwa 5 cm lang, rot oder grün und haben eine fleischige Konsistenz. Als Vorspeise werden die mittelscharfen Schoten oft mit Käse gefüllt, paniert und gebacken.

MEXIKO

Kalte Tomatensauce mit Koriander und Jalapeno Chili

Zutaten für 4 Personen:

3 reife Tomaten
1 rote Zwiebel
2 Jalapeno Chilischoten
1/2 Bund Koriander
Saft von 1 Zitrone
Salz
frisch gemahlener Pfeffer

Zubereitung: ca. 10 Minuten

1. Die Tomaten waschen, halbieren und den Stielansatz entfernen. Tomaten entkernen und in kleine Würfel schneiden.

2. Die Zwiebel schälen, die Chilischoten halbieren und entkernen. Alles sehr fein hacken.

3. Den Koriander waschen, trockenschütteln und die Blättchen ohne grobe Stiele hacken. Tomaten, Zwiebel Chilischoten und Koriander vermischen. Mit Zitronensaft, Salz und Pfeffer abschmecken.

Gebratenes Bohnenpüree ist eine häufige Zutat in mexikanischen Gerichten. Man kann es wie im Rezept beschrieben selbst herstellen, was ein wenig Zeit erfordert, oder bereits fertig zubereitet als Konserve in Dosen kaufen.

MEXIKO

Mexikanisches Sandwich mit Bohnenpüree und Käse

Zutaten für 4 Personen:

450 g getrocknete schwarze Bohnen
2 rote Zwiebeln
2 Knoblauchzehen
2 Ancho Chilischoten
Salz
frisch gemahlener Pfeffer
180 g Butterschmalz
2 EL fein gehackter Koriander
4 runde Brötchen
150 g geriebener Manchego, ersatzweise Emmentaler

Zubereitung: ca. 30 Minuten
Garen: ca. 2 Stunden

1. Die Bohnen in einem Topf mit 2 Litern Wasser zum Kochen bringen und bei kleiner Hitze 7 Minuten köcheln lassen. Vom Herd nehmen und 1 Stunde quellen lassen. Bohnen abgießen und kalt abspülen.

2. Zwiebeln und Knoblauch schälen und hacken. Die Chilischoten halbieren, entkernen und hacken. Alles mit den Bohnen in einem Topf mit 1,5 Litern Wasser aufkochen und bei geringer Temperatur etwa 1 Stunde köcheln. Mit Salz und Pfeffer abschmecken. Dann abgießen, dabei den Kochsud auffangen.

3. Das Butterschmalz in einer großen Pfanne erhitzen, die Bohnenmischung hineingeben und darin zerstampfen. Etwas Kochsud dazugeben, bis eine geschmeidige Masse entsteht. Den Koriander unterrühren.

4. Die Brötchen aufschneiden und jede Seite mit Bohnenpüree bestreichen. Mit Käse bestreuen und unter dem heißen Grill überbacken.

Tacos, geröstete Maisfladen in Hufeisenform, sind typisch für die Tex-Mex-Küche, werden inzwischen aber auch in Mexiko häufig verwendet. Die klassischen mexikanischen Tacos sind gerollte oder zusammengeklappte Maistortillas.

MEXIKO

Geröstete Maisfladen mit Hackfleisch und Rosinen

Zutaten für 4 Personen:

1 kleine Zwiebel
2 Knoblauchzehen
50 g Rosinen
50 g schwarze Oliven ohne Stein
2 EL Olivenöl
400 g Rinderhackfleisch
Salz
1 Msp. Cayennepfeffer
1 hart gekochtes Ei
12 Tacoschalen (geröstete Maisfladen)
1/2 kleiner Eisbergsalat
50 g geriebener Hartkäse
150 g saure Sahne

Zubereitung: ca. 40 Minuten

1. Zwiebel und Knoblauch schälen und fein hacken. Die Rosinen und die Oliven ebenfalls hacken.

2. Das Öl in einer Pfanne erhitzen, Zwiebel und Knoblauch darin anschwitzen. Das Hackfleisch dazugeben und so lange braten, bis es krümelig ist. Mit Salz und Cayennepfeffer würzen und vom Herd nehmen.

3. Den Backofen auf 180 Grad vorheizen. Das Ei schälen und hacken. Mit den Rosinen und den Oliven unter das Hackfleisch mischen.

4. Die Tacoschalen im heißen Ofen 5 Minuten erwärmen. Inzwischen den Salat waschen, trockenschleudern und in feine Streifen schneiden.

5. Das gewürzte Hackfleisch in die Tacoschalen füllen. Darüber eine Lage Salatstreifen geben, mit dem Käse bestreuen und einen Klacks saure Sahne daraufsetzen. Sofort servieren.

Tortillas, wie die Maisfladen in Mexiko heißen, sind ein Grundnahrungsmittel. Sie werden als Beilage serviert oder mit Käse bestreut und kurz gebacken. Oft werden sie auch wie eine Tüte zusammengerollt und lecker gefüllt.

MEXIKO

Mexikanische Spiegeleier mit Tomaten auf Mais-Tortillas

Zutaten für 4 Personen:

1 weiße Zwiebel
1 Knoblauchzehe
400 g Tomaten
4 frische grüne Chilischoten
2 EL Öl und Öl zum Ausbacken
Salz
frisch gemahlener Pfeffer
4 Mais-Tortillas (Fertigprodukt)
4 Eier
100 g geriebener Hartkäse
2 EL zerlassene Butter

Zubereitung: ca. 40 Minuten

1. Die Zwiebel und den Knoblauch schälen und fein hacken. Die Tomaten häuten, vierteln und in kleine Würfel schneiden. Die Chilischoten längs halbieren, entkernen und fein hacken.

2. In einer tiefen Pfanne 2 Esslöffel Öl erhitzen, Zwiebel und Knoblauch darin anschwitzen. Chilischoten und Tomaten zugeben, mit Salz und Pfeffer würzen und 20 Minuten dünsten.

3. Inzwischen die Tortillas in etwas Öl auf beiden Seiten knusprig ausbacken. Den Backofen auf 180 Grad vorheizen.

4. Die Tortillas in eine große feuerfeste Schale legen. Das Tomatengemüse darüber verteilen und mit einer Schöpfkelle 4 Mulden hineindrücken. In jede Mulde ein Ei schlagen, mit Käse bestreuen und die Butter darübergießen. Im heißen Ofen 10–15 Minuten backen, bis die Eier gestockt sind und der Käse geschmolzen ist. In der Form auftragen.

Chilischoten wurden bereits vor 6.000 Jahren in Mexiko angebaut und zählen zu den ältesten mexikanischen Kulturpflanzen. Hier kennt man über 40 verschiedene Sorten, deren Würzkraft von ganz mild bis höllisch scharf reicht.

MEXIKO

Gebratene Chilischoten mit Käse und Baumtomatensauce

Zutaten für 4 Personen:

8 frische Poblano Chilischoten
100 g Mozzarella
125 g fein geriebener Manchego
125 g fein geriebener Parmesan
200 ml Pflanzenöl
4 Eier
Salz
frisch gemahlener Pfeffer
100 g Mehl
375 g Baumtomaten
2 frische Serrano Chilischoten
1 Zwiebel
1 EL fein gehackter Koriander
8 EL Crème fraîche

Zubereitung: ca. 25 Minuten

1. Die Chilischoten waschen, den Stängel auf 1 cm kürzen, die Schoten längs aufschneiden, ohne sie durchzuschneiden, und entkernen.

2. Den Mozzarella fein würfeln und mit dem Manchego und dem Parmesan mischen. Käse in die Chilischoten füllen und die Schoten zusammendrücken.

3. Das Öl in einer Pfanne erhitzen. Die Eier mit Salz und Pfeffer verquirlen. Die Chilischoten zuerst im Mehl, dann in den Eiern wenden und im heißen Öl ca. 8 Minuten goldbraun braten. Auf Küchenpapier abtropfen lassen.

4. Die Baumtomaten waschen und in Scheiben schneiden. Die Serrano Chilischoten halbieren, entkernen und hacken. Die Zwiebel schälen und hacken. Alles mit etwa 80 ml Wasser und dem Koriander im Mixer pürieren, mit Salz und Pfeffer abschmecken.

5. Die gefüllten Chilischoten mit Crème fraîche und der Baumtomatensauce servieren.

Garnelen sind an der Küste Mexikos eine gefragte Spezialität. Das Zentrum der Garnelenfischerei ist der Bundesstaat Sinaloa im Süden an der Pazifikküste. Die Garnelen sind ein wichtiger Exportartikel, der vor allem in die USA geht.

MEXIKO

Gebackene Garnelen im Teigmantel mit Honig-Chili-Dip

Zutaten für 4 Personen:

160 g Mehl
1/2 TL Backpulver
2 TL Cayennepfeffer
Salz
frisch gemahlener Pfeffer
1/4 l helles Bier
3 getrocknete Chipotle Chilischoten
2 Tomaten
1 Zwiebel
2 Knoblauchzehen
1/8 l Gemüsebrühe
4 EL Honig
2–3 EL Apfelessig
800 g große Garnelen, roh, geschält und küchenfertig
Pflanzenöl zum Frittieren

Zubereitung: ca. 50 Minuten

1. Mehl mit Backpulver und den Gewürzen mischen und das Bier unterrühren. Alles zu einem glatten Teig verarbeiten. Den Teig 30 Minuten ruhen lassen.

2. Inzwischen den Dip zubereiten. Die Chilischoten halbieren, entkernen und hacken. Die Tomaten vierteln, entkernen und klein würfeln. Die Zwiebel und den Knoblauch schälen und fein hacken.

3. Chilischoten, Tomaten, Zwiebel und Knoblauch mit der Gemüsebrühe in einem Topf zum Kochen bringen und etwa 15 Minuten einkochen lassen, anschließend pürieren. Salz, Honig und Apfelessig unterrühren und den Dip abkühlen lassen.

4. Das Öl in der Fritteuse auf 175 Grad erhitzen. Die Garnelen waschen und trockentupfen. Garnelen in den Teig tauchen, etwas abtropfen lassen und im heißen Öl knusprig braun ausbacken. Auf Küchenpapier abtropfen lassen und mit dem Dip servieren.

An der südlichen Pazifikküste liegt Acapulco, Mexikos berühmtester Badeort. Lange bevor es von Touristen entdeckt wurde, war Acapulco bereits ein wichtiges Handelszentrum für Seide und orientalische Gewürze wie den kostbaren Safran.

MEXIKO

Gedämpfte Miesmuscheln mit Safran in Tomatensud

Zutaten für 4 Personen:

2 Zwiebeln
4 Knoblauchzehen
2 EL Olivenöl
Salz
frisch gemahlener Pfeffer
1/2 l Weißwein
1 frischer Thymianzweig
1 TL Safranfäden
1/2 l Fischfond
1/4 l Tomatensaft
1,5 kg Miesmuscheln, küchenfertig
1 EL fein gehackte Petersilie

Zubereitung: ca. 30 Minuten

1. Die Zwiebeln und den Knoblauch schälen, die Zwiebeln halbieren und in Scheiben schneiden, den Knoblauch hacken. 1 Esslöffel Öl in einer Pfanne erhitzen und die Hälfte der Zwiebeln darin glasig dünsten. Den Knoblauch zugeben und 1 Minute anschwitzen. Salzen, pfeffern, den Wein angießen, aufkochen und au die Hälfte einkochen lassen.

2. Thymianzweig, Safran, Fischbrühe und Tomatensaf unterrühren und ca. 10 Minuten köcheln lassen. Den Sud durch ein Sieb gießen und beiseitestellen.

3. Die Muscheln unter fließendem Wasser abbürsten, geöffnete Muscheln wegwerfen. In einem großen Topf das restliche Öl erhitzen und die übrige Zwiebel darin andünsten. Die Muscheln in den Topf geben und ca. 2 Minuten schmoren.

4. Den Tomatensud angießen, aufkochen und die Mu scheln bei mittlerer Temperatur zugedeckt ca. 5 Minuten köcheln, bis die Schalen sich öffnen. Den Topf wäh rend dieser Zeit mehrmals rütteln. Geschlossene Muscheln entfernen. Die Petersilie unterheben und die Muscheln mit Sud auf tiefe Schalen verteilen.

Jalapeno Chilischoten gehören zu den bekanntesten Chilisorten. Sie sind etwa 5 cm lang, rot oder grün und haben eine fleischige Konsistenz. Als Vorspeise werden die mittelscharfen Schoten oft mit Käse gefüllt, paniert und gebacken.

MEXIKO

Gegrillte Garnelen a la Rosarita mit Limettensauce

Zutaten für 4 Personen:

12 große Garnelenschwänze, roh, ungeschält
Salz
frisch gemahlener Pfeffer
6 Schalotten
2 Knoblauchzehen
3 Jalapeno Chilischoten
3 EL Olivenöl
2 TL gemahlener Kreuzkümmel
2 TL Paprikapulver
1/2 TL Cayennepfeffer
Saft von 2 Limetten
2 EL Butter

Zubereitung: ca. 30 Minuten

1. Die Garnelenschwänze vom Rücken her einschneiden und halbieren, ohne die Unterseite durchzuschneiden. Die Hälften aufklappen, den Darm entfernen und die Garnelen mit Salz und Pfeffer würzen.

2. Die Schalotten und den Knoblauch schälen und fein hacken. Die Chilischoten halbieren, entkernen und hacken. Das Olivenöl in einer großen Pfanne erhitzen und die Schalotten darin anschwitzen. Knoblauch und Chili zugeben und 2 Minuten dünsten. Die Gewürze einrühren und kurz unter Rühren anrösten.

3. Die Pfanne vom Herd nehmen, den Limettensaft und die Butter einrühren. Die Sauce mit Salz und Pfeffer abschmecken.

4. Garnelen in eine große feuerfeste Form legen und unter dem vorgeheizten Grill im Backofen ca. 5 Minuten grillen. Nach der Hälfte der Garzeit mit der Limettensauce beträufeln.

Veracruz ist der wichtigste mexikanische Hafen an der Atlantikküste. 1519 hatten die Spanier hier ihre erste Siedlung auf dem amerikanischen Festland gegründet. Heute treffen sich unter den Arkaden am Hafen Einheimische und Touristen.

MEXIKO

Gebratenes Seebarschfilet Veracruz mit Oliven in Weißwein

Zutaten für 4 Personen:

4 Seebarschfilets mit Haut à 200 g
Salz
frisch gemahlener Pfeffer
3 EL Olivenöl
1 Zwiebel
2 Knoblauchzehe
2 frische Jalapeno Chilischoten
1 Tomate
1 unbehandelte Zitrone, geachtelt
1 EL fein gehackter Oregano
75 g grüne Oliven, ohne Stein
1/8 l Weißwein
200 ml Fischfond

Zubereitung: ca. 25 Minuten

1. Die Fischfilets waschen, trockentupfen und mit Salz und Pfeffer einreiben. Das Öl in einer Pfanne erhitzen und die Fischfilets darin auf der Hautseite 2 Minuten braten. Fisch wenden und weitere 2 Minuten bei kleiner Hitze braten. Aus der Pfanne heben und auf ein Gitter legen. Den abtropfenden Saft auffangen.

2. Die Zwiebel und den Knoblauch schälen, die Zwiebel in dünne Ringe schneiden, den Knoblauch hacken. Die Chilischoten halbieren, entkernen und in dünne Streifen schneiden. Die Tomate waschen, halbieren, entkernen und in Stücke schneiden.

3. Zwiebel in der Fischpfanne anschwitzen, Knoblauch und Chilischoten zugeben und 2 Minuten mitdünsten. Dann Zitronenachtel, Tomatenstücke, Oregano und Oliven zugeben. Den Wein angießen und auf die Hälfte einkochen lassen. Fischbrühe zugeben und einmal aufkochen.

4. Fischfilets mit dem aufgefangenen Saft in die Pfanne geben und zugedeckt bei kleiner Hitze etwa 3 Minuten im Sud wieder erhitzen. In der Brühe servieren.

Als „Salsa de molcajete“ (Sauce aus dem Mörser) bezeichnet man in Mexiko eine ungekochte scharfe Sauce, die aus zerstoßenen Chilischoten, Knoblauch, gerösteten Tomaten, Salz und Pfeffer zubereitet wird. Sie gehört auf jeden Tisch.

MEXIKO

Gegrillte Hähnchenbrüste in Sahne mit Blattspinat

Zutaten für 4 Personen:

2 EL scharfe mexikanische Salsa (Fertigprodukt)
300 g süße Sahne
2 Hähnchenbrüste ohne Haut und Knochen
100 ml Hühnerbrühe
Salz
frisch gemahlener Pfeffer
300 g Spinat

Marinieren: ca. 3 Stunden
Zubereitung: ca. 30 Minuten

1. Die Salsa mit 2 Esslöffeln Sahne verrühren. Die Hähnchenbrüste waschen, trockentupfen und halbieren. Mit der Salsamischung bestreichen und abgedeckt 3 Stunden im Kühlschrank durchziehen lassen.

2. Die Hühnerbrüste in eine feuerfeste Form legen und unter dem heißen Backofengrill ca. 5 Minuten braten. Dann wenden, die restliche Sahne dazugeben und das Fleisch weitere 5 Minuten grillen, bis es gar und goldbraun ist.

3. Fleisch auf eine vorgewärmte Platte legen und im abgeschalteten Ofen warm halten. Die Sahnemischung in einen Topf geben und die Hühnerbrühe zufügen. Mit Salz und Pfeffer würzen.

4. Den Spinat putzen, waschen und tropfnass in einen Topf geben. Unter Rühren einige Minuten dünsten, bis der Spinat zusammengefallen ist. Den Spinat unter die Sahnesauce rühren und noch einmal aufkochen. Zu den Hähnchenbrüsten servieren.

Quinoa, auch Inkakorn oder Perureis genannt, war viele Jahrhunderte lang ein Grundnahrungsmittel in Lateinamerika. Die Körner enthalten besonders viel hochwertiges Eiweiß und überdurchschnittlich viel Kalzium und Eisen.

MEXIKO

Quinoa mit Paprika-Chili-Gemüse und gegrillter Chorizo

Zutaten für 6 Personen:

1,5 l Hühnerbrühe
400 g Quinoa
1 Zwiebel
4 Knoblauchzehen
2 rote Paprikaschoten
2 frische Poblano Chilischoten
2 EL Olivenöl
2 TL edelsüßes Paprikapulver
1 TL gemahlener Kreuzkümmel
Salz
frisch gemahlener Pfeffer
1 große oder 6 kleine Chorizo Würste

Zubereitung: ca. 50 Minuten

1. In einem Topf 1 Liter Hühnerbrühe aufkochen. Quinoa einrieseln lassen und bei mittlerer Hitze zugedeckt ca. 30 Minuten garen.

2. Die Zwiebel und den Knoblauch schälen. Zwiebel halbieren und in Scheiben schneiden, den Knoblauch hacken. Die Paprikaschoten und die Chilischoten halbieren, entkernen und in Streifen schneiden.

3. Das Olivenöl in der Pfanne erhitzen. Zwiebel und Knoblauch darin anschwitzen. Paprikaschoten und Chilischoten zugeben und anbraten. Die Gewürze einrühren und kurz anrösten. Die restliche Hühnerbrühe angießen und etwa 15 Minuten einkochen lassen. Mit Salz und Pfeffer würzen.

4. Die Würste unter dem heißen Grill ca. 10 Minuten braun braten. Quinoa und Würstchen auf Tellern anrichten und mit der Gemüsemischung belegen.

Schweinefleisch ist in ganz Mexiko sehr beliebt. Es ist die Basis von gehaltvollen Eintöpfen und herzhaften Ragouts. Vom Schwein wird fast alles verwertet, sogar die Schwarte. Kross gebraten wird sie als Imbiss oder Snack gereicht.

MEXIKO

Pikantes Schweinefleischragout mit Jalapeno Chilischoten

Zutaten für 4 Personen:

400 g Baumtomaten
1 kg Schweineschulter
2 kleine Zwiebeln
2 Knoblauchzehen
2 frische Jalapeno Chilischoten
1 grüne Paprikaschote
3 EL Pflanzenöl
1 TL Salz
Pfeffer
1 EL Mehl
1/2 l Hühnerbrühe
1 TL getrockneter Oregano
1 TL gemahlener Kreuzkümmel
1 EL zerstoßene Koriandersamen, eingeweicht
1 Lorbeerblatt
1 EL fein gehackter Koriander

Zubereitung: ca. 35 Minuten
Schmoren: ca. 2 Stunden

1. Baumtomaten schälen und unter dem heißen Grill rösten, bis sie braun werden. Dann abkühlen lassen, halbieren, entkernen und hacken.

2. Das Fleisch waschen, trockentupfen und in 3 cm große Würfel schneiden. Die Zwiebeln und den Knoblauch schälen und würfeln. Die Chilischoten und die Paprikaschote längs halbieren, entkernen und in feine Würfel schneiden.

3. Das Öl in einer Pfanne erhitzen und die Fleischwürfel darin von allen Seiten gut anbraten. Mit Salz und Pfeffer würzen. Zwiebeln, Knoblauch, Chilischoten und Paprikaschote zufügen und einige Minuten anschwitzen. Das Mehl darüberstäuben und kurz anrösten. Die Hühnerbrühe angießen.

4. Die Baumtomaten und die Gewürze bis auf den Koriander dazugeben. Ragout einmal aufkochen und zugedeckt bei kleiner Hitze ca. 1 Stunde köcheln lassen.

5. Das Ragout mit Salz und Pfeffer abschmecken. Vor dem Servieren mit dem Koriander bestreuen.

Dieses Gericht ist nach der Hacienda Canamelar in der Nähe von Jalapa im Bundesstaat Veracruz benannt. Es ist ein schmackhaftes Beispiel für die echte mexikanische Küche und wird meist mit Reis und einer scharfen Salsa serviert.

MEXIKO

Marinierte Schweinelende Canamelar aus dem Ofen

Zutaten für 6 Personen:

6 mexikanische getrocknete Chilischoten
1 kg Schweinelende
4 Knoblauchzehen
1/4 l Obstessig
150 ml Olivenöl
400 ml Ananassaft (Dose)
Salz
frisch gemahlener Pfeffer

Zubereitung: ca. 2 Stunden
Braten: ca. 2 Stunden

1. Die Chilischoten waschen, trockentupfen, längs einschneiden und entkernen. Eine gusseiserne Pfanne stark erhitzen und die Chilischoten hineinlegen. Von allen Seiten kurz anrösten. Aus der Pfanne heben, in eine Schale legen und mit heißem Wasser bedecken. 20 Minuten ziehen lassen, dann abgießen.

2. Das sichtbare Fett und die Haut vom Fleisch entfernen. Das Fleisch waschen, trockentupfen und in eine feuerfeste Form legen. Den Knoblauch schälen und grob hacken. Mit den Chilischoten, Obstessig, Öl, Ananassaft, Salz und Pfeffer im Mixer glatt pürieren. Marinade über das Fleisch verteilen und leicht einmassieren. Fleisch bei Zimmertemperatur 1 Stunde durchziehen lassen, nach der Hälfte der Zeit in der Marinade wenden.

3. Den Backofen auf 180 Grad vorheizen. Fleisch in der Marinade 1 Stunde im heißen Ofen braten. Anschließend aus dem Ofen nehmen und im Bratfond abkühlen lassen. Fleisch mit der Aufschnittmaschine in möglichst dünne Scheiben schneiden.

4. Fleischscheiben in die Saftpfanne legen und weiter 25–30 Minuten im heißen Ofen knusprig braten.

Baumtomaten, auch Tamarillos genannt, sind bis zu 9 Zentimeter lange, länglich-eiförmige, meist rote Früchte, die an beiden Enden spitz zulaufen. Ihr Fruchtfleisch schmeckt angenehm herb-süß und sehr aromatisch.

MEXIKO

Tangerinensorbet mit Baumtomaten in Sirup

Zutaten für 4 Personen:

Für das Sorbet:
abgeriebene Schale von 1 unbehandelten Tangerine
400 ml Tangerinensaft
60 ml Zitronensaft
160 g Zucker
30 ml Maissirup

Für die Baumtomaten:
8 Baumtomaten
275 g Zucker
200 ml Maracujanektar

Zubereitung: ca. 25 Minuten
Kühlen: ca. 1 Stunde

1. Alle Zutaten für das Sorbet miteinander verrühren und in einer Eismaschine gefrieren.

2. Die Baumtomaten 1 Minute in kochendem Wasser blanchieren, in Eiswasser abkühlen lassen und die Haut abziehen.

3. Den Zucker mit 200 ml Wasser und dem Maracujanektar aufkochen. Baumtomaten einlegen und zugedeckt 15 Minuten köcheln lassen.

4. Die Baumtomaten aus dem Topf heben, in eine Schüssel legen und mit dem Sirup übergießen. Im Kühlschrank 1 Stunde ziehen lassen.

5. Jeweils 2 Baumtomaten halbieren und mit der Schnittseite nach unten auf einen Dessertteller legen. Das Sorbet mit dem Stabmixer aufmixen, mit einem Eisportionierer Kugeln formen, diese auf die Dessertteller geben und sofort servieren.

Die Küche Panamas ist für den europäischen Geschmack sehr bekömmlich und interessant. Neben den bekannten Fast-Food-Ketten gibt es hier eine ganze Reihe von guten einheimischen Lokalen und internationalen Restaurants.

PANAMA

Palmherzen auf Kopfsalatnestern in Mayonnaise

Zutaten für 4 Personen:

200 g Palmherzen (Dose)
4 EL Mayonnaise
Saft von 1 Limette
1 TL scharfer Senf
1 TL Zucker
Salz
frisch gemahlener Pfeffer
1 Kopfsalat
4 EL Öl
2 EL Weinessig
200 g Maiscracker

Zubereitung: ca. 15 Minuten

1. Die Palmherzen abtropfen lassen, dann zunächst in dicke Scheiben, anschließend in Würfel schneiden. Die Mayonnaise mit Limettensaft, Senf, Zucker, Salz und Pfeffer verrühren. Palmherzen untermischen und kurz in der Mayonnaise ziehen lassen.

2. Den Kopfsalat waschen und trockenschleudern. Die Blätter in möglichst dünne Streifen schneiden. Aus Öl, Essig, Salz und Pfeffer ein Dressing anrühren und unter den Kopfsalat mischen.

3. Aus den Kopfsalatstreifen auf 4 Tellern kleine Salatnester formen. Den Palmherzensalat in die Mitte der Salatnester verteilen. Mit den Maiscrackern servieren.

Panama ist ein Bindeglied zwischen Nord- und Südamerika. Es grenzt im Norden an die Karibik und im Süden an den Pazifischen Ozean und hat ein angenehmes tropisches Klima mit einer Durchschnittstemperatur von 27 Grad.

PANAMA

Avocadomousse mit Crème fraîche und Tomaten

Zutaten für 6 Personen:

5 Blatt weiße Gelatine
1/4 l Gemüsebrühe
1 weiße Zwiebel
1 Knoblauchzehe
2 frische rote Chilischoten
3 reife Avocados
Saft von 2 Limetten
Salz
1 EL fein gehackte Petersilie
1 EL fein gehackter Koriander
250 g Crème fraîche
6 hart gekochte Eier
6 Tomaten

Zubereitung: ca. 30 Minuten
Kühlen: ca. 4 Stunden

1. Gelatine 10 Minuten in kaltem Wasser einweichen. Die Gemüsebrühe erhitzen und die ausgedrückte Gelatine darin auflösen. Vom Herd nehmen, etwas abkühlen lassen.

2. Die Zwiebel und den Knoblauch schälen und sehr fein hacken. Die Chilischoten längs halbieren, entkernen und fein hacken. Die Avocados schälen, halbieren und den Kern entfernen. Avocados würfeln, in eine Schüssel geben, mit dem Limettensaft übergießen und mit einer Gabel zerdrücken. Salzen, Petersilie und Koriander untermischen. Die Avocadocreme mit dem Stabmixer pürieren.

3. Die Crème fraîche und die Gemüsebrühe unter das Avocadopüree rühren. Die Mousse in 6 kleine Förmchen füllen. Mit Frischhaltefolie abdecken und 4 Stunden im Kühlschrank fest werden lassen.

4. Die harten Eier schälen und in Scheiben schneiden. Die Tomaten waschen und ebenfalls in Scheiben schneiden. Die Mousseförmchen kurz in heißes Wasser tauchen, dann auf 6 Dessertteller stürzen. Mit Ei- und Tomatenscheiben garnieren.

Die panamesische Landschaft ist sehr abwechslungsreich. Regenwald wechselt sich ab mit großen Savannen, sanften Hügeln und traumhaften Sandstränden an zwei Ozeanen. Auch die Küche bietet viel schmackhafte Abwechslung.

PANAMA

Mariniertes gekochtes Gemüse in Tomatensauce

Zutaten für 4 Personen:

500 g Möhren
1 kleiner Blumenkohl
250 g Zuckerschoten
Salz
500 g Tomaten
3 große Zwiebeln
3 Knoblauchzehen
200 ml Olivenöl
1 TL edelsüßes Paprikapulver
200 ml Weinessig
3 Lorbeerblätter
1 Salatgurke

Zubereitung: ca. 1 Stunde
Marinieren: ca. 12 Stunden

1. Die Möhren schälen und in Scheiben schneiden. Den Blumenkohl putzen und in Röschen zerteilen. Die Zuckerschoten waschen. Das Gemüse nacheinander in kochendem Salzwasser bissfest blanchieren. Mit dem Schaumlöffel aus dem Wasser heben und in Eiswasser abkühlen lassen. Gemüse gut abtropfen lassen.

2. Die Tomaten häuten, vierteln, entkernen und grob hacken. Die Zwiebeln und den Knoblauch schälen. Zwiebeln halbieren und in dünne Scheiben schneiden, Knoblauch in Stifte schneiden.

3. Das Olivenöl in einer Pfanne erhitzen, Zwiebeln und Knoblauch darin goldgelb rösten. Das Paprikapulver und die Tomaten zufügen, den Essig und 1/8 Liter Wasser angießen, die Lorbeerblätter einlegen. 20 Minuten bei kleiner Hitze köcheln lassen.

4. Die Gurke schälen, längs halbieren und die Kerne mit einem Löffel herauskratzen. Gurke in dünne Scheiben schneiden. Mit dem restlichen Gemüse in eine Schüssel geben. Die Tomatensauce darübergeben und vorsichtig unterheben. Abkühlen lassen. Zugedeckt im Kühlschrank über Nacht ziehen lassen. 15 Minuten vor dem Servieren aus dem Kühlschrank nehmen.

Wer die vielfältige Küche Panamas kennen lernen will, sollte unbedingt neben Ceviche, einem Cocktail aus roher Meerkrabbe, und dem Nationalgericht Sancocho de Galina (Hühnerfleischsuppe) auch diesen leckeren Maisauflauf probieren.

PANAMA

Panamesischer Maisauflauf mit Putenbrust und Paprika

Zutaten für 4 Personen:

600 g Putenbrust
1 Stück Ingwer
2 Knoblauchzehen
Salz
2 EL Öl
1 rote Paprikaschote
1 grüne Paprikaschote
700 g gekochter Mais (Dose)
200 g süße Sahne
3 Eier, getrennt
1 EL Zucker
200 g geriebener Cheddar

Zubereitung: ca. 1 Stunde

1. Den Backofen auf 180 Grad vorheizen. Die Putenbrust waschen und trockentupfen. Den Ingwer schälen und fein reiben. Knoblauch schälen und fein hacken. Ingwer und Knoblauch mit 1 Teelöffel Salz im Mörser musig zermahlen und die Putenbrust damit einreiben.

2. Ein großes Stück Alufolie mit Öl einstreichen und die Putenbrust darauflegen. Die Folie über dem Fleisch locker verschließen und die Putenbrust im heißen Ofen ca. 20 Minuten garen. Danach in Streifen schneiden.

3. Die Paprikaschoten halbieren, entkernen und in möglichst kleine Würfel schneiden. Den abgetropften Mais mit der Sahne, dem Eigelb und dem Zucker mischen. Das Putenfleisch und die Hälfte des Käses zufügen.

4. Das Eiweiß steif schlagen und zu zwei Dritteln unter die Masse heben. Das restliche Eiweiß mit dem übrigen Käse vermischen.

5. Eine feuerfeste Form mit dem restlichen Öl ausfetten. Die Maismischung in die Form füllen und die Oberfläche glatt streichen. Die Eischnee-Käse-Mischung daraufgeben. Im heißen Ofen ca. 40 Minuten goldbraun überbacken.

Die Haupteinnahmequelle Panamas ist der Panamakanal mit seinen spektakulären Schleusen, der oft auch als das 8. Weltwunder bezeichnet wird. Er verbindet die Karibik mit dem Pazifik und soll bald ausgebaut werden.

PANAMA

Schwimmende Inseln in Vanillesauce mit Limettenzesten

Zutaten für 4 Personen:

Zubereitung: ca. 30 Minuten
Kühlen: ca. 1 Stunde

1 Vanilleschote
700 ml Milch
4 Eier, getrennt
100 g brauner Zucker
4 EL Puderzucker
1 unbehandelte Limette

1. Die Vanilleschote der Länge nach aufschlitzen und das Mark herauskratzen. Vanilleschote und Mark in der Milch langsam erhitzen. Einmal aufkochen lassen, danach vom Herd nehmen und etwas abkühlen lassen. Die Vanilleschote entfernen.

2. Eigelb in eine Schüssel geben und mit dem Zucker cremig verrühren. Die Vanillemilch dazugießen. Die Creme zurück in den Topf schütten und unter Rühren erhitzen, bis die Sauce dicklich wird. Sie darf nicht mehr kochen.

3. Die Vanillesauce durch ein Haarsieb abgießen und abgedeckt 1 Stunde im Kühlschrank erkalten lassen.

4. Das Eiweiß mit dem Puderzucker sehr steif schlagen. In einem weiten Topf 2 Liter Wasser zum Kochen bringen. Eiweiß mit 2 Esslöffeln zu Nocken abstechen und ins köchelnde Wasser gleiten lassen. Nach 3–4 Minuten herausheben und abtropfen lassen.

5. Die Vanillesauce in flache Dessertschalen verteilen und die Eischneenocken darauf setzen. Mit dem Zestenreißer dünne Schalenstreifen von der Limette abziehen und über die Eischneenocken verteilen.

Ascunción, die Hauptstadt Paraguays, hat sich bis heute zumindest in der Altstadt ihr koloniales Stadtbild bewahren können. In den vielen kleinen Restaurants gibt es eine Fülle von einheimischen und internationalen Spezialitäten.

PARAGUAY

Hähnchenlebersalat Asunción mit Paprika

Zutaten für 4 Personen:

800 g Hähnchenleber
4 Frühlingszwiebeln
2 EL Öl
Salz
frisch gemahlener Pfeffer
2 rote Paprikaschoten
3 EL Mayonnaise
3 EL süße Sahne
2 EL Zitronensaft
1 EL fein gehackter Koriander

Zubereitung: ca. 30 Minuten

1. Die Hähnchenleber putzen. Die Frühlingszwiebeln putzen, waschen und mit einem Teil des Grüns in dünne Scheiben schneiden.

2. Das Öl in einer Pfanne nicht zu stark erhitzen und die Leber darin rosa braten. Frühlingszwiebeln zufügen und kurz anschwitzen. Vom Herd nehmen, mit Salz und Pfeffer würzen und in eine Schüssel umfüllen.

3. Die Paprikaschoten halbieren, entkernen und in kleine Würfel schneiden. Unter die Leber mischen.

4. Mayonnaise, Sahne und Zitronensaft verrühren, mit Salz und Pfeffer würzen. Über den Salat geben und gut mischen. Mit Koriander bestreut servieren.

Die Küche Paraguays ist nicht sehr scharf gewürzt, wie diese feine Gemüsecremesuppe mit Maisfladenstreifen zeigt. Dazu wird wie zu fast allen Gerichten viel frisches Brot gereicht – zum Beispiel „Chipa“, ein Brot aus Maniokmehl.

PARAGUAY

Avocadocremesuppe mit Sherry und Geflügelbrühe

Zutaten für 4 Personen:

4 EL Maismehl
3 EL Öl
3 reife Avocados
Saft von 1 Limette
125 g süße Sahne
1/2 l Geflügelbrühe
2 EL trockener Sherry
Salz
frisch gemahlener Pfeffer

Zubereitung: ca. 25 Minuten

1. Das Maismehl mit wenig Wasser zu einem festen Teig verkneten. In 4 Portionen teilen und jedes Teigstück auf Backpapier möglichst dünn ausrollen. Nacheinander in einer beschichteten Pfanne in wenig Öl auf beiden Seiten goldgelb backen. Jeden Fladen aufrollen und in dünne Streifen schneiden. Warm stellen.

2. Die Avocados halbieren, entkernen, das Fruchtfleisch aus den Schalen lösen und grob würfeln. In den Mixer geben, mit Limettensaft beträufeln und mit der Sahne glatt pürieren.

3. Die Geflügelbrühe in einem Topf einmal aufkochen Vom Herd nehmen und die Avocadocreme unterrühren. Suppe mit Sherry, Salz und Pfeffer abschmecken.

4. Die Suppe in 4 tiefe Teller verteilen und mit den Fladenstreifen garnieren.

Neben Mais, Maniok und Kartoffeln sind Bohnen wie in ganz Lateinamerika auch in Paraguay eine Grundzutat für viele Gerichte. Besonders schmackhaft sind die Bohnen, wenn sie zuerst gekocht und dann gebacken werden.

PARAGUAY

Gebackene rote Bohnen mit Spinat und Speck

Zutaten für 4 Personen:

750 g Blattspinat
2 Zwiebeln
2 Knoblauchzehen
150 g Frühstücksspeck
1 frische rote Chilischote
2 EL Öl
250 g gekochte rote Bohnen
Salz
frisch gemahlener Pfeffer
1 EL Butter
frisch geriebene Muskatnuss

Zubereitung: ca. 20 Minuten

1. Den Spinat verlesen, putzen und gründlich waschen. Zwiebeln und Knoblauch schälen und in kleine Würfel schneiden. Den Speck in schmale Streifen schneiden. Die Chilischote längs halbieren, entkernen und fein hacken.

2. Den Speck in einer Pfanne im Öl knusprig braten. Die Hälfte der Zwiebeln und des Knoblauchs sowie die Chilischote zufügen und anschwitzen. Die Bohnen untermischen und ca. 10 Minuten braten, dabei mehrmals umrühren. Mit Salz und Pfeffer abschmecken.

3. Die restlichen Zwiebel- und Knoblauchwürfel in der Butter anschwitzen. Den tropfnassen Spinat dazugeben und bei mittlerer Hitze im geschlossenen Topf zusammenfallen lassen. Dann den Topf öffnen, Spinat mit Salz, Pfeffer und Muskatnuss würzen und so lange weitergaren, bis die Flüssigkeit verdampft ist.

4. Den Spinat mit dem Bohnengemüse auf einer vorgewärmten Servierplatte anrichten.

Mais ist ein Grundnahrungsmittel in Paraguay. Er ist auch die Basis für das Nationalgericht „Sopa paraguaya", wie dieser Auflauf im Original heißt. Fast ebenso beliebt ist Soo-Yosopy, eine Suppe aus Maismehl und Rinderhackfleisch.

PARAGUAY

Traditioneller Maisauflauf mit Butterkäse überbacken

Zutaten für 4 Personen:

Zubereitung: ca. 20 Minuten
Backen: ca. 45 Minuten

2 Zwiebeln
60 ml Öl
500 g Maismehl
1/2 TL Backpulver
400 ml Milch
1 EL Butter
und Butter für die Form
Salz
5 Eier
300 g Butterkäse
2 EL süße Sahne

1. Die Zwiebeln schälen, halbieren und in dünne Scheiben schneiden. Das Öl in einer Pfanne erhitzen und die Zwiebeln darin goldgelb anschwitzen. Vom Herd nehmen.

2. Das Maismehl mit dem Backpulver, der Milch und der Butter verrühren. Die Zwiebeln, 1/2 Teelöffel Salz und 3 Eier untermischen. Den Backofen auf 180 Grad vorheizen.

3. Den Butterkäse in dünne Scheiben schneiden. Eine feuerfeste Form mit Butter ausfetten und 1/4 des Maisteigs einfüllen. Mit 1/3 der Käsescheiben belegen und so fortfahren, bis alles verbraucht ist. Die restlichen Eier mit der Sahne verquirlen und den Auflauf damit bestreichen. Im heißen Ofen ca. 45 Minuten backen. In der Form servieren.

Bergpapayas oder wilde Papayas haben ein festes, gelbes Fruchtfleisch und rund um die kleinen schwarzen Kerne eine geleeartige Masse, die sehr erfrischend schmeckt. Die reifen Früchte haben einen zarten zitronigen Duft.

PARAGUAY

Papaya-Mango-Dessert mit Limetten und Sahne

Zutaten für 4 Personen:

2 reife Bergpapayas
2 reife Mangos
2 EL Limettensaft
5 EL Rohrzucker
2 Eiweiß
Salz
200 g süße Sahne

Zubereitung: ca. 15 Minuten
Kühlen: ca. 2 Stunden

1. Die Papayas schälen, halbieren und entkernen. Fruchtfleisch würfeln. 1 Mango schälen, halbieren und den Stein entfernen. Fruchtfleisch ebenfalls würfeln. Alles im Mixer mit dem Limettensaft und 4 Esslöffeln Zucker pürieren.

2. Eiweiß mit dem restlichen Zucker und 1 Prise Salz sehr steif schlagen. Die Sahne ebenfalls steif schlagen. Eischnee und Schlagsahne vorsichtig unter das Fruchtpüree heben. In eine Schüssel umfüllen und abgedeckt 2 Stunden in den Kühlschrank stellen.

3. Die restliche Mango halbieren, entkernen und in dünne Spalten schneiden. Die Creme mit den Papayaspalten portionsweise auf Dessertgläsern anrichten.

Peru gilt als die Heimat des „Ceviche“, das in vielen Küstenstädten Lateinamerikas aus rohem Fisch oder Garnelen zubereitet wird. Es ist an warmen Sommerabenden ein herrlich erfrischendes Gericht und schmeckt so richtig nach Urlaub.

PERU

Peruanische Ceviche aus Seeteufel mit Koriander

Zutaten für 4 Personen:

500 g Seeteufelfilet
2 frische rote Chilischoten
1 EL Salz
1/8 l frisch gepresster Limettensaft
2 rote Zwiebeln
2 Tomaten
2 EL Olivenöl
1 EL fein gehackter Koriander

Zubereitung: ca. 15 Minuten
Marinieren: ca. 4 Stunden

1. Den Fisch waschen, trockentupfen und in kleine Würfel schneiden. Die Chilischoten längs halbieren, entkernen und fein hacken. Beides in eine Porzellanschüssel geben, mit Salz bestreuen und den Limettensaft darübergeben. Alles gut vermischen. Schüssel mit Frischhaltefolie abdecken und den Fisch 3 Stunden im Kühlschrank ziehen lassen.

2. Die Zwiebeln schälen und in kleine Würfel schneiden. Die Tomaten häuten, vierteln, entkernen und in kleine Würfel schneiden. Mit den Zwiebeln unter den Fisch mischen und noch 1 Stunde ziehen lassen.

3. Vor dem Servieren Olivenöl und Koriander zufügen vorsichtig untermischen. Die Ceviche in Schalen verteilen und sofort servieren.

In Peru gibt es in jeder noch so kleinen Ortschaft mindestens einen Platz, wo man für wenig Geld gut essen kann. Es ist nicht immer eine großartige Küche, doch die Gerichte sind schmackhaft und mit Liebe zubereitet.

PERU

Knusprig gebackene Maispuffer mit Speckscheiben

Zutaten für 12 Stück:

150 g Maismehl
1 TL Backpulver
Salz
2 Eier
100 ml Milch
250 g gekochter Mais (Dose)
60 ml Öl
150 g Frühstücksspeck
4 EL Crème fraîche

Zubereitung: ca. 40 Minuten

1. Das Maismehl mit dem Backpulver, 1 Teelöffel Salz, den Eiern und der Milch zu einem glatten, zähen Teig verrühren.

2. Den Mais in ein Sieb geben, unter fließendem Wasser waschen und gut abtropfen lassen. Mais unter den Teig mischen.

3. Das Öl in einer großen Pfanne erhitzen und portionsweise 12 Maispuffer auf beiden Seiten goldbraun braten. Maispuffer warm halten, bis alle fertig gebacken sind.

4. Die Speckscheiben in einer Pfanne ohne Fett knusprig ausbraten. Jeweils 3 Maispuffer auf einen Teller legen, Speckscheiben darauflegen und mit der Crème fraîche garnieren.

Süßkartoffeln oder Bataten sind nicht mit den Kartoffeln verwandt, sondern die Knollen eines Windengewächses, die bis zu einem halben Pfund wiegen können. Je heißer das Klima, desto höher ist der Zuckergehalt der Knollen.

PERU

Jorges Süßkartoffelsuppe mit Orangen und Hühnerbrühe

Zutaten für 4 Personen:

750 g Süßkartoffeln
1 weiße Zwiebel
2 Frühlingszwiebeln
1 frische rote Chilischote
2 EL Butter
1 l Hühnerbrühe
1 TL abgeriebene Orangenschale
Salz
frisch gemahlener Pfeffer
100 g süße Sahne
1 Orange

Zubereitung: ca. 50 Minuten

1. Die Süßkartoffeln waschen, schälen und in Würfel schneiden. Die Zwiebel schälen und fein hacken. Die Frühlingszwiebeln putzen und mit einem Teil des Grüns in dünne Ringe schneiden. Die Chilischote längs halbieren, entkernen und fein hacken. Alles in 1 Esslöffel Butter anschwitzen.

2. Die Hühnerbrühe angießen, mit Orangenschale, Salz und Pfeffer würzen und zum Kochen bringen. Zugedeckt bei kleiner Hitze ca. 20 Minuten köcheln lassen. Dann die Suppe mit dem Stabmixer pürieren. Die Sahne unterrühren und die Suppe nochmals aufmixen.

3. Die Orange schälen und filetieren. Suppe in 4 tiefe Teller verteilen und mit den Orangenfilets garnieren.

Arequipa, die „weiße Stadt", ist die zweitgrößte Stadt des Landes und das kulturelle Zentrum des Südens von Peru. Die historische Altstadt wurde von der UNESCO wegen ihrer Kolonialarchitektur im Jahr 2000 zum Weltkulturerbe erklärt.

PERU

Fischcremesuppe Arequipa mit Garnelen und Kartoffeln

Zutaten für 4 Personen:

5 mittelgroße mehlig kochende Kartoffeln
1 Zwiebel
2 Knoblauchzehen
2 Tomaten
4 EL Butter
Salz
frisch gemahlener Pfeffer
1 TL getrockneter Oregano
1 TL edelsüßes Paprikapulver
1/2 l Fischfond
1/2 l Milch
1 Lorbeerblatt
400 g Seehechtfilets
100 g Garnelen, geschält und gekocht
2 hart gekochte Eier
1 EL fein gehackte Petersilie

Zubereitung: ca. 50 Minuten

1. Die Kartoffeln waschen, schälen und würfeln. Die Zwiebel und den Knoblauch schälen und fein hacken. Die Tomaten häuten, vierteln, entkernen und hacken.

2. Die Hälfte der Butter in einem Topf zerlassen, Zwiebel und Knoblauch darin anschwitzen. Die Kartoffeln zufügen und unter Rühren anrösten. Mit Salz, Pfeffer, Oregano und Paprikapulver würzen. Den Fischfond und die Milch angießen, das Lorbeerblatt einlegen. Zum Kochen bringen und zugedeckt bei kleiner Hitze 20 Minuten köcheln lassen.

3. Den Fisch waschen, trockentupfen und in ca. 3 cm große Würfel schneiden. Mit Salz und Pfeffer würzen.

4. Die restliche Butter erhitzen und die Fischwürfel darin von allen Seiten hellgelb anbraten. Dann mit den Garnelen in die Suppe geben, nicht mehr kochen. Die Suppe mit Salz und Pfeffer abschmecken.

5. Die Eier schälen und achteln. Suppe in tiefe Schalen verteilen, mit den Eiern garnieren und mit Petersilie bestreuen.

Die gesamte peruanische Küste ist ein wahres Paradies für Angler. An den Sandstränden in Zentral- und Südperu werden vor allem Seezunge, Adlerfisch oder Chita geangelt, in Nordperu auch andere Fischarten wie Zacken- und Meerbarsch.

PERU

Adlerfisch nach Art von Chorrillos mit Zwiebelsauce

Zutaten für 4 Personen:

4 Adlerfischfilets à 200 g
Saft von 2 Limetten
Salz
frisch gemahlener Pfeffer
500 g rote Zwiebeln
4 Knoblauchzehen
2 EL Butter
1 TL edelsüßes Paprikapulver
1 TL getrockneter Thymian
1 EL Mehl
1/4 l Weißwein
Pflanzenöl zum Frittieren
Maismehl zum Wenden

Zubereitung: ca. 40 Minuten

1. Die Fischfilets waschen und trockentupfen. Nebeneinander in eine Schale legen, mit Limettensaft beträufeln und mit Salz und Pfeffer würzen. 20–25 Minuten ziehen lassen.

2. Die Zwiebeln und den Knoblauch schälen, halbieren und in feine Scheiben schneiden. Die Butter in einer großen Pfanne zerlassen. Zwiebeln und Knoblauch darin glasig dünsten. Mit Paprikapulver und Thymian würzen, mit dem Mehl überstäuben und den Weißwein angießen. So lange köcheln lassen, bis die Zwiebeln weich sind.

3. Das Öl in einer Fritteuse auf 175 Grad erhitzen. Fischstücke in Maismehl wenden, überschüssiges Mehl abklopfen. Den Fisch im heißen Öl auf beiden Seiten goldbraun frittieren. Kurz auf Küchenpapier abtropfen lassen.

4. Fisch auf 4 vorgewärmte Teller legen und die Zwiebelsauce darüber verteilen.

Die ältesten Funde des Kartoffelanbaus finden sich südlich der peruanischen Hauptstadt Lima, wo man seit mehr als 8.000 Jahren die nahrhafte Knolle anbaut. Auch heute noch spielen Kartoffeln eine wichtige Rolle in der Landesküche.

PERU

Gefüllte Blechkartoffeln mit Speck im Salzbett gebacken

Zutaten für 4 Personen:

8 mittelgroße mehlig kochende Kartoffeln à 125 g
1 kg grobes Meersalz
2 Zwiebeln
150 g gekochter Schinken
150 g Räucherspeck
60 g Butter
1 TL getrockneter Oregano
Salz
1/2 TL Cayennepfeffer
200 g Crème double
1 EL fein gehackte Petersilie

Zubereitung: ca. 15 Minuten
Garen: ca. 1 Stunde

1. Den Backofen auf 220 Grad vorheizen. Die Kartoffeln gründlich waschen und trockentupfen. Ein große feuerfeste Form mit dem Meersalz ausstreuen und die Kartoffeln hineinsetzen. Im heißen Ofen 45 Minuten backen.

2. Die Zwiebeln schälen und in kleine Würfel schneiden. Den Schinken und den Speck ebenfalls in kleine Würfel schneiden.

3. In einer Pfanne 1 Esslöffel Butter zerlassen und die Zwiebel darin andünsten. Schinken und Speck zufügen und anbraten. Mit Oregano und Cayennepfeffer würzen und vom Herd nehmen.

4. Kartoffeln aus dem Ofen nehmen und etwas abkühlen lassen. Dann die Kartoffeln längs halbieren. Aus jeder Hälfte 1 Esslöffel Kartoffelfleisch auslösen und mit einer Gabel zerdrücken. Unter die Zwiebel-Speck-Mischung geben. Die Masse auf die Kartoffelhälften streichen und die Kartoffeln wieder in das Salzbett setzen. Im heißen Ofen 10 Minuten backen.

5. Die Crème double mit der Petersilie verrühren und getrennt zu den Kartoffeln servieren.

Die Peruanerinnen verbringen gern viele Stunden am Herd. Doch die Küche ist nicht nur ein Arbeitsplatz, sondern auch ein geselliger Treffpunkt und eine Informationsbörse für Neuigkeiten und Klatsch aus der Nachbarschaft.

PERU

Gefüllte Paprikaschoten mit Hackfleisch und Käse

Zutaten für 4 Personen:

4 Rocotos, ersatzweise kleine rote Paprikaschoten
1 kleine Zwiebel
1 Knoblauchzehe
1 frische rote Chilischote
1 EL Öl
250 g Rinderhackfleisch
Salz
frisch gemahlener Pfeffer
1 EL fein gehackte Petersilie
1 hart gekochtes Ei
100 g Queso Blanco, ersatzweise Kuhmilch-Feta
75 ml Kondensmilch
1 Ei
50 g gehackte, geröstete Erdnüsse
200 ml Fleischbrühe

Zubereitung: ca. 20 Minuten
Garen: ca. 40 Minuten

1. Von den Rocotos oben einen Deckel abschneiden. Schoten entkernen und waschen. Die Zwiebel und den Knoblauch schälen und in kleine Würfel schneiden. Die Chilischote längs halbieren, entkernen und fein hacken.

2. Das Öl in einer Pfanne erhitzen und das Hackfleisch darin krümelig braten. Zwiebel, Knoblauch und Chilischote zufügen und anschwitzen. Vom Herd nehmen, mit Salz und Pfeffer würzen und die Petersilie untermischen. Etwas abkühlen lassen. Den Backofen auf 160 Grad vorheizen.

3. Das harte Ei schälen und hacken. Den Käse in kleine Würfel schneiden. Das Ei mit der Kondensmilch verquirlen, den Käse dazugeben und 5 Minuten ziehen lassen. Dann alles mit den Erdnüssen unter die Hackfleischmasse mischen.

4. Die Rocotos mit der Hackfleischmasse füllen und die Schotendeckel daraufsetzen. Nebeneinander in eine feuerfeste Form stellen und die Brühe angießen. Im heißen Ofen ca. 45 Minuten backen.

Die peruanische Küche genießt den Ruf, eine der besten Lateinamerikas zu sein. Aus der spanischen Kochkunst hat man die Zubereitung von herrlichen Gerichten mit Sauce übernommen, die in anderen Ländern kaum bekannt sind.

PERU

Schweinefleischpfanne mit grünen Bohnen in Sahnesauce

Zutaten für 4 Personen:

500 g grüne Bohnen
Salz
400 g Schweinefilet
2 Knoblauchzehen
2 rote Zwiebeln
2 frische rote Chilischoten
2 EL Öl
1 TL edelsüßes Paprikapulver
1/4 l Fleischbrühe
250 g süße Sahne
frisch gemahlener Pfeffer

Zubereitung: ca. 45 Minuten

1. Die Bohnen waschen, putzen und in mundgerechte Stücke brechen. In wenig Salzwasser knapp bissfest garen. Dann abgießen und gut abtropfen lassen.

2. Das Schweinefilet in dünne Streifen schneiden. Den Knoblauch und die Zwiebeln schälen, halbieren und in dünne Scheiben schneiden. Die Chilischoten längs halbieren, entkernen und fein hacken.

3. Das Öl in einer tiefen Pfanne erhitzen. Das Fleisch darin rundum anbraten, mit Salz und Pfeffer würzen. Fleisch aus der Pfanne nehmen und warm stellen. Zwiebeln, Knoblauch und Chilischote im Bratfett glasig dünsten. Mit Paprikapulver überstäuben und kurz anrösten.

4. Die Fleischbrühe und die Sahne angießen und einmal aufkochen. Die Bohnen und das Fleisch hineingeben und 5 Minuten bei kleiner Hitze in der Sauce ziehen lassen. Mit Salz und Pfeffer abschmecken und in eine vorgewärmte Servierschüssel umfüllen.

Rund um das Jahr werden in Peru etwa 3.000 Feste gefeiert, meist zu Ehren eines Schutzheiligen. Sie orientieren sich am christlichen Kalender, der zur Kolonialzeit eingeführt wurde. Weihnachten wird besonders groß gefeiert.

PERU

Gefüllter Weihnachtstruthahn mit Trockenfrüchten

Zutaten für 4 Personen:

400 g Trockenfrüchte (Äpfel, Birnen, Rosinen, Feigen)
200 ml frisch gepresster Orangensaft
4 cl Orangenlikör
1 kleiner Truthahn, ca. 2,6 kg
Salz
frisch gemahlener Pfeffer
Fett für die Form
2 EL Orangenblütenhonig

Zubereitung: ca. 30 Minuten
Braten: ca. 120 Minuten

1. Die Trockenfrüchte grob hacken. Mit dem Orangensaft und dem Orangenlikör in einen Topf geben und einmal aufkochen. 5 Minuten köcheln lassen. Vom Herd nehmen und in ein Sieb schütten, dabei den Sud auffangen. Früchte abtropfen lassen.

2. Den Backofen auf 200 Grad vorheizen. Den Truthahn waschen und trockentupfen. Innen und außen kräftig mit Salz und Pfeffer einreiben. Mit den Trockenfrüchten füllen, die Öffnung mit Zahnstochern verschließen.

3. Den Truthahn mit der Brustseite nach unten in einen großen gefetteten Bräter setzen, etwas Wasser angießen. Im heißen Ofen 2 Stunden braten, dabei gelegentlich mit etwas Orangensud bestreichen. Nach der Hälfte der Garzeit den Truthahn umdrehen und mit der Brustseite nach oben weiterbraten.

4. Den Truthahn mit dem Honig bestreichen und im abgeschalteten Backofen 10 Minuten ruhen lassen. Dann auf eine vorgewärmte Servierplatte setzen und am Tisch tranchieren.

Gezuckerte Kondensmilch ist in Lateinamerika eine Grundzutat für Süßspeisen. Oft wird die Dose einfach in einen Topf mit Wasser gestellt und so lange gekocht, bis die Milch dick geworden ist. Besser schmeckt diese Zubereitungsart.

PERU

Milchcreme Marthas Seufzer mit Portwein

Zutaten für 4 Personen:

1 Vanillestange
800 ml gezuckerte Kondensmilch
6 Eier
2 EL Rosinen
300 g Zucker
100 ml Portwein
Salz
2 TL gemahlener Zimt

Zubereitung: ca. 1 Stunde
Kühlen: ca. 1 Stunde

1. Die Vanillestange längs aufschlitzen und das Mark herauskratzen. Die Kondensmilch mit der Vanilleschote und dem Mark langsam zum Kochen bringen und köcheln lassen, bis sie dicklich wird. Vom Herd nehmen und etwas abkühlen lassen. Vanillestange entfernen.

2. Die Eier trennen. Das Eiweiß kühl stellen. Eigelb unter die Kondensmilch rühren. Topf wieder auf den Herd stellen und die Eimilch unter Rühren so lange erhitzen, bis sie dicklich wird. Nicht kochen. Die Creme in eine Glasschale umfüllen und mit den Rosinen bestreuen. Erkalten lassen.

3. Den Zucker mit dem Portwein unter Rühren zu einem zähen Sirup köcheln. Dann vom Herd nehmen.

4. Die Eiweiß mit 1 Prise Salz sehr steif schlagen. Den Portweinsirup in dünnem Strahl mit einem Schneebesen unter den Eischnee schlagen. Die Masse auf die Creme geben und mit Zimt überstäuben.

Die Landesküche Uruguays weist starke europäische Züge auf. In den letzten Jahren sind hier immer mehr Restaurants von jungen Köchen eröffnet worden, die traditionelle Zutaten mit einem modernen internationalen Kochstil verbinden.

URUGUAY

Ana Marías Kalte Suppe mit Rucola und Tomaten

Zutaten für 4 Personen:

500 g Kartoffeln
2 Frühlingszwiebeln
1 Stange Lauch
2 EL Butter
2 EL Olivenöl
1 l Gemüsebrühe
1 Lorbeerblatt
Salz
frisch gemahlener Pfeffer
1 Bund Rucola
100 g Crème fraîche
1 rote Paprikaschote
2 Tomaten

Zubereitung: ca. 40 Minuten
Kühlen: ca. 2 Stunden

1. Die Kartoffeln waschen, schälen und in kleine Würfel schneiden. Die Frühlingszwiebeln und den Lauch putzen, waschen und mit einem Teil des Grüns klein schneiden.

2. Die Butter und das Öl in einem Topf erhitzen. Frühlingszwiebeln und Lauch darin anschwitzen. Kartoffeln zufügen und die Gemüsebrühe angießen. Zum Kochen bringen, Lorbeerblatt einlegen, mit Salz und Pfeffer würzen und zugedeckt 30 Minuten garen.

3. Den Rucola waschen, trockenschütteln und ohne grobe Stiele hacken. Das Lorbeerblatt aus der Suppe entfernen und den Rucola unterrühren. Kurz in der Suppe ziehen lassen, dann die Suppe mit dem Stabmixer glatt pürieren. Die Crème fraîche einrühren. Suppe in eine Schüssel umfüllen und im Kühlschrank 2 Stunden erkalten lassen.

4. Die Paprikaschote halbieren, entkernen und in möglichst kleine Würfel schneiden. Die Tomaten häuten, vierteln, entkernen und ebenfalls in kleine Würfel schneiden. Vor dem Servieren über die Suppe geben.

Der Chivito ist ein typisches kleines Gericht in Uruguay, das vor allem mittags oder als schneller Zwischenimbiss gegessen wird. Er ist sozusagen die lateinamerikanische Antwort auf den nordamerikanischen Hamburger.

URUGUAY

Rinderfilet-Burger Chivito mit Spiegelei und Käse

Zutaten für 4 Personen:

4 Milchbrötchen
4 EL Mayonnaise
4 Blätter Eisbergsalat
400 g Roastbeef, in dünne Scheiben geschnitten
1 große Fleischtomate
4 Scheiben Schnittkäse, z.B. Gouda
2 EL Öl
4 Eier
Salz
frisch gemahlener Pfeffer

Zubereitung: ca. 15 Minuten

1. Die Brötchen halbieren und mit Mayonnaise bestreichen. Auf die Unterseite jedes Brötchens 1 Blatt Salat legen, das Roastbeef darauf verteilen.

2. Die Tomate waschen und in Scheiben schneiden. Auf jedes Brötchen 2 Scheiben Tomaten und 1 Scheibe Käse legen.

3. Das Öl in einer Pfanne erhitzen und die Eier auf bei den Seiten im heißen Öl braten. Spiegeleier mit Salz und Pfeffer würzen und auf die Brötchen legen.

4. Die Oberseiten der Brötchen darauflegen und die Brötchen mit Zahnstochern zusammenhalten.

Montevideo ist die Hauptstadt von Uruguay und wurde 1726 gegründet. Obwohl die Stadt inzwischen über 1,5 Millionen Einwohner hat, ist sie immer noch relativ beschaulich. Im Zentrum laden viele Straßencafés zum Verweilen ein.

URUGUAY

Rühreier Montevideo mit Erbsen und Pommes frites

Zutaten für 4 Personen:

100 g geräucherter Bauchspeck
1 Zwiebel
100 g gekochter Schinken
Öl zum Frittieren
2 EL Schmalz
200 g gekochte Erbsen (Dose)
4 Eier
2 EL Crème double
Salz
frisch gemahlener Pfeffer
500 g Pommes frites (Tiefkühlprodukt)
2 EL fein gehackte Petersilie

Zubereitung: ca. 30 Minuten

1. Den Speck würfeln. Die Zwiebel schälen, halbieren und in dünne Scheiben schneiden. Den gekochten Schinken in feine Streifen schneiden. Das Öl in einer Fritteuse auf 175 Grad erhitzen.

2. Das Schmalz in einer Pfanne erhitzen und den Speck darin auslassen. Die Zwiebel zugeben und glasig dünsten. Den Schinken und die Erbsen zufügen. Die Eier mit der Crème double verquirlen und unter die übrigen Zutaten in der Pfanne rühren. Mit Salz und Pfeffer würzen. Bei kleiner Hitze stocken lassen, dabei mehrfach umrühren.

3. Die Pommes frites im heißen Öl goldbraun frittieren. Kurz auf Küchenpapier abtropfen lassen, dann salzen.

4. Die Rühreier portionsweise mit den Pommes frites auf 4 Tellern anrichten und mit Petersilie bestreuen.

Die Küche Uruguays hat ihren Ursprung in der kreolischen Küche. Sie hat sich mit der Küche der Gauchos gemischt, die gerne und häufig gegrilltes Fleisch gegessen haben. Dieses Rezept verbindet beide kulinarischen Stile miteinander.

URUGUAY

Kreolisches Hacksteak mit Bananen und schwarzen Bohnen

Zutaten für 4 Personen:

250 g getrocknete schwarze Bohnen
Salz
1 Zwiebel
500 g Rinderhackfleisch
2 Eier
2 EL Semmelbrösel
1 TL gestoßene Korianderkörner
1 EL fein gehackte Petersilie
frisch gemahlener Pfeffer
60 ml Öl
4 kleine reife Bananen
200 g Queso Blanco, ersatzweise Kuhmilch-Feta

Vorbereitung: ca. 12 Stunden
Zubereitung: ca. 1 Stunde

1. Die Bohnen über Nacht mit Wasser bedeckt quellen lassen. Am nächsten Tag mit dem Einweichwasser zum Kochen bringen und zugedeckt bei kleiner Hitze ca. 1 Stunde garen. Kurz vor Ende der Garzeit salzen.

2. Die Zwiebel schälen und in kleine Würfel schneiden. Das Hackfleisch mit der Zwiebel, den Eiern, den Semmelbröseln, den Korianderkörnern und der Petersilie gut vermengen. Kräftig mit Salz und Pfeffer würzen. Aus dem Fleischteig große ovale Hacksteaks formen.

3. Die Hälfte des Öls in einer großen Pfanne erhitzen und die Hacksteaks darin auf jeder Seite ca. 5 Minuten bei mittlerer Hitze braten.

4. Das restliche Öl in einer zweiten Pfanne erhitzen. Die Bananen schälen, längs halbieren und auf jeder Seite goldbraun braten.

5. Die Hacksteaks mit den Bananen, den Bohnen und dem Käse auf einer Servierplatte anrichten.

Die Halbinsel Punta del Este mit ihren traumhaften Stränden wird auch die Côte d'Azur von Uruguay genannt. Der gleichnamige Badeort gilt als der schönste und luxuriöseste von ganz Südamerika. Er ist im Sommer ein beliebtes Reiseziel.

URUGUAY

Schmalzgebäck Punta del Este mit Puderzucker

Zutaten für 4 Personen:

Vorbereitung: ca. 30 Minuten
Zubereitung: ca. 30 Minuten

300 g Weizenmehl und Mehl zum Bearbeiten
1 TL Backpulver
2 Eier
60 ml Milch
2 EL Zucker
Salz
1 TL abgeriebene Zitronenschale
2 EL Butter
Butterschmalz zum Ausbacken
50 ml Puderzucker

1. Das Mehl auf die Arbeitsfläche sieben, in die Mitte eine Mulde drücken. Backpulver, Eier, Milch, Zucker, 1 Prise Salz, Zitronenschale und die Butter in Flöckchen hineingeben. Alles zu einem geschmeidigen Teig verkneten, eventuell noch etwas Milch zufügen. Den Teig zu einer Kugel formen, in Frischhaltefolie wickeln und 30 Minuten im Kühlschrank ruhen lassen.

2. Vom Teig kleine Portionen abnehmen und auf einer bemehlten Arbeitsfläche dünn ausrollen. In jeden Teigfladen mit dem Finger 3–4 Löcher stoßen.

3. Butterschmalz in der Fritteuse oder einer tiefen Pfanne auf 175 Grad erhitzen. Die Teigfladen nacheinander auf beiden Seiten goldbraun ausbacken. Kurz auf Küchenpapier abtropfen lassen und warm halten, bis alle Teigfladen gebacken sind.

4. Das Schmalzgebäck auf eine Platte legen und mit Puderzucker überstäuben.

Die venezolanische Küche ist stark von europäischen Einflüssen, vor allem aus Spanien, geprägt. Ein leckeres Beispiel dafür ist dieser Kartoffelsalat mit Mayonnaise und Dosenerbsen, der ein wenig an Mallorcas Gemüsesalat erinnert.

VENEZUELA

Königlicher Kartoffelsalat mit Ananas und Erbsen

Zutaten für 4 Personen:

500 g Kartoffeln
Salz
4 Äpfel
Saft von 1 Zitrone
1 kleine süße Ananas
400 g Erbsen (Dose)
3 EL Mayonnaise
2 EL Pflanzenöl
Salz
frisch gemahlener Pfeffer
1 TL Zucker
1 EL fein gehackte Petersilie

Vorbereitung: ca. 20 Minuten
Zubereitung: ca. 30 Minuten

1. Die Kartoffeln in Salzwasser ca. 20 Minuten garen. Abgießen, kalt abschrecken, ausdampfen lassen und schälen. Kartoffeln in kleine Würfel schneiden.

2. Die Äpfel schälen, vierteln, entkernen und in kleine Würfel schneiden. In eine Schüssel geben und mit dem Zitronensaft beträufeln. Die Ananas vierteln und das Fruchtfleisch von der Schale trennen. Den harten helleren Strunk entfernen. Ananas in kleine Würfel schneiden und zu den Äpfeln geben.

3. Die Erbsen in einem Sieb gut abtropfen lassen. Aus Mayonnaise, Öl, Salz, Pfeffer und Zucker ein Dressing anrühren. Mit den Erbsen und den Kartoffeln zum Obst geben und gut vermischen.

4. Den Salat 10 Minuten durchziehen lassen. Nochmals mit Pfeffer und Zucker abschmecken und auf 4 Tellern anrichten. Mit Petersilie bestreut servieren.

Das Lieblingsküchenkraut venezolanischer Köchinnen ist frischer Koriander, auch Cilantro genannt. Die würzigen Korianderblätter ähneln rein äußerlich der glatten Petersilie, haben aber einen äußerst intensiven Geschmack.

VENEZUELA

Avocadosalat mit Mais und Mozzarella in Koriander-Vinaigrette

Zutaten für 4 Personen:

2 reife Avocados
Saft von 1 Zitrone
400 g Kirschtomaten
250 g Mais (Dose)
250 g Mozzarella
1 weiße Zwiebel
1 gelbe Paprikaschote
2 Stangen Sellerie
3 EL Obstessig
Salz
frisch gemahlener Pfeffer
4 EL Pflanzenöl
1 EL fein gehackter Koriander

Zubereitung: ca. 20 Minuten
Ziehen lassen: ca. 30 Minuten

1. Die Avocados halbieren und den Kern entfernen. Das Fruchtfleisch im Ganzen aus der Schale lösen und in Scheiben schneiden. In eine Schüssel geben und sofort mit dem Zitronensaft beträufeln.

2. Die Tomaten waschen und halbieren. Den Mais gut abtropfen lassen. Den Mozzarella in Würfel schneiden. Die Zwiebel schälen, halbieren und in dünne Scheiben schneiden. Die Paprikaschote waschen, putzen und klein würfeln. Sellerie putzen und in dünne Scheiben schneiden. Alles unter die Avocados mischen.

3. Aus Essig, Salz, Pfeffer und Öl ein Dressing anrühren und über den Salat geben. Gut untermischen. Den Salat zugedeckt 30 Minuten im Kühlschrank durchziehen lassen. Vor dem Servieren den Koriander unterziehen.

Eine kräftige Hühnersuppe ist auch in Venezuela fast ein Allheilmittel für die großen und kleinen Kümmernisse des Alltags. Sie hilft bei Erkältungen, vertreibt schlechte Laune, stillt den Hunger und schmeckt einfach köstlich.

VENEZUELA

Mamas Hühnersuppe mit Gemüse und Kartoffeln

Zutaten für 4 Personen:

1 großes Suppenhuhn
2 l Gemüsebrühe
500 g Kartoffeln
je 1 rote und grüne Paprikaschote
4 Frühlingszwiebeln
1 Stange Lauch
Salz
200 g Erbsen (Dose)
200 g weiße Bohnen (Dose)
frisch gemahlener Pfeffer
1 EL fein gehackter Koriander

Zubereitung: ca. 40 Minuten
Garen: ca. 2 Stunden

1. Das Suppenhuhn waschen, trockentupfen und in 8 Stücke zerteilen. In der Gemüsebrühe 1 Stunde köcheln lassen.

2. Die Kartoffeln waschen, schälen und in Würfel schneiden. Die Paprikaschoten waschen, putzen und klein würfeln. Die Frühlingszwiebeln und den Lauch putzen, waschen und in dünne Ringe schneiden.

3. Die Hühnerteile aus der Brühe heben und abkühlen lassen. Gemüse und Kartoffeln in die Hühnerbrühe geben, salzen und 20 Minuten garen.

4. Die Erbsen und die Bohnen in ein Sieb geben, mit kaltem Wasser abbrausen und gut abtropfen lassen. Das Hühnerfleisch von den Knochen lösen, die Haut entfernen und das Fleisch in Würfel schneiden. Erbsen, Bohnen und Hühnerfleisch wieder in die Suppe geben und weitere 10 Minuten köcheln lassen.

5. Die Suppe mit Salz und Pfeffer abschmecken und mit Koriander bestreut servieren.

Hauspersonal ist in Venezuela in der Mittelschicht durchaus üblich. In vielen Familien gibt es einen guten Geist wie Ema, die nicht nur ausgezeichnet kochen kann, sondern mit Umsicht und Liebe den Alltag der Familie organisiert.

VENEZUELA

Emas feine Kürbiscremesuppe mit Rindfleischwürfeln

Zutaten für 4 Personen:

einige Kalbfleischknochen
2 Markknochen
1 Zwiebel
500 g Tafelspitz
Salz
800 g Muskatkürbis
1 rote Paprikaschote
1 frische rote Chilischote
4 Frühlingszwiebeln
2 EL Pflanzenöl
frisch gemahlener Pfeffer
1 EL geröstete Kürbiskerne

Vorbereitung: ca. 2 Stunden
Zubereitung: ca. 40 Minuten

1. Die Knochen waschen und in einen Topf geben. Die geschälte Zwiebel zugeben und 1,5 Liter Wasser angießen. 1 Stunde bei mittlerer Hitze köcheln lassen. Dann den Tafelspitz einlegen, mit 1 Teelöffel Salz würzen und weitere 40 Minuten köcheln. Das Fleisch aus der Brühe heben, die Brühe abseihen.

2. Inzwischen den Kürbis in Spalten schneiden, schälen und entkernen. Kürbisfruchtfleisch in Würfel schneiden. Paprika- und Chilischote längs halbieren, entkernen und würfeln. Die Frühlingszwiebeln putzen und mit einem Teil des Grüns grob hacken.

3. Das Öl in einem großen Topf erhitzen. Das Gemüse und die Frühlingszwiebeln zugeben und kurz anrösten. 600 ml Tafelspitzbrühe angießen, einmal aufkochen und 20–25 Minuten bei mittlerer Hitze garen.

4. Das Fleisch in mundgerechte Würfel schneiden. Die Kürbissuppe mit dem Stabmixer pürieren und die Fleischwürfel hineingeben. Suppe mit Salz und Pfeffer abschmecken. Vor dem Servieren mit den Kürbiskernen bestreuen.

Kapern sind die noch geschlossenen Knospen des Kapernstrauchs. Roh sind sie ungenießbar, entwickeln aber durch Einlegen in Salz, Essig oder Öl ihren aromatischen Geschmack.

VENEZUELA

Pochierter Zackenbarsch mit Mayonnaise und Kapern

Zutaten für 4 Personen:

1 Zackenbarsch, ca. 1,5 kg, küchenfertig
Salz
frisch gemahlener Pfeffer
Saft von 1 Zitrone
1 Zwiebel
2 EL Butter
1 Bund Petersilie
2 Lorbeerblätter
5 eingelegte Sardellenfilets
1 EL Obstessig
2 Eigelb
300 ml Olivenöl
2 EL kleine Kapern

Zubereitung: ca. 30 Minuten
Vorbereitung: ca. 40 Minuten

1. Den Fisch waschen und trockentupfen. Salzen, pfeffern und mit dem Zitronensaft beträufeln. 10 Minuten ziehen lassen.

2. Die Zwiebel schälen und würfeln. Die Butter in einem Fischtopf zerlassen und die Zwiebel darin anschwitzen. So viel Wasser angießen, dass der Fischtopf zu 2/3 gefüllt ist. Petersilie und Lorbeerblätter einlegen, zum Kochen bringen.

3. Den Zackenbarsch auf den Siebeinsatz des Fischtopfs setzen, Einsatz in den Fischtopf setzen. Den Fisch zugedeckt bei kleiner Hitze ca. 20 Minuten pochieren.

4. Die Sardellenfilets kalt abspülen, trockentupfen und hacken. Mit Essig und Eigelb im Mixer pürieren. Das Öl zunächst tropfenweise, dann in dünnem Strahl einarbeiten. Die Mayonnaise mit Salz und Pfeffer würzen.

5. Den Zackenbarsch aus dem Topf heben, vorsichtig auf eine vorgewärmte Platte setzen und die Haut auf der Fischoberseite ablösen. Den Fisch abkühlen lassen, dann mit der Mayonnaise bestreichen und mit den Kapern bestreuen.

Dieser herzhafte Kuchen enthält gleich mehrere Lieblingszutaten der venezolanischen Küche: Rindfleisch, Rosinen und Chilischoten. Für viele Europäer ist die Landesküche zu scharf, deshalb sollte man zunächst etwas vorsichtig sein.

VENEZUELA

Venezolanischer Kartoffelkuchen mit Rindfleisch gefüllt

Zutaten für 8 Personen:

500 g mehlig kochende Kartoffeln
Salz
3 Eier, getrennt
2 EL Milch
1 TL Backpulver
2 EL Mehl
1 EL Zucker
4 EL Butter
500 g mageres Rindfleisch
2 weiße Zwiebeln
3 Knoblauchzehen
12 kleine getrocknete Chilischoten
3 EL Olivenöl
3 hart gekochte Eier
150 g gefüllte Oliven
100 g Kapern
100 g Sultaninen
frisch gemahlener Pfeffer

Zubereitung: ca. 1 Stunde
Backen: ca. 40 Minuten

1. Am Vortag die Kartoffeln waschen, schälen, in Würfel schneiden und in kochendem Salzwasser garen. Abgießen, ausdampfen lassen und noch warm durch die Kartoffelpresse in eine Schüssel drücken. Abgedeckt über Nacht im Kühlschrank aufbewahren.

2. Kartoffelmasse mit Eigelb, Milch, Backpulver, Mehl, Zucker und 3 Esslöffeln Butter verrühren. Eiweiß steif schlagen und unter den Teig heben. Das Fleisch in möglichst kleine Würfel schneiden. Die Zwiebeln und den Knoblauch schälen und würfeln. Chilischoten hacken.

3. Das Öl in einer Pfanne erhitzen, Fleisch darin unter Rühren anbraten. Zwiebeln, Koblauch und Chili zugeben und anschwitzen. Vom Herd nehmen. Harte Eier, Oliven und Kapern fein hacken und mit den Sultaninen unter das Fleisch mischen, mit Salz und Pfeffer würzen. Den Backofen auf 220 Grad vorheizen.

4. Eine Springform mit der restlichen Butter ausfetten. Hälfte des Kartoffelteigs hineingeben, Fleischmischung darauf verteilen, mit dem übrigen Kartoffelteig bestreichen. Im heißen Ofen ca. 40 Minuten backen. Den Kartoffelkuchen heiß servieren.

Huhn und Rind sind die beliebtesten Fleischsorten in Venezuela. Das bekannteste Geflügelgericht ist „Arroz con pollo“, Reis mit Huhn. Jede Hausfrau hat ihr spezielles Rezept dafür und die Zutaten variieren von Ortschaft zu Ortschaft.

VENEZUELA

Reis mit Huhn, Erbsen und Rosinen in Tomatensauce

Zutaten für 4 Personen:

1 großes Brathähnchen
2 große weiße Zwiebeln
2 rote Paprikaschoten
4 Tomaten
3 EL Olivenöl
Salz
frisch gemahlener Pfeffer
1/2 l Fleischbrühe
1/4 l Tomatensaft
250 g Langkornreis
200 g Erbsen (Dose)
75 g Sultaninen
1 EL fein gehackter Koriander

Zubereitung: ca. 1 Stunde

1. Das Hähnchen waschen, trockentupfen und in 8 Stücke zerteilen. Die Zwiebeln schälen und in kleine Würfel schneiden. Die Paprikaschoten halbieren, entkernen und würfeln. Die Tomaten waschen, vierteln und grob hacken.

2. Das Olivenöl in einer tiefen Pfanne erhitzen. Hähnchenteile hineingeben und von allen Seiten anbraten. Zwiebeln und Paprikaschoten zufügen und anrösten. Tomaten dazugeben, mit Salz und Pfeffer würzen. Die Fleischbrühe und den Tomatensaft angießen. 20 Minuten köcheln lassen.

3. Den Reis untermischen und bei mittlerer Temperatur zugedeckt weitere 15 Minuten kochen lassen. Dann die abgetropften Erbsen und die Sultaninen zufügen. Offen weiterkochen, bis der Reis die Flüssigkeit fast vollständig aufgesogen hat. Nochmals mit Salz und Pfeffer abschmecken und mit Koriander bestreut servieren.

Das Nationalgericht Venezuelas ist „Pabellòn Criollo", Rindfleisch, das in Fasern zerlegt wurde, mit schwarzen Bohnen, Reis, Käse und gebratenen Kochbananen. An zweiter Stelle steht diese Version mit ganzen Fleischscheiben und Mais.

VENEZUELA

Rindfleisch mit schwarzen Bohnen und Mais

Zutaten für 6 Personen:

200 g getrocknete schwarze Bohnen
1 kg Rinderbraten
600 ml Brühe
200 g Langkornreis
2 Zwiebeln
1 Knoblauchzehe
2 frische rote Chilischoten
100 ml Öl
Salz
frisch gemahlener Pfeffer
350 g Mais (Dose)
3 Kochbananen

Einweichen: ca. 12 Stunden
Zubereitung: ca. 2 Stunden

1. Bohnen über Nacht in 1 Liter Wasser quellen lassen. Am nächsten Tag mit dem Einweichwasser aufkochen und 1 Stunde zugedeckt köcheln lassen.

2. Das Fleisch waschen und in der Brühe ca. 1 Stunde zugedeckt bei mittlerer Hitze garen, bis es weich ist. Fleisch aus der Brühe heben und abtropfen lassen. Den Reis in die Fleischbrühe geben und 15 Minuten garen.

3. Die Zwiebeln und den Knoblauch schälen und würfeln. Chilischoten halbieren, entkernen und in Würfel schneiden. Die Hälfte der Zwiebeln und Chilischoten sowie den Knoblauch in 2 Esslöffeln Öl anbraten. Alles unter die Bohnen mischen, salzen, pfeffern und weitere 15 Minuten köcheln lassen. Den abgetropften Mais unterheben und in den Bohnen erhitzen.

4. Das Fleisch in dünne Scheiben schneiden. Mit den restlichen Zwiebeln und Chilischoten in 3 Esslöffeln Öl unter Rühren knusprig braten.

5. Die Kochbananen schälen, in ca. 15 mm dicke Scheiben schneiden und im restlichen Öl anbraten. Das Fleisch mit dem Bohnengemüse, dem Reis und den Kochbananen servieren.

Rubio wurde vor etwa 200 Jahren in den Bergen der Ostanden von Kaffeeplantagen-Besitzern gegründet. Bis heute wird in dieser Region vor allem die kleinbohnige Kaffeesorte Caracas angebaut, ein kräftiger, delikater Gebirgskaffee.

VENEZUELA

Schweinebraten Rubio in Coca-Cola geschmort

Zutaten für 6 Personen:

1 Zwiebel
6 Knoblauchzehen
1 frische rote Chilischote
Salz
frisch gemahlener Pfeffer
1/4 l Fleischbrühe
2 kg Schweinehalsgrat mit Schwarte
2 EL Butter
2 Lorbeerblätter
1 l Coca-Cola
1 EL fein gehackte Petersilie

Zubereitung: ca. 15 Minuten
Braten: ca. 3 Stunden

1. Die Zwiebel und den Knoblauch schälen und grob hacken. Chilischote längs halbieren, entkernen und hacken. Alles im Mixer mit Salz, Pfeffer und 3 Esslöffeln Brühe pürieren. Den Backofen auf 180 Grad vorheizen.

2. Das Fleisch waschen und trockentupfen. Fleisch mit der Zwiebelpaste einreiben. Die Butter in einem Bräter erhitzen und das Fleisch mit der Schwarte nach oben hineinlegen, Lorbeerblätter zugeben. Im heißen Ofen ca. 3 Stunden braten. Während dieser Zeit das Fleisch immer wieder mit Coca-Cola und Brühe übergießen.

3. Das Fleisch aus dem Bräter heben und vor dem Anschneiden 5 Minuten ruhen lassen. Den Bratenfond abgießen, entfetten, mit Salz und Pfeffer abschmecken.

4. Schweinebraten in gleichmäßige Scheiben schneiden und auf einer Servierplatte anrichten. Mit Petersilie bestreuen, die Sauce getrennt dazu servieren.

Die Gastfreundschaft der Venezolaner ist sprichwörtlich – ebenso wie ihre Liebe zum Kaffee, der im Land in sehr guter Qualität angebaut wird. Besuchern wird als Willkommensgetränk immer eine kleine Tasse Kaffee angeboten.

VENEZUELA

Mangomousse St. Cristobal mit Sahne und Limetten

Zutaten für 4 Personen:

2 reife Mangos
1 EL Zitronensaft
5 Blatt weiße Gelatine
250 g Rohrzucker
4 Eier
150 g süße Sahne
1 unbehandelte Limette

Zubereitung: ca. 1 Stunde
Kühlen: ca. 4 Stunden

1. Die Mangos schälen, halbieren und entkernen. Das Fruchtfleisch würfeln und anschließend im Mixer mit dem Zitronensaft pürieren.

2. Die Gelatine 5 Minuten in kaltem Wasser einweichen. Zucker mit 1/4 Liter Wasser zu einem dickflüssigen Sirup einkochen. Die Gelatine ausdrücken und im Sirup auflösen. Die pürierten Mangos mit dem Schneebesen unterrühren. Vom Herd nehmen und etwas abkühlen lassen.

3. Die Eier trennen. Eigelb unter die lauwarme Mangocreme rühren. Sobald die Creme zu gelieren beginnt, das Eiweiß sehr steif schlagen und vorsichtig unter die Creme heben. In eine Dessertschüssel umfüllen und abgedeckt im Kühlschrank 4 Stunden fest werden lassen.

4. Die Sahne steif schlagen und in einen Spritzbeutel mit Sterntülle füllen. Auf die Mangomousse kleine Sahnetupfen setzen. Die Limette waschen, trockentupfen und mit einem Juliennereißer schmale Streifen von der Limettenschale schneiden. Über die Mousse streuen.

Aruba gilt als Perle der Karibik mit einer bunt gemischten Bevölkerung. Aus portugiesischen, spanischen, holländischen, englischen, afrikanischen und indischen Wörtern entwickelte sich sogar eine eigene Sprache, das „Papiamento".

ARUBA

Schnelle scharfe Erdnusssuppe mit Frühlingszwiebeln

Zutaten für 4 Personen:

1 Zwiebel
1 kleine rote Chilischote
125 g Erdnussbutter
Salz
1/2 l Hühnerbrühe
1/4 l Milch
50 g Erdnusskerne
2 Frühlingszwiebeln

Zubereitung: ca. 30 Minuten

1. Die Zwiebel schälen und klein würfeln. Die Chilischote längs halbieren, entkernen und fein hacken.

2. Die Erdnussbutter in einem Topf bei mittlerer Hitze anrösten. Zwiebel, Chili und 1/2 Teelöffel Salz hinzufügen. Mit der Hälfte der Brühe ablöschen, aufkochen und 10 Minuten bei kleiner Hitze köcheln lassen.

3. Restliche Brühe und Milch dazugeben, zum Kochen bringen und weitere 10 Minuten köcheln lassen.

4. Inzwischen die Erdnüsse in einer Pfanne ohne Fett rösten und anschließend klein hacken. Die Frühlingszwiebeln putzen und mit einem Teil des Grüns in feine Ringe schneiden.

5. Die Suppe mit Salz abschmecken. In vorgewärmte Suppenschalen verteilen, mit Frühlingszwiebeln und Erdnüssen bestreuen und auftragen.

„Sofrito“ nennt man in der Karibik eine gewürzte Tomatensauce, die auf vielen Inseln sehr beliebt ist und entweder als würzige Beilage oder als Zutat in anderen Gerichten verwendet wird. Sie fehlt dort in keiner guten Küche.

ARUBA

Karibische Würz-Tomatensauce mit Koriander und Petersilie

Zutaten für ca. 750 g:

2 grüne Paprikaschoten
4 Tomaten
2 Zwiebeln
4 Knoblauchzehen
100 g gekochter Schinken
100 g gepökeltes Schweinefleisch
2 EL Olivenöl
1/2 TL gemahlene Kurkuma
Salz
frisch gemahlener Pfeffer
1 TL getrockneter Oregano
1 kleines Bund Petersilie
1 kleines Bund Koriander
4 cl brauner Rum

Zubereitung: ca. 70 Minuten

1. Paprika und Tomaten waschen, halbieren und entkernen. Beides in kleine Würfel schneiden. Zwiebeln und Knoblauch schälen und klein würfeln. Schinken und Schweinefleisch fein hacken.

2. Öl in einer großen Pfanne erhitzen. Zwiebeln und Knoblauch darin anbraten und mit Kurkuma bestäuben. Paprika, Schinken und Fleisch dazugeben, kurz andünsten und die Tomaten hinzufügen. Mit Salz, Pfeffer und Oregano würzen. 4 Esslöffel Wasser dazugeben und zugedeckt bei kleiner Hitze 45 Minuten köcheln lassen.

3. Inzwischen Petersilie und Koriander waschen, trockenschütteln und die Blätter fein hacken. Die sämig gekochte Sauce mit Salz und Pfeffer abschmecken und die Kräuter unterziehen. Mit Rum aromatisieren und die heiße Sauce in sterilisierte Schraubgläser füllen. Verschließen und vollständig erkalten lassen.

Aruba ist heute ein autonomer Staat innerhalb des Königreichs der Niederlande, mit eigener Regierung und Verwaltung. 1986 trennte man sich offiziell von den Niederländischen Antillen, zu denen Bonaire und Curaçao gehören.

ARUBA

Kochbananen-Hackbraten mit Käse aus dem Backofen

Zutaten für 6 Personen:

Vorbereitung: ca. 30 Minuten
Backen: ca. 45 Minuten

- **6 Kochbananen**
- **1/2 l Öl zum Frittieren**
- **1 Zwiebel**
- **3 Tomaten**
- **2 EL Olivenöl**
- **500 g Rinderhackfleisch**
- **4 EL Würz-Tomatensauce**
- **Salz**
- **frisch gemahlener Pfeffer**
- **1 Ei, verquirlt**
- **100 g frisch geriebener Edamer**

1. Die Bananen schälen und längs in jeweils 4 Scheiben schneiden. Das Öl in einer hohen Pfanne erhitzen und die Bananen darin auf jeder Seite ca. 2 Minuten braten. Herausnehmen und auf Küchenpapier abtropfen lassen.

2. Zwiebel schälen und fein hacken. Tomaten waschen, vierteln, entkernen und klein würfeln.

3. Olivenöl in einer Pfanne erhitzen, Hackfleisch dazugeben und krümelig braten. Zwiebel und Tomaten hinzufügen und andünsten. Würz-Tomatensauce einrühren, mit Salz und Pfeffer abschmecken und weitere 5 Minuten schmoren.

4. Backofen auf 180 Grad vorheizen. Ein Backblech mit Öl bepinseln und die Hälfte der Bananenscheiben dicht nebeneinander darauflegen. Fleischmischung darüber verteilen und mit dem Ei bestreichen. Mit den restlichen Bananenscheiben bedecken und mit Käse bestreuen. Im heißen Ofen 45 Minuten backen.

5. Bananen-Hackbraten in 6 Portionsstücke schneiden, auf vorgewärmte Teller verteilen und auftragen.

Die Kultur und die Küche der Bahamas ist eine bunte Mischung und so aufregend und abwechslungsreich wie die bewegte Geschichte der Inseln. Mehr als drei Viertel der Bevölkerung sind Nachfahren von afrikanischen Sklaven.

BAHAMAS

Bahama-Reispfanne mit gelben Erbsen und Koriander

Zutaten für 4 Personen:

100 g Speck
1 Zwiebel
1 Paprikaschote
1 Stange Sellerie
250 g gekochte gelbe Erbsen
1 EL Öl
2 EL Sofrito
Salz
frisch gemahlener Pfeffer
1 TL getrockneter Thymian
200 g Langkornreis
1 kleines Bund Koriander

Zubereitung: ca. 45 Minuten

1. Den Speck klein würfeln. Zwiebel schälen und fein hacken. Paprikaschote halbieren, entkernen und in kleine Würfel schneiden. Sellerie putzen und in feine Streifen schneiden. Erbsen in ein Sieb geben, kalt überbrausen und abtropfen lassen.

2. Öl in einem Topf erhitzen und den Speck darin knusprig braten. Zwiebel, Paprika und Sellerie dazugeben und glasig dünsten. Sofrito und Erbsen zufügen, mit Salz, Pfeffer und Thymian würzen und weitere 2 Minuten dünsten.

3. Reis und 1/2 Liter Wasser dazugeben und zum Kochen bringen. Zugedeckt bei kleiner Hitze 20 Minuten garen. Vom Herd nehmen und 10 Minuten nachziehen lassen.

4. Den Koriander waschen, trockenschütteln und die Blätter ohne grobe Stiele fein hacken. Reispfanne in 4 Schalen verteilen und mit Koriander bestreut servieren.

Die Bahamas sind eine Inselgruppe, die aus mindestens 700 Inseln besteht. Lediglich 30 davon sind bewohnt, 15 für den Tourismus erschlossen. Sie sind ein Paradies für Taucher und Angler, Erholungssuchende und Golfer.

BAHAMAS

Klassischer Fischtopf mit Garnelen und Süßkartoffeln

Zutaten für 6 Personen:

1,2 kg Fischfilets, z.B. Zackenbarsch oder Red Snapper
600 g rohe Garnelen, geschält
2 grüne Jalapeno Chilischoten
Saft von 2 Limetten
3 Zwiebeln
3 Knoblauchzehen
3 Stangen Sellerie
4 Tomaten
2 rote Paprikaschoten
4 Süßkartoffeln
2 EL Öl
75 g Speckwürfel
1/2 TL getrockneter Thymian
geriebene Muskatnuss
2 Lorbeerblätter
2 EL Sofrito
1,5 l Fischbrühe
Salz
frisch gemahlener Pfeffer
1/8 l helles Bier

Marinieren: 2 Stunden
Zubereitung: ca. 45 Minuten

1. Fisch und Garnelen waschen und trockentupfen. Fisch in 5 cm breite Streifen schneiden. Chilischoten längs halbieren, entkernen und klein hacken. Alles in eine Porzellanschüssel geben, mit Limettensaft beträufeln und 2 Stunden im Kühlschrank ziehen lassen.

2. Zwiebeln und Knoblauch schälen und klein würfeln. Sellerie putzen und in Streifen schneiden. Tomaten häuten, vierteln, entkernen und grob hacken. Die Paprikaschote halbieren, entkernen und in Streifen schneiden. Die Kartoffeln waschen, schälen und in Würfel schneiden.

3. Öl in einem Topf erhitzen, Speck darin knusprig braten. Zwiebeln und Sellerie dazugeben und andünsten. Paprika und Knoblauch zufügen, mit Thymian, Muskatnuss und Lorbeer würzen. Kartoffeln, Tomaten, Sofrito und Fischbrühe zufugen, aufkochen und ca. 20 Minuten bei kleiner Hitze köcheln lassen.

4. Fisch, Garnelen und Marinade zufügen und 10 Minuten bei kleiner Hitze garen. Fischstücke und Garnelen auf einer Servierplatte mit den Gemüsen anrichten. Sauce mit Salz und Pfeffer abschmecken, Bier angießen einmal aufkochen und separat reichen.

Auf den Bahamas findet am 2. Weihnachtstag und am 1. Januar die Junkanoo Parade statt, bei der verschiedene Gruppen mit furiosen Tänzern in möglichst ausgefallenen bunten Kostümen bei rhythmischer Musik um die Wette eifern.

BAHAMAS

Rosinen-Napfkuchen mit Vanille und braunem Rum getränkt

Zutaten für 6 Personen:

Für den Teig:
150 g weiche Butter und
Butter für die Form
150 g Zucker
4 Eier
1/4 l Milch
500 g Mehl und
Mehl für die Form
2 TL Backpulver
2 Vanilleschoten
50 g Rosinen
50 g gehackte Mandeln

Für die Glasur:
175 g Zucker
150 ml brauner Rum

Zubereitung: ca. 75 Minuten
Ruhen lassen: ca. 1 Stunde

1. Den Backofen auf 180 Grad vorheizen. Butter in einer Schüssel mit Zucker schaumig rühren. Eier untermischen. Dann Milch, Mehl und Backpulver zufügen und zu einem glatten Rührteig verarbeiten. Vanilleschoten längs halbieren. Das Mark herauskratzen und die Hälfte davon mit den Rosinen unter den Teig rühren.

2. Eine Napfkuchen- oder Gugelhupfform ausbuttern, mit Mehl ausstäuben und Mandeln auf den Boden streuen. Teig in die Backform füllen und ca. 1 Stunde im heißen Ofen backen.

3. Den Kuchen auf ein Kuchengitter stürzen und etwas abkühlen lassen.

4. Für die Glasur den Zucker mit 75 ml Wasser unter Rühren ca. 5 Minuten köcheln lassen. Vom Herd nehmen, Rum und restliches Vanillemark unterrühren.

5. Kuchen mit einem Holz- oder Metallspieß mehrfach einstechen. Die Glasur mit einem Löffel oder Pinsel über den Kuchen verteilen. Mindestens 1 Stunde, besser über Nacht ziehen lassen.

Barbados wurde 1536 von einem portugiesischen Seefahrer entdeckt. Den Portugiesen verdankt die Insel auch ihren Namen. Sie nannten die großen Feigenbäume wegen ihrer bartartigen Luftwurzeln „Los Barbados", die Bärtigen.

BARBADOS

Brotfruchtsalat mit buntem Gemüse und Limettensauce

Zutaten für 6 Personen:

Zubereitung: ca. 45 Minuten
Kühlen: ca. 4 Stunden

1 Brotfrucht, ca. 1 kg
Salz
3 Knoblauchzehen
1 Zwiebel
1 Gurke
je 1 rote und grüne Paprikaschote
1 Habanero Chilischote
350 ml Limettensaft
frisch gemahlener Pfeffer
2 EL fein gehackte Petersilie

1. Die Brotfrucht schälen, vierteln und die Kerne entfernen. Das Fruchtfleisch in ca. 1 cm dicke Scheiben schneiden. In eine Schüssel mit kaltem Salzwasser legen und 15 Minuten ziehen lassen. Abtropfen lassen. Einen Topf mit gesalzenem Wasser zum Kochen bringen und die Brotfruchtscheiben ca. 25 Minuten bei kleiner Hitze bissfest garen.

2. Inzwischen Knoblauch, Zwiebel und Gurke schälen. Knoblauch und Zwiebel klein würfeln. Die Gurke der Länge nach halbieren, entkernen und in dünne Scheiben schneiden. Die Paprikaschote halbieren, entkernen und klein würfeln. Die Chilischote längs halbieren, entkernen und klein hacken.

3. Brotfrucht abtropfen lassen und mit den übrigen Zutaten in eine Schüssel geben. Limettensaft mit Salz und Pfeffer verrühren und über den Salat gießen. Gut durchrühren und mindestens 4 Stunden kühl stellen. Mit Petersilie bestreut servieren.

Die einstige Zuckerinsel lockt heute Besucher aus aller Welt mit einer Mischung aus fröhlichem karibischem Inselleben, traumhaften Sandstränden und unberührter Natur. Feinschmecker schätzen die aromatische Bajan-Küche.

BARBADOS

Knuspriges Bajan-Hähnchen mit Gewürzen frittiert

Zutaten für 4 Personen:

1 Brathähnchen, ca. 1,5 kg
2 EL Limettensaft
Salz

Für die Bajan-Gewürzpaste:
1 Zwiebel
3 Knoblauchzehen
3 Frühlingszwiebeln
1/2 Bund Koriander
1/2 Bund Petersilie
3 Zweige Thymian
3 Zweige Majoran
1 Msp. gemahlener Piment
1 TL frisch geriebener Ingwer
Saft von 1 Limette
1/2 l Pflanzenöl
1/2 TL Salz

60 g Mehl
2 TL Hähnchengewürz
Pfeffer

Zubereitung: ca. 1 Stunde

1. Das Hähnchen waschen, trockentupfen und mit den Knochen in 12 kleine Stücke schneiden. Mit Limettensaft beträufeln und salzen. Abgedeckt kühl stellen.

2. Inzwischen die Gewürzpaste zubereiten. Die Zwiebel und den Knoblauch schälen und würfeln. Die Frühlingszwiebeln putzen und hacken. Die Kräuter waschen, trockenschütteln und die Blättchen abzupfen. Alles im Mixer mit Piment, Ingwer, Limettensaft, einem Teelöffel Pflanzenöl und Salz zu einer dicken Paste pürieren.

3. Mit einem spitzen scharfen Messer Taschen in das Hähnchenfleisch schneiden und mit der Gewürzpaste füllen. Restliche Paste in ein Schraubglas füllen und anderweitig verwenden. (Hält sich im Kühlschrank ca. 1 Woche).

4. Das restliche Öl in einem Topf auf 180 Grad erhitzen. Mehl mit Hähnchengewürz und Pfeffer mischen und auf einen Teller streuen. Hähnchenteile darin wenden. Überschüssiges Mehl abschütteln und die Hähnchenteile im heißen Öl knusprig frittieren. Auf Küchenpapier abtropfen lassen und heiß servieren.

In einer der ältesten Kolonien des britischen Empires haben britische Traditionen besonders deutliche architektonische, kulturelle und kulinarische Spuren hinterlassen. So zählt bis heute das Roastbeef zu den Nationalgerichten.

BERMUDA

Roastbeef-Salat mit Mango und Paprika in Joghurtdressing

Zutaten für 4 Personen:

100 g saure Sahne
200 g Joghurt
4 EL Mangochutney (Fertigprodukt)
2 EL Apfelessig
1 EL Limettensaft
Salz
1/4 TL gemahlener Piment
frisch gemahlener Pfeffer
2 Frühlingszwiebeln
250 g Roastbeef, in dünne Scheiben geschnitten
1 reife Mango
1 Paprikaschote
1 Romana-Salat

Zubereitung: ca. 20 Minuten

1. Sahne, Joghurt und Chutney in einer Schüssel verrühren. Essig und Limettensaft zufügen und mit Salz, Piment und Pfeffer würzen.

2. Frühlingszwiebeln putzen, in feine Röllchen schneiden und zur Sauce geben. Den Fettrand vom Roastbeef entfernen. Roastbeefscheiben übereinanderlegen und diagonal in 1 cm breite Streifen schneiden.

3. Die Mango schälen, halbieren, entkernen und das Fruchtfleisch in Scheiben schneiden. Die Paprikaschote halbieren, entkernen und in Streifen schneiden. Salat putzen, waschen und trockenschleudern.

4. Salatblätter in mundgerechte Stücke zupfen und auf einer Servierplatte verteilen. Paprika- und Roastbeefstreifen mit den Mangoscheiben darauf anrichten und mit der Hälfte der Sauce beträufeln. Die restliche Sauce getrennt dazu reichen.

Bermuda besteht aus einer Kette von 150 größeren und kleineren Koralleninseln mit traumhaften Buchten und rosafarbenen Sandstränden. Farbenfroh wie die Vegetation sind auch die Gerichte der Landesküche.

BERMUDA

Gefüllte grüne Papaya mit Rindfleisch aus dem Ofen

Zutaten für 4 Personen:

1 große unreife Papaya, ca. 1 kg
2 Zwiebeln
4 Knoblauchzehen
2 Stangen Sellerie
2 Chilischoten
3 Tomaten
500 g Rinderhackfleisch
Salz
frisch gemahlener Pfeffer
1 TL getrockneter Oregano
2 EL Sofrito
150 g geriebener Parmesan

Zubereitung: ca. 1 Stunde

1. Papaya längs halbieren und die Kerne mit einem Löffel auslösen. Einen großen Topf mit gesalzenem Wasser zum Kochen bringen, Papaya hineinlegen und in ca. 15 Minuten weich kochen. Abtropfen lassen.

2. Zwiebeln und Knoblauch schälen und klein würfeln. Sellerie putzen und in kleine Würfel schneiden. Chilischoten halbieren, entkernen und klein hacken. Tomaten häuten, vierteln, entkernen und grob hacken.

3. Den Backofen auf 200 Grad vorheizen. Öl in einer großen Pfanne erhitzen und Zwiebeln, Knoblauch, Chili und Sellerie darin glasig dünsten. Fleisch zufügen und krümelig braten. Mit Salz, Pfeffer und Oregano würzen. Tomaten und Sofrito dazugeben und alles 10 Minuten bei kleiner Hitze köcheln lassen.

4. Papayahälften in eine ofenfeste Form legen und mit der Fleischmasse füllen. Mit Parmesan bestreuen und ca. 30 Minuten im Ofen backen. Heiß servieren.

In der quirligen Hauptstadt Bermudas, Hamilton, findet man auf den Straßen die so genannten „Lunch Waggons". Sie bieten eine Vielzahl leckerer kleiner Speisen, Sandwichs, Pasteten und Snacks für den kleinen Hunger zwischendurch an.

BERMUDA

Gegrillte Truthahnschnitzel mit Ingwer mariniert

Zutaten für 4 Personen:

Marinieren: ca. 2 Stunden
Zubereitung: ca. 20 Minuten

1 kleines Stück Ingwer
2 Knoblauchzehen
60 ml helle Sojasauce
60 ml Sherry
1 EL Aprikosenmarmelade
60 g brauner Zucker
1 EL Limettensaft
2 EL Pflanzenöl
4 Truthahnschnitzel à 200 g
Salz
frisch gemahlener Pfeffer

1. Ingwer und Knoblauch schälen und fein reiben. In eine Schüssel geben und mit Sojasauce, Sherry, 100 ml Wasser und Aprikosenmarmelade verrühren. Zucker, Limettensaft und Öl hinzufügen.

2. Das Fleisch waschen und trockentupfen. In die Marinade legen und mindestens 2 Stunden abgedeckt im Kühlschrank ziehen lassen.

3. Fleisch aus der Marinade nehmen, trockentupfen und mit Salz und Pfeffer würzen. Marinade beiseitestellen. Das Fleisch auf dem heißen Grill auf beiden Seiten insgesamt 10 Minuten grillen. Mehrmals wenden und mit der Marinade bepinseln.

Curaçao gehört zu den Niederländischen Antillen. Im Lauf der Jahrhunderte hat sich hier eine einzigartige Kultur entwickelt, geprägt von indianischen, europäischen, afrikanischen, asiatischen und arabischen Einflüssen.

CURAÇAO

Grüner Langkornreis aus Curaçao mit frischem Koriander

Zutaten für 4 Personen:

1 Zwiebel
1 Knoblauchzehe
1 Chilischote
1/2 Bund Koriander
1 EL Olivenöl
1 TL Kurkuma
Salz
frisch gemahlener Pfeffer
250 ml Hühnerbrühe
200 ml helles Bier
300 g Langkornreis
100 g Erbsen (Tiefkühlware)

Zubereitung: ca. 40 Minuten

1. Die Zwiebel und Knoblauchzehe schälen und klein würfeln. Die Chilischote halbieren, entkernen und fein hacken. Koriander waschen, trockenschütteln und die Blätter in einem Mixer mit ca. 2 Esslöffeln Wasser zu einer Paste pürieren. Ein paar schöne Blätter zur Garnierung beiseitelegen.

2. Öl in einem Topf mit Deckel erhitzen. Zwiebel, Knoblauch und Chili darin glasig dünsten. Mit Kurkuma, Salz und Pfeffer würzen und die Korianderpaste dazurühren.

3. Hühnerbrühe, Bier und 200 ml Wasser angießen und aufkochen. Mit dem Deckel verschließen, Reis zufügen und bei kleiner Hitze 20 Minuten kochen lassen.

4. Die Erbsen dazugeben und weitere 5 Minuten garen. Zum Servieren den Reis in eine flache Schüssel geben und mit Korianderblättern garniert auftragen.

Die Küche auf Curaçao ist abwechslungsreich und reicht von kreolischen Spezialitäten bis zu altholländischen. Entlang der Straßen kann man in umgebauten Kleinbussen die ganze Nacht hindurch lokale Gerichte kaufen.

CURAÇAO

Kürbisplätzchen aus Curaçao mit braunem Rum

Zutaten für 4 Personen:

600 g Kürbisfruchtfleisch
100 g Mehl
60 ml Milch
1 Ei
4 cl brauner Rum
1 TL Zimt
geriebene Muskatnuss
2 EL Zucker
1 Prise Salz
1 EL Vanillezucker
1/4 TL Backpulver
Öl zum Backen
Puderzucker zum Bestäuben

Vorbereitung: ca. 30 Minuten
Zubereitung: ca. 20 Minuten

1. Kürbis schälen, entkernen und das Fruchtfleisch grob würfeln. Einen Topf mit gesalzenem Wasser zum Kochen bringen und die Kürbiswürfel 15 Minuten kochen. Abgießen, abtropfen lassen und zerstampfen.

2. Kürbispüree mit Mehl, Milch und Ei und den restlichen Zutaten zu einem glatten Teig verarbeiten.

3. Öl in einem Topf erhitzen. Esslöffelweise Teig entnehmen und im heißen Öl auf jeder Seite etwa 2 Minuten goldbraun backen. Fertige Plätzchen herausheben und auf Küchenpapier abtropfen lassen. Auf diese Weise den gesamten Teig verarbeiten.

4. Zum Servieren die Kürbisplätzchen mit Puderzucker bestäuben und auf einer Servierplatte auftragen.

Taino-Indianer, Spanier, afrikanische Sklaven und Einwanderer haben die heutige Küche der Dominikanischen Republik geprägt. Auf den Speisekarten findet man viele Gerichte, die man – leicht verändert – aus anderen Ländern kennt.

DOMINIKANISCHE REP.

Auberginenkaviar mit Koriander und schwarzen Oliven

Zutaten für 4 Personen:

1 kg Auberginen
1 Zwiebel
1 rote Paprikaschote
2 Tomaten
4 EL Olivenöl
2 EL Rotweinessig
Salz
frisch gemahlener Pfeffer
1 kleines Bund Koriander
4 große Salatblätter
100 g schwarze Oliven

Vorbereitung: ca. 40 Minuten
Zubereitung: ca. 15 Minuten

1. Den Backofen auf 180 Grad vorheizen. Die Auberginen waschen und trockentupfen. Auf ein Backblech legen und im heißen Ofen garen, bis sie weich sind.

2. Die Zwiebel schälen. Paprikaschote und Tomaten waschen, halbieren und entkernen. Alles fein würfeln.

3. Auberginen aus dem Ofen nehmen, etwas abkühlen lassen, schälen und das Fruchtfleisch fein hacken. Mit dem Gemüse in einer Schüssel vermischen. Öl und Essig hinzufügen, mit Salz und Pfeffer abschmecken. Koriander waschen, trockenschütteln, die Blätter fein hacken und unter das Gemüse mischen.

4. Den Salat waschen und trockenschleudern. Den Auberginenkaviar auf die Salatblätter verteilen, auf einer Servierplatte anrichten, mit den Oliven garnieren.

Die dominikanische Küche ist herzhaft und unkompliziert. Ein traditionelles Essen ist reich an Kohlenhydraten und sehr sättigend. Die meisten Zutaten kommen aus dem eigenen Garten, ergänzt durch Wurst, Speck, Fleisch oder Fisch.

DOMINIKANISCHE REP.

Maniok-Kürbis-Ragout mit Gemüse und Knoblauchwurst

Zutaten für 6 Personen:

750 g Bauchspeck
500 g spanische Knoblauchwurst
1 Zwiebel
2 Knoblauchzehen
1 grüne Paprikaschote
2 El Pflanzenöl
1 EL Rotweinessig
2 EL Bitterorangensaft
1,5 l Fleischbrühe
250 g Maniok
250 g Möhren
250 g Süßkartoffeln
250 g Kürbisfruchtfleisch
Salz
frisch gemahlener Pfeffer
1 TL getrockneter Oregano
1 TL Tabascosauce

Zubereitung: ca. 2 Stunden

1. Den Speck in 2 cm große Würfel, die Wurst in 2 cm dicke Scheiben schneiden. Zwiebel und Knoblauch schälen und klein würfeln. Paprikaschote halbieren, entkernen und in kleine Würfel schneiden.

2. Das Öl in einem Topf erhitzen, den Speck und die Wurst darin anbraten. Zwiebel, Knoblauch und Paprika zufügen und mit Essig und Orangensaft ablöschen, die Brühe angießen. Zugedeckt 1 Stunde bei kleiner Hitze köcheln lassen.

3. Inzwischen Maniok und Möhren schälen und in Scheiben schneiden. Süßkartoffeln und Kürbis schälen und würfeln. Alles zum Speck geben, mit Salz, Pfeffer, Oregano und Tabasco würzen. Weitere 30 Minuten köcheln lassen.

4. Gemüse, Speck und Wurst mit einem Schaumlöffel herausnehmen und in eine Schüssel geben. Die Brühe in Schalen verteilen und separat dazu reichen.

Der Staat Grenada besteht aus den drei Inseln Grenada, Carriacou und Petit Martinique. Die Küche ist von französischen, afrikanischen und indischen Einflüssen geprägt. Authentische Gerichte bekommt man in den einheimischen Lokalen.

GRENADA

Fleischtopf St. George mit Zimt, Nelken und Muskatnuss

Zutaten für 6 Personen:

500 g Ochsenschwanz, in Stücke geschnitten
500 g Kalbshaxe, in Scheiben geschnitten
250 g gepökeltes Rindfleisch
250 g Cassareep (karibische Würzsauce)
500 g Rindfleisch
500 g Schweinefleisch
Saft von 2 Limetten
1 EL grobes Salz
2 Knoblauchzehen
1 Zwiebel
1 EL brauner Zucker
1 TL gemahlener Zimt
1/2 TL Nelkenpulver
1/2 TL geriebene Muskatnuss
2 Scotch Bonnet Chilischoten

Zubereitung: ca. 2 Stunden

1. Das Fleisch waschen und trockentupfen. Ochsenschwanzstücke, Kalbshaxe und gepökeltes Rindfleisch in einen großen Topf geben. Cassareep zufügen und das Fleisch mit Wasser bedecken. Zum Kochen bringen und bei kleiner Hitze 1 Stunde kochen.

2. Das restliche Fleisch in 3 cm große Würfel schneiden. Limettensaft mit Salz mischen, die Fleischstücke damit würzen und ziehen lassen.

3. Knoblauch und Zwiebel schälen und klein würfeln. Zucker in einen Topf geben und hellbraun karamellisieren. Mariniertes Fleisch dazugeben und unter Rühren anbraten. Zwiebel und Knoblauch zufügen und anrösten. Alles zu dem Ochsenschwanz geben und die Fleischsorten gut vermischen.

4. Mit Zimt, Nelkenpulver und Muskatnuss würzen. Chilischoten waschen, mit einer Gabel mehrfach einstechen und zum Fleischtopf geben. Aufkochen und 1 weitere Stunde bei kleiner Hitze köcheln lassen. Vor dem Servieren die Chilischoten entfernen.

Der Fremdenverkehr ist die Haupteinnahmequelle von Grenada. Rund 400.000 Touristen besuchen jährlich die Inseln. Wichtige Exportartikel sind neben Bananen, Kakao und Zucker auch aromatische Gewürze wie die Muskatnuss.

GRENADA

Sahneeis mit Muskatnuss und Vanille auf Mangosalat

Zutaten für 4 Personen:

Für das Eis:
350 ml Milch
350 g süße Sahne
3 Eier
150 g Zucker
1/4 TL Salz
1 TL geriebene Muskatnuss

Für den Mangosalat:
2 reife Mangos
4 cl brauner Rum
Saft von 1 Limette
1 EL Zucker

Vorbereitung: ca. 30 Minuten
Gefrieren: ca. 2 Stunden

1. Milch und Sahne in einen Topf geben. Die Vanilleschote der Länge nach halbieren und das Mark herauskratzen. Eier in eine Schüssel geben und mit Zucker, Salz, Vanillemark und Muskatnuss cremig aufschlagen.

2. Milch und Sahne zum Kochen bringen. Hälfte der Flüssigkeit unter Rühren zu den Eiern gießen. Dann die Mischung zurück in die restliche Milch gießen und bei kleiner Hitze unter ständigem Rühren dicklich einkochen lassen.

3. Die Masse in eine Metallschüssel umfüllen, in Eiswasser stellen und kalt rühren. Eiscrememasse in der Eismaschine nach Gebrauchsanleitung frosten.

4. Inzwischen die Mangos schälen, entkernen und das Fruchtfleisch in Scheiben schneiden. In eine Schüssel geben und mit Rum und Limettensaft beträufeln. Mit Zucker bestreut 30 Minuten ziehen lassen.

5. Den Mangosalat auf Desserttellern anrichten und das Sahneeis in Kugeln in die Mitte setzen.

Dem Einfallsreichtum der Bewohner ist es zu verdanken, dass man auf Guadeloupe auch aus wenigen Zutaten ein wohlschmeckendes Gericht zubereitet. Vor allem in den kleinen einheimischen Restaurants findet man solche Speisen.

GUADELOUPE

Scharfer Kochbananentopf mit Lauch und Spinat

Zutaten für 6 Personen:

1 kg Kochbananen
1,5 kg Spinat
5 Knoblauchzehen
3 Stangen Lauch
1 Habanero Chilischote
Saft von 1 Limette
Salz

Zubereitung: ca. 40 Minuten

1. Die Bananen schälen und in 5 mm dicke Scheiben schneiden. In einen Topf geben, mit Wasser bedecken und einmal aufkochen. Bei mittlerer Hitze ca. 15 Minuten kochen.

2. Den Spinat verlesen, putzen, waschen und abtropfen lassen. Knoblauchzehen schälen und fein hacken. Lauch putzen, waschen und in feine Streifen schneiden. Chilischote waschen und mit einer Gabel mehrmals einstechen.

3. Spinat und Lauch zu den Bananen geben. Limettensaft und Chilischote zufügen und zugedeckt weitere 15 Minuten garen.

4. Vor dem Servieren die Chilischote entfernen und den Eintopf mit Salz abschmecken.

Abwechslungsreich, raffiniert und dennoch bodenständig ist die Küche auf Guadeloupe. Im Lauf vieler Jahrhunderte trug jede Bevölkerungsgruppe ihren Teil dazu bei, dass hier eine Küche entstand, die als eine der besten der Karibik gilt.

GUADELOUPE

Pikantes Hähnchencurry Guadeloupe mit Gemüse

Zutaten für 4 Personen:

1 Brathähnchen, ca. 1,5 kg
2 EL Limettensaft
Salz
frisch gemahlener Pfeffer
2 Zwiebeln
2 Knoblauchzehen
2 Frühlingszwiebeln
je 2 TL Korianderkörner, Piment und Kreuzkümmel
1 TL schwarze Pfefferkörner
1 TL Kurkuma
2 EL Butter
2 EL Olivenöl
2 EL fein gehackte Petersilie
2 EL Thymianblättchen
2 Tomaten
1 Chayote
1 Kartoffel
1 Aubergine
1 Scotch Bonnet Chilischote

Zubereitung: ca. 75 Minuten

1. Hähnchen waschen, trockentupfen und mit den Knochen in 8 Teile schneiden. Mit Limettensaft beträufeln, salzen und pfeffern. 15 Minuten ziehen lassen. Zwiebeln und Knoblauch schälen und klein würfeln, Frühlingszwiebeln putzen und in Röllchen schneiden.

2. Koriander, Piment, Kreuzkümmel und Pfeffer in einer Pfanne rösten. Im Mörser zerstoßen und mit Kurkuma mischen. Butter und Öl in einem Schmortopf erhitzen. Fleisch darin von allen Seiten anbraten. Fleisch mit der Gewürzmischung überstreuen, Kräuter hinzufügen und 5 Minuten schmoren. Mit 1/2 Liter Wasser ablöschen, bei kleiner Hitze 20 Minuten köcheln.

3. Tomaten häuten, vierteln, entkernen und grob hacken. Chayote und Kartoffel schälen und mit der Aubergine klein würfeln. Chili mit einer Gabel mehrmals einstechen. Gemüse und Chili zum Fleisch geben und bei kleiner Hitze 25 Minuten köcheln.

4. Hähnchenteile herausnehmen und auf einer Servierplatte warm stellen. Chilischote entfernen. Gemüse und Schmorfond etwas einkochen lassen, mit Salz und Pfeffer abschmecken. In eine Schüssel umfüllen und mit dem Fleisch servieren.

Die Chayote ist eine tropische, birnenförmige Frucht mit weißem, klebrigem Fruchtfleisch. Sie wird geschält und roh als Salat zubereitet. Gedünstet reicht man sie als Beilage zu Fisch und Fleisch oder zum Dessert als Kompott.

JAMAIKA

Gebratener Red Snapper süßsauer eingelegt

Zutaten für 4 Personen:

1 Red Snapper, ca. 1 kg, küchenfertig
Saft von 1 Limette
Salz
frisch gemahlener Pfeffer
250 g Mehl
2 Eier
1 rote Paprikaschote
1/2 Chayote
2 Möhren
3 Zwiebeln
100 ml Pflanzenöl
1/4 l Zuckerrohressig
1 TL gemahlener Piment
1 EL Zucker
1/2 TL fein gehackte Scotch Bonnet Chilischote

Zubereitung: ca. 25 Minuten
Marinieren: ca. 1 Stunde

1. Den Fisch waschen, trockentupfen und mit Limettensaft beträufeln. Salz, Pfeffer und Mehl mischen und in eine Schale geben. Die Eier in einem tiefen Teller verquirlen. Den Fisch zuerst in Ei, dann im gewürzten Mehl wenden.

2. Die Paprikaschote halbieren und entkernen, die Chayote und die Möhren schälen. Alles in dünne Streifen schneiden. Die Zwiebeln schälen und in dünne Scheiben schneiden.

3. Das Öl in einer großen Pfanne erhitzen. Den Fisch im heißen Öl auf beiden Seiten jeweils 3 Minuten braten. Aus der Pfanne nehmen und warm stellen.

4. Den Essig mit 1/4 Liter Wasser, Zwiebeln, Piment, Zucker und Salz in einem Topf zum Kochen bringen. Gemüse und Chili zufügen und bei kleiner Hitze ca. 10 Minuten köcheln lassen.

5. Fisch in eine Servierschale legen, mit dem Gemüse belegen und mit dem Essigsud übergießen. 1 Stunde durchziehen lassen.

In der Küche Jamaikas findet man indische, chinesische, britische und afrikanische Einflüsse. Die Gerichte sind meist sehr scharf gewürzt. Eine typische Zutat ist die Kokosnuss, die den Speisen ihren ganz eigenen Geschmack gibt.

JAMAIKA

Rindfleisch-Pfeffer-Topf mit Garnelen und Okraschoten

Zutaten für 8 Personen:

1 kg Rinderknochen
600 g Rindfleisch
2 EL Pflanzenöl
2 Zwiebeln
6 Knoblauchzehen
2 Tomaten
Salz
frisch gemahlener Pfeffer
1/2 TL gemahlener Piment
1/2 TL Nelkenpulver
250 g geräucherter Schinken
1 Möhre
1 Süßkartoffel
500 g Spinat
500 g Okraschoten
1 grüne Paprikaschote
1 rote Chilischote
1/4 l Kokosmilch
750 g rohe Garnelen, ungeschält

Zubereitung: ca. 3 Stunden

1. Knochen und Fleisch waschen und trockentupfen. Fleisch in große Würfel schneiden. Öl in einem Topf erhitzen, Knochen und Fleisch darin anbraten. Die Zwiebeln und den Knoblauch schälen und klein würfeln. Tomaten häuten, vierteln, entkernen und grob hacken. Zum Fleisch geben, salzen und pfeffern und bei mittlerer Hitze ca. 20 Minuten schmoren.

2. Piment und Nelken zugeben, 2 Liter Wasser angießen und aufkochen. 2 Stunden kochen lassen, bis die Flüssigkeit auf ein Viertel eingekocht ist.

3. Den Schinken in Würfel schneiden. Möhren und Süßkartoffel schälen und würfeln. Spinat verlesen, gründlich waschen und hacken. Okra putzen und die Stiele abschneiden. Paprikaschote halbieren, entkernen und würfeln. Chilischote halbieren, entkernen und klein hacken. Garnelen waschen und abtropfen lassen.

4. Knochen aus dem Fleischtopf entfernen. Schinken, Gemüse und Kokosmilch zufügen und weitere 30 Minuten köcheln lassen. Die Garnelen hinzufügen, aufkochen, vom Herd nehmen und 3 Minuten ziehen lassen. Vor dem Servieren mit Salz und Pfeffer abschmecken.

Kuba ist die größte Antilleninsel und für viele Touristen der Inbegriff karibischer Lebensfreude. Vor allem Meeresfrüchte stehen hier hoch im Kurs: Fische, Langusten und Garnelen, die täglich frisch gefangen werden.

KUBA

Scharfe Garnelen-Bananen-Bällchen mit Knoblauch

Zutaten für 4 Personen:

4 reife Kochbananen
1 Zwiebel
2 Knoblauchzehen
1 Paprikaschote
1 frische rote Chilischote
400 g Garnelen, roh, geschält
2 EL Öl
Salz
frisch gemahlener Pfeffer
1 Msp. gemahlener Kreuzkümmel
8 cl Rum
Kokosfett zum Backen

Zubereitung: ca. 1 Stunde

1. Die Kochbananen schälen und in jeweils 4 Stücke schneiden. In einen Topf geben, mit Wasser bedecken, aufkochen und in 10–15 Minuten weich kochen.

2. Inzwischen Zwiebel und Knoblauch schälen und klein würfeln. Paprikaschote halbieren, entkernen und in kleine Würfel schneiden. Chilischote längs halbieren, entkernen und fein hacken. Garnelen waschen, abtropfen lassen, trockentupfen und fein hacken.

3. Bananen in einem Sieb abtropfen lassen und noch warm in einer Schüssel zerstampfen. Öl in einer Pfanne erhitzen, Zwiebel, Knoblauch, Paprika und Chili darin glasig dünsten. Garnelenfleisch zufügen und 2 Minuten unter Rühren anbraten. Mit Salz, Pfeffer und Kreuzkümmel würzen. Mit Rum ablöschen, den Pfanneninhalt zu den Bananen geben und gut untermischen. Erkalten lassen.

4. Kokosfett in einem Topf auf 180 Grad erhitzen. Aus der Garnelen-Bananen-Masse mit angefeuchteten Händen kleine Bällchen formen. Die Bällchen portionsweise im heißen Fett goldbraun ausbacken. Auf Küchenpapier abtropfen lassen und heiß servieren.

Die kubanische Küche enthält afrikanische, spanische, karibische und italienische Einflüsse. Zu einem original kubanischen Essen gehören auch immer exotische Früchte als erfrischendes Dessert und als Abschluss ein Kaffee.

KUBA

Überbackene gefüllte Chayote mit Cheddar

Zutaten für 6 Personen:

4 Chayoten
Salz
400 g geriebenes Weißbrot
250 g Cheddarkäse, gerieben
2 Eier
frisch gemahlener Pfeffer
Cayennepfeffer
4 EL frisch geriebener Parmesan
3 EL Butter

Zubereitung: ca. 45 Minuten

1. Die Chayoten halbieren und entkernen. Einen Topf mit gesalzenem Wasser zum Kochen bringen und die Chayoten darin ca. 10 Minuten kochen. In einem Sieb abtropfen und abkühlen lassen. Backofen auf 200 Grad vorheizen.

2. Mit einem Löffel das Fruchtfleisch bis auf 1/2 cm aus den Chayotehälften löffeln und fein hacken. In einer Schüssel mit 3/4 des Weißbrots, Cheddarkäse und den Eiern mischen. Mit Salz, Pfeffer und Cayennepfeffer würzen und in die Chayotehälften füllen.

3. Die Chayotehälften in eine ofenfeste Form legen. Restliches Weißbrot mit dem Parmesan mischen und über die Chayote streuen. Die Butter zerlassen und über die Chayote träufeln. Im heißen Ofen 20 Minuten überbacken und in der Form servieren.

Fleischgerichte stehen in Kuba häufig auf dem Speisezettel. Besonders beliebt ist Schweinefleisch, das mit Kräutern und Gewürzen großzügig abgeschmeckt wird. Gerne wird es mit Hülsenfrüchten, Mais, Kartoffeln oder Reis serviert.

KUBA

Kubanische schwarze Bohnensuppe mit Haxenfleisch

Zutaten für 4 Personen:

450 g getrocknete schwarze Bohnen
1 Zwiebel
4 Knoblauchzehen
je 1 grüne und rote Paprikaschote
1 Stange Sellerie
1 frische rote Chilischote
60 ml Olivenöl
2 EL Tomatenmark
1 Schweinehaxe
4 Scheiben Speck
1 Lorbeerblatt
Salz
frisch gemahlener Pfeffer
2 EL gemahlener Kreuzkümmel
2 TL getrockneter Oregano
2 cl brauner Rum
4 EL Schnittlauchröllchen
4 EL saure Sahne
200 g gekochter Reis

Einweichen: ca. 12 Stunden
Zubereitung: ca. 150 Minuten

1. Die Bohnen über Nacht in Wasser quellen lassen. Am nächsten Tag abgießen und abtropfen lassen.

2. Zwiebel und Knoblauchzehen schälen und hacken. Paprikaschoten putzen, entkernen und klein würfeln. Sellerie putzen und in feine Streifen schneiden. Chilischote längs halbieren, entkernen und klein hacken.

3. Öl in einem großen Topf erhitzen, Zwiebel, Knoblauch, Paprika und Sellerie darin 10 Minuten andünsten. Tomatenmark und Bohnen zufügen. Schweinehaxe und Speck in den Topf legen. Alles mit Wasser bedecken und zum Kochen bringen. Mit Lorbeer, Salz, Pfeffer, Kreuzkümmel und Oregano würzen. Bei kleiner Hitze ca. 2 Stunden köcheln lassen. Verdunstete Flüssigkeit durch heißes Wasser ersetzen.

4. Schweinehaxe und Lorbeerblatt aus dem Topf nehmen, das Fleisch klein schneiden und in Suppenteller verteilen. Die Hälfte der Bohnen mit etwas Flüssigkeit im Mixer pürieren. Püree wieder in die Suppe geben und weitere 5 Minuten köcheln. Rum einrühren, mit Salz und Pfeffer abschmecken. Die Suppe in 4 tiefe Teller verteilen, mit Schnittlauch bestreuen und mit saurer Sahne garnieren.

Die französische Überseeprovinz Martinique ist eine Vulkaninsel, die wegen ihrer üppigen Vegetation von den Eingeborenen früher „Madidina“, Insel der Blumen, genannt wurde. In den Gärten blühen Orangen- und Zitronenbäume.

MARTINIQUE

Salat von grünen Mangos mit Ingwer und frischem Chili

Zutaten für 4 Personen:

- 4 kleine unreife Mangos
- 2 Frühlingszwiebeln
- 2 Knoblauchzehen
- 1 kleine frische Chilischote
- 1 TL frisch geriebener Ingwer
- 1/2 TL Salz
- frisch gemahlener Pfeffer
- Saft von 1 Limette
- 1 kleines Bund Petersilie
- 3 EL Erdnussöl

Zubereitung: ca. 25 Minuten
Kühlen: ca. 2 Stunden

1. Mangos schälen, halbieren und die Kerne entfernen. Fruchtfleisch in möglichst dünne Scheiben schneiden. Frühlingszwiebeln putzen, waschen und in feine Ringe schneiden. Knoblauch schälen und fein hacken.

2. Mangos, Frühlingszwiebeln, Knoblauch und Chili in eine Schüssel geben. Ingwer zufügen, salzen und pfeffern und mit Limettensaft beträufeln. Alles sorgfältig verrühren. Mit Frischhaltefolie abdecken und mindestens 2 Stunden im Kühlschrank durchziehen lassen.

3. Die Petersilie waschen, trockenschütteln und die Blätter fein hacken. Die Hälfte der Petersilie mit dem Erdnussöl unter den Salat mischen, mit Salz und Pfeffer abschmecken und mit der restlichen Petersilie bestreut servieren.

Vor allem für Franzosen ist Martinique ein beliebtes Urlaubsziel. Spötter sagen, hier sei alles französischer als in Frankreich, allerdings sei das Wetter wesentlich besser. Auch die einheimische Küche wird von Besuchern sehr geschätzt.

MARTINIQUE

Kürbiscurry mit Kokosmilch und frischem Koriander

Zutaten für 4 Personen:

2 Zwiebeln
2 Knoblauchzehen
1 frische Chilischote
1 rote Paprikaschote
600 g Kürbis
4 Tomaten
3 EL Pflanzenöl
1 TL gemahlener Zimt
1/2 TL gemahlener Piment
1/4 TL Nelkenpulver
1 TL gemahlener Koriander
1 TL gemahlener Ingwer
Salz
frisch gemahlener Pfeffer
1/2 l Kokosmilch
1 kleines Bund Koriander

Zubereitung: ca. 45 Minuten

1. Zwiebeln und Knoblauch schälen und klein würfeln. Chilischote längs halbieren, entkernen und klein hacken. Paprikaschote halbieren, entkernen und in Streifen schneiden. Kürbis schälen, entkernen und das Fruchtfleisch in Würfel schneiden. Tomaten häuten, vierteln, entkernen und grob hacken.

2. Das Öl in einem Topf erhitzen. Zwiebeln, Knoblauch, Chili und Paprika zufügen und glasig dünsten. Mit Zimt, Piment, Nelkenpulver, Koriander und Ingwer würzen. Die Gewürze kurz im Öl anrösten. Tomaten und Kürbis hinzufügen, mit Salz und Pfeffer würzen und 5 Minuten dünsten.

3. Die Kokosmilch angießen, einmal aufkochen und das Curry bei kleiner Hitze ca. 20 Minuten garen. Inzwischen den Koriander waschen, trockenschütteln und die Blätter fein hacken. Das Curry in eine Servierschüssel füllen und mit Koriander bestreut servieren.

Seit mehr als 300 Jahren wird auf Martinique Zuckerrohr angebaut. Heute gibt es auf der Insel acht Brennereien, die 15 verschiedene Sorten Rum herstellen. Rum gibt es fast überall in vielen Reifegraden – pur oder mit Fruchtsaft gemischt.

MARTINIQUE

Geschmorter Schweinebraten mit Pflaumen und Nüssen

Zutaten für 4 Personen:

500 g Backpflaumen
1/2 l Rotwein
1 kleine Stange Zimt
1 EL Maismehl
4 cl brauner Rum
1 kg Schweinebraten (Keule)
Salz
frisch gemahlener Pfeffer
2 EL Butter
2 EL Öl
1/2 TL gemahlener Piment
1 TL geriebene Muskatnuss
1 TL gemahlener Ingwer
50 g gehackte Mandeln
50 g gehackte Cashewkerne
1/2 l Kokosmilch

Zubereitung: ca. 75 Minuten

1. Die Backpflaumen in einen Topf geben und mit Wein und Zimt aufkochen. Bei kleiner Hitze 30 Minuten köcheln lassen. Das Maismehl mit dem Rum verrühren und den Weinsud damit binden.

2. Das Fleisch waschen, trockentupfen und mit Salz und Pfeffer einreiben. Butter und Öl in einem Schmortopf erhitzen und das Fleisch darin von allen Seiten anbraten. Mit Piment, Muskatnuss und Ingwer würzen. Mandeln und Cashewkerne zufügen und anrösten. Mit 1/4 Liter Kokosmilch ablöschen und zugedeckt ca. 30 Minuten bei kleiner Hitze garen.

3. Pflaumen mit dem Weinsud zum Fleisch geben und die restliche Kokosmilch zufügen und weitere 30 Minuten garen. Braten aus der Sauce heben, die Sauce etwas einkochen lassen, mit Salz und Pfeffer abschmecken. Das Fleisch in Scheiben schneiden, mit den Pflaumen auf eine Servierplatte legen und die Sauce getrennt dazu servieren.

Puerto Rico, auf deutsch: reicher Hafen, wurde 1493 von Columbus entdeckt. Es hat auch heute noch viel zu bieten – palmengesäumte Sandstrände, einzigartige Regenwälder, malerische Bergregionen und bizzare Höhlenlandschaften.

PUERTO RICO

Kalte Gemüsesuppe mit Avocado und Koriander

Zutaten für 4 Personen:

Zubereitung: ca. 75 Minuten
Kühlen: ca. 2 Stunden

4 Tomaten
1 Salatgurke
1 grüne Paprikaschote
1 Gemüsezwiebel
2 Knoblauchzehen
1 Chilischote
1/4 TL Salz
60 ml Limettensaft
1 EL Essig
1/2 l Tomatensaft
2 EL Olivenöl
1 TL Paprikapulver
frisch gemahlener Pfeffer
1/4 TL Kreuzkümmel
frisch geriebene Muskatnuss
Worcestersauce
Tabascosauce
1 Avocado
1 kleines Bund Koriander

1. Die Tomaten häuten, vierteln, entkernen und grob hacken. Die Gurke schälen, längs halbieren und entkernen. Die Paprikaschote halbieren, entkernen und kleinschneiden. Zwiebel und Knoblauch schälen und würfeln. Die Chilischote längs halbieren, entkernen und fein hacken. Alles in eine Porzellanschüssel geben, salzen und mit Limettensaft und Essig beträufelt 1 Stunde ziehen lassen.

2. Gemüsemischung in einen Mixer geben. Tomatensaft und Olivenöl zufügen und glatt pürieren. Suppe mit Paprikapulver, Pfeffer, Kreuzkümmel, Muskatnuss, Worcestersauce und Tabasco würzen und mindestens 2 Stunden im Kühlschrank durchziehen lassen.

3. Die Avocado halbieren, entkernen, das Fruchtfleisch aus der Schale lösen und in Scheiben schneiden. Koriander waschen, trockenschütteln und die Blätter fein hacken. Die Suppe in Schalen verteilen und mit Avocadoscheiben und Koriandergrün garnieren.

Wer die echte puerto-ricanische Küche kennen lernen will, muss eines der kleinen Gasthäuser besuchen, die hier „Parador“ (Entspannung) heißen. Man findet sie auf der ganzen Insel. Häufig kann man dort auch preiswert übernachten.

PUERTO RICO

Geschmorte Lammnieren mit Pilzen und Kartoffeln

Zutaten für 4 Personen:

800 g Lammnieren
2 Zwiebeln
4 Knoblauchzehen
1 frische Chilischote
3 Tomaten
6 EL Olivenöl
2 EL Zuckerrohressig, ersatzweise Apfelessig
3 Stangen Sellerie
3 Kartoffeln
3 Möhren
250 g Pilze, z.B. Champignons, Austernpilze
Salz
frisch gemahlener Pfeffer
3/4 l Fleischbrühe

Zubereitung: ca. 1 Stunde

1. Äderchen und Röhren von den Nieren entfernen, die Nieren waschen und in Stücke schneiden. Zwiebeln und Knoblauch schälen und klein würfeln. Chilischote längs halbieren, entkernen und klein hacken. Tomaten häuten, vierteln, entkernen und grob hacken.

2. In einer Pfanne 3 Esslöffel Öl erhitzen. Zwiebeln, Knoblauch und Chilischote darin glasig dünsten. Tomaten und Essig zufügen und bei kleiner Hitze dicklich einkochen lassen.

3. Die Sellerie putzen und in feine Streifen schneiden. Die Kartoffeln schälen und würfeln. Die Möhren schälen, die Pilze putzen und beides in Scheiben schneiden.

4. Restliches Öl in einem Schmortopf erhitzen und die Nieren auf beiden Seiten insgesamt 5 Minuten braten. Mit Salz und Pfeffer würzen und die Tomatensauce angießen. Sellerie, Kartoffeln, Möhren und Pilze zufügen, die Brühe angießen und einmal aufkochen. Bei kleiner Hitze mindestens 25 Minuten köcheln lassen, bis das Gemüse weich ist. Mit Salz und Pfeffer abschmecken und im Topf servieren.

St. Martin wurde im Jahr 1493 am Namenstag des Heiligen Martin von Christoph Kolumbus entdeckt. Rund 150 Jahre später wurde die Insel zwischen Frankreich und den Niederlanden geteilt. Die friedliche Koexistenz dauert bis heute an.

ST. MAARTEN

Kalte Avocadocremesuppe

mit Sahne und Tabasco

Zutaten für 4 Personen:

2 reife Avocados
2 Knoblauchzehen
1/2 l kalte Hühnerbrühe
Salz
Tabascosauce
2 EL Limettensaft
400 g süße Sahne
2 EL fein gehackte Petersilie

Zubereitung: ca. 15 Minuten
Kühlen: ca. 1 Stunde

1. Die Avocados halbieren, entkernen und das Fruchtfleisch mit einem Löffel auslösen. Den Knoblauch schälen und klein würfeln.

2. Avocado und Knoblauch in einen Mixer geben und mit der Hühnerbrühe pürieren. Mit Salz, Tabasco und Limettensaft würzen. Nach und nach die Sahne dazugeben, bis die gewünschte Konsistenz erreicht ist.
30 Minuten im Kühlschrank kalt stellen.

3. Die Avocadosuppe in Suppenschalen verteilen und mit Petersilie bestreut servieren.

Wer auf St. Maarten Urlaub macht, der sollte nicht versäumen, in einem der einfachen kleinen Restaurants oder an Straßenständen die einheimische karibische Küche zu probieren. Dort wird selbst ein Auberginenauflauf zum Erlebnis.

ST. MAARTEN

Auberginenauflauf Sint Maarten mit Kokosmilch

Zutaten für 4 Personen:

2 Auberginen
2 Zwiebeln
2 frische rote Chilischoten
Öl für die Form
Salz
frisch gemahlener Pfeffer
400 ml Kokosmilch

Zubereitung: ca. 75 Minuten

1. Auberginen putzen, waschen und trockentupfen. In 5 mm dicke Scheiben schneiden. Die Zwiebeln schälen, halbieren und in dünne Scheiben schneiden. Die Chilischoten längs halbieren, entkernen und klein hacken.

2. Backofen auf 180 Grad vorheizen. Den Boden einer ofenfesten Form mit Öl ausfetten. Eine Lage Auberginenscheiben hineinlegen und mit Salz, Pfeffer und Chili würzen, darauf eine Lage Zwiebeln verteilen. Lagenweise so fortfahren, bis alle Zutaten aufgebraucht sind.

3. Kokosmilch über den Auflauf gießen, die Form verschließen. Auflauf 45 Minuten im heißen Ofen garen.

4. Die Backofentemperatur auf 220 Grad erhöhen und den Deckel der Form abnehmen. Den Auflauf weitere 15 Minuten goldbraun überbacken. Vor dem Servieren etwas abkühlen lassen.

Scotch Bonnet, die karibische Verwandte der Habanero Chilischote, ist sehr scharf und hat ein fruchtiges Aroma. Man erkennt sie an der schrumpeligen Form, die etwas an eine schottische Kopfbedeckung erinnert – daher auch der Name.

TRINIDAD TOBAGO

Makrelenfilets in Thymian-Kokosmilch mit Chili gedämpft

Zutaten für 4 Personen:

Vorbereitung: ca. 20 Minuten
Zubereitung: ca. 20 Minuten

1 kg Makrelenfilets
60 ml Limettensaft
1 Zwiebel
3 Knoblauchzehen
1 Scotch Bonnet Chilischote
3 Tomaten
3/4 l Kokosmilch
1 EL Apfelessig
2 EL gehackte Thymianblättchen
Salz
frisch gemahlener Pfeffer

1. Die Fischfilets waschen, trockentupfen und in eine flache Schale legen. Mit Limettensaft beträufeln und 15 Minuten ziehen lassen.

2. Inzwischen Zwiebel und Knoblauch schälen und klein würfeln. Die Chilischote längs halbieren, entkernen und klein hacken. Die Tomaten häuten, vierteln, entkernen und grob hacken.

3. Die Kokosmilch in einer Pfanne zum Kochen bringen und 5 Minuten cremig einkochen. Zwiebel, Knoblauch und Chili hinzufügen, Sauce 3 Minuten bei kleiner Hitze köcheln lassen.

4. Tomaten, Essig und Thymian dazugeben und mit Salz und Pfeffer würzen. Fischfilets in die Pfanne legen, und zugedeckt 10 Minuten bei kleiner Hitze gar ziehen lassen. In der Pfanne servieren.

Trinidad und Tobago gehören zu den kleinen Antillen und liegen zwischen der Karibik und dem Atlantik nordöstlich von Venezuela. Die beiden Inseln mit üppiger tropischer Vegetation bilden zusammen einen Inselstaat.

TRINIDAD TOBAGO

Lammcurry Port of Spain mit Kartoffeln und Tomaten

Zutaten für 6 Personen:

1,5 kg Lammfleisch (Keule)
Saft von 1 Limette
1 EL grobes Salz
4 EL Madras Currypulver
1 kleines Stück Ingwer
2 Knoblauchzehen
3 EL Pflanzenöl
1 EL Garam Masala
3 Zwiebeln
3 mittelgroße Kartoffeln
3 Tomaten
1/2 l Gemüsebrühe
Salz
frisch gemahlener Pfeffer

Vorbereitung: ca. 40 Minuten
Zubereitung: ca. 75 Minuten

1. Das Fleisch waschen, trockentupfen und in 3 cm große Würfel schneiden. In eine Porzellanschüssel geben, mit Limettensaft beträufeln und salzen. Abgedeckt 30 Minuten ziehen lassen.

2. Die Fleischwürfel aus der Marinade nehmen und trockentupfen. Mit 2 Esslöffeln Currypulver bestreuen. Ingwer und Knoblauch schälen und klein würfeln.

3. Öl in einem Schmortopf nicht zu stark erhitzen. Restliches Currypulver und Garam Masala einrühren und 2 Minuten anrösten. Ingwer und Knoblauch hinzufügen und glasig dünsten. Das Fleisch dazugeben und langsam von allen Seiten anbraten.

4. Zwiebeln und Kartoffeln schälen. Zwiebeln in Ringe, Kartoffeln in Würfel schneiden. Tomaten häuten, vierteln, entkernen und grob hacken. Unter das Fleisch mischen. Brühe angießen, einmal aufkochen und zugedeckt bei kleiner Hitze 1 Stunde köcheln lassen. Vor dem Servieren mit Salz und Pfeffer abschmecken.

Die über 100 Inseln der Virgin Islands werden politisch den USA (U.S. Virgin Islands) oder Großbritannien (British Virgin Islands) zugeordnet. Die lebhafteste Insel ist St. Thomas, auch „America's Paradise" genannt.

U.S. VIRGIN ISLANDS

Ananas-Becher Virgin Islands mit weißem Rum

Zutaten für 4 Personen:

1 Ananas
1 unbehandelte Limette
1–2 EL Rohrzucker
4 cl weißer Rum

Zubereitung: ca. 15 Minuten
Kühlen: ca. 4 Stunden

1. Die Ananas schälen, vierteln und den harten Strunk wegschneiden. Fruchtfleisch in Würfel schneiden und in einen Mixer geben.

2. Limette waschen und trockentupfen. Die grüne Schale fein abreiben und zur Ananas geben. Limette halbieren und auspressen. Limettensaft, Zucker und Rum zur Ananas geben und alles glatt pürieren.

3. Das Ananasfruchtpüree in eine Schüssel füllen und abgedeckt mindestens 4 Stunden im Kühlschrank kalt stellen. Zum Servieren in Schalen füllen.

Auf St. Thomas gibt es ein breites kulinarisches Angebot – von Fastfood bis zur Gourmetküche. Die Insel hat den größten Kreuzfahrthafen der Karibik. In der Saison ankern hier vor allem amerikanische Luxus-Kreuzfahrtschiffe.

U.S. VIRGIN ISLANDS

Kakao-Sahne-Sauce mit braunem Rum und Vanilleeis

Zutaten für 6 Personen:

2 Vanillestangen
250 g süße Sahne
1/4 l brauner Rum
225 g Zucker
55 g Kakaopulver
60 g Butter
1 l Vanilleeis

Zubereitung: ca. 15 Minuten
Abkühlen: ca. 30 Minuten

1. Die Vanillestangen der Länge nach halbieren und das Mark herauskratzen. Sahne und Rum in einen Topf geben. Zucker, Kakaopulver und Vanillemark hinzufügen und bei mittlerer Hitze langsam unter Rühren zum Kochen bringen.

2. Die Hitze reduzieren, die Butter hinzufügen und 3 Minuten unter Rühren weiterkochen. Die Sauce in eine Schüssel umfüllen und mindestens 30 Minuten abkühlen lassen.

3. Das Vanilleeis in Dessertschalen verteilen und mit der Sauce begießen.

INDONESIEN

JAPAN

MALAYSIA

PHILIPPINEN

SRI LANKA

TIBET

VIETNAM

AUSTRALIEN

BORA BORA

COOKINSELN

FIDSCHI

HAWAII

MOOREA

NEUSEELAND

SAMOA

TAHITI

KANADA

USA

ARGENTINIEN

BELIZE

BRASILIEN

PERU

URUGUAY

VENEZUELA

1 x Gold und 3 x Silber

(Prämiert durch die GAD –
Gastronomische Akademie Deutschland e.V.)

Udo Pini
Das Gourmet-Handbuch
Prämiert mit der Goldmedaille
1056 Seiten, 13,5 x 20 cm
über 3000 Abbildungen,
durchgehend vierfarbig
fast 10 000 Stichwörter
Hardcover
19,95 €

Brigitte Engelmann, Peter Holler
Das Feinschmecker-Handbuch Käse
Prämiert mit der Silbermedaille
600 Seiten, 13,5 x 20 cm
ca. 600 Abbildungen,
durchgehend vierfarbig
Hardcover mit Schutzumschlag
19,95 €

André Dominé (Hrsg.)
Wein
Prämiert mit der Silbermedaille
928 Seiten, 21 x 29,6 cm
ca. 1200 Abbildungen,
150 Karten, durchgehend
vierfarbig
Hardcover mit Schutzumschlag
29,95 €

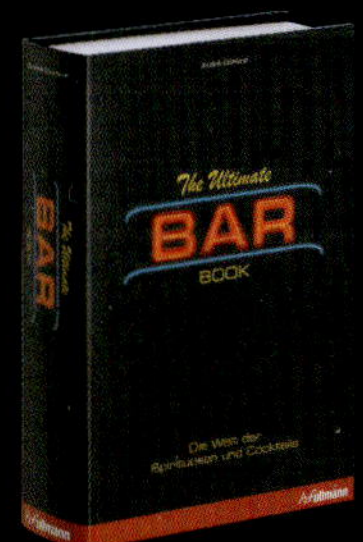

André Dominé
The Ultimate Bar Book
Die Welt der Spirituosen und Cocktails
Prämiert mit der Silbermedaille
816 Seiten, 18,7 x 26,4 cm
über 1500 Abbildungen,
durchgehend vierfarbig
Hardcover mit Schutzumschlag
29,95 €

3 x 333 KLASSIKER
AUS DER GANZEN WELT

ISBN: 978-3-8331-5674-8

Das Weltrezepte
Handbuch Band 1

- Europa

ISBN: 978-3-8331-5675-5

Das Weltrezepte
Handbuch Band 2

- Europa
- Naher Osten
- Afrika
- Asien

ISBN: 978-3-8331-5676-

Das Weltrezepte
Handbuch Band 3

- Asien
- Ozeanien
- Nordamerika
- Lateinamerika
- Karibik